빅데이터와 인권

- 빅데이터와 인권의 실제적 조화를 위한 법정책적 방안 -

Big Data and Human Rights

Prof. Dr. Chun-Soo Yang

Yeungnam University Press

빅데이터와 인권

–빅데이터와 인권의 실제적 조화를 위한 법정책적 방안–

BIG DATA

양천수 지음

영남대학교출판부

Für Prof. Dr. Klaus Günther

머리말

“급격하게 진행되는 과학기술의 발전에 대해 법체계는 어떻게 대응해야 하는가?” 이 책은 이러한 문제의식에서 출발하였다. 현대사회에서 이루어지는 과학기술의 발전은 가히 상상을 초월할 정도이다. 불과 몇 십 년 사이에 진행된 과학기술의 발전 덕분에 우리 삶의 패러다임이 상당 부분 바뀌었을 정도이다. 그리고 이러한 변화속도는 점점 더 빨라지고 있다. 불과 얼마 전만 하더라도 인터넷과 스마트폰이 우리에게 지적 충격을 던져주었는데, 이제는 새롭게 ‘빅데이터’가 우리 삶의 모든 영역에 걸쳐 새로운 파장을 불러일으키고 있다. 빅데이터와 수학적 알고리즘 그리고 데이터 마이닝으로 무장한 빅데이터 과학은 그 이전에는 우리가 경험하지 못했던 놀라운 수준의 예측모델을 제공한다. 이제 우리는 빅데이터를 활용해 언제 어디서 독감이 유행할 것인지, 우리가 처한 상황에서 우리에게 가장 필요한 물건이 무엇인지, 언제 어디서 위험이 사고로 현실화될 수 있는지를 예측할 수 있다. 이를 통해 우리 개개인, 더 나아가 사회의 안전과 공리는 더욱 증진된다. 빅데이터는 우리에게 더 나은 미래를 보장하는 것처럼 보인다. 그러나 빅데이터가 우리에게 장미빛 미래만 그려주는 것은 아니다. 빅데이터는 우리 사회의 모든 정보를 필요로 한다. 사회의 모든 것은 데이터로 전환될 수 있다. 여기에는 당연히 우리의 내밀한 개인정보 역시 포함된다. 모든 것을 빨아들이는 블랙홀처럼 빅데이터는 우리의 사적인 개인정보를 모두 빨아들일 수 있는 것이다. 이를 통해 '빅브라더 사회'의 음울할 그림자가 우리 사회를 뒤덮는다. 독자적인 권리로 자리매김하고 있는 정보인권이 빅데이터에 의해 위협을 받고 있는 것이다. 이러한 상황에서 우리 법체계는 무엇을 해야 하는가? 어떻게 하면 빅데이터가 가져다주는 사회적 공리를 유지하면서도 우리의 정보인권이 형해화되지 않도록 할 수 있을까? 이를 위해 법체계가 해야 하는 역할은 무엇일까? 이 책은 이 같은 문제들을 다룬다. 빅데이터와 인권 사이의 실제적 조화지점, 말하자면 중용의 자리를 어떻게 하면 찾을 수 있는지를 고민한다. 이를 위해 저자가 주된 전공으로 하는 기초법학의 관점을 최대한 활용하고자 노력하였다. 그렇지만 막상 내놓은 결과물은 부족하기 그지없다. 독자 분들의 넓은 아량을 부탁드린다.

이 책을 쓰면서 많은 분들의 도움을 받았다. 먼저 이 책을 쓸 수 있도록 계기를 마련해 주신 한국형사정책연구원에 감사를 드린다. 이 책의 초고를 읽고 유익한 조언해 주신 대구대학교 법과대학의 지유미 교수님과 영남대학교 법학연구소의 김중길 연구교수님에게 감사를 드린다. 꼼꼼한 교정을 해주신 영남대학교 법학연구소의 변민경 연구원님에게도 감사를 드린다. 저자의 거친 초고를 아름다운 책으로 만들어주신 영남대학교출판부의 이종백 실장님과 전진아 선생님에게도 감사를 드린다. 저자를 홀로 설 수 있는 학자로 키워주신 고려대학교 법학전문대학원의 이상돈 교수님과 독일 프랑크푸르트대학 법과대학의 클라우스 귄터(Klaus Günther) 교수님에게도 진심으로 감사인사를 드린다. 마지막으로 언제나 저자에게 힘이 되어주는 사랑하는 가족, 아내 세나 및 두 아들 호연, 어진에게 진심으로 고맙다는 말을 전하고 싶다.

오월의 찬란한 녹음으로 가득한 영남대학교 교정을 바라보며

저자 양천수 배상

차례

제1장

서론

몇 년 전부터 이른바 '빅데이터'(Big Data)가 새로운 화두로 떠오르고 있다. 이를 반영하듯 빅데이터를 다루는 단행본이나 연구논문 등이 최근 다양한 영역에서 생산되고 있다.[1] 이를테면 빅데이터는 경제·경영영역에서 새로운 비즈니스 키워드로 언급되고 있다.[2] 이뿐만 아니라 빅데이터는 사회 전 영역에서 새로운 성장동력으로 관심의 초점이 되고 있다. 현 박근혜 정부 역시 빅데이터를 창조경제의 원천으로 인식하고 있다.[3] 이에 따라 빅

---

1. 이에 관해서는 많은 문헌을 대신해서 빅토르 마이어 쇤베르거·케네스 쿠키어, 이지연 (옮김), 『빅데이터가 만드는 세상』(21세기북스, 2013); 이창범, "개인정보보호법제 관점에서 본 빅데이터의 활용과 보호방안", 『법학논총』제37권 제1호(2013. 3), 509쪽 아래; 오길영, "빅데이터 환경과 개인정보의 보호방안: 정보주체의 관점에서 바라본 비판적 검토를 중심으로", 『일감법학』제27호(2014. 2), 155쪽 아래 등 참고.
2. 이를 보여주는 이코노미스트, 현대경제연구원 (편역), 『2012 세계경제대전망』(한국경제신문, 2011) 참고.
3. 이를 시사하는 문헌으로서 신신애 외, 『창조경제 실현을 위한 2013 빅데이터 국내 사례집』(한국정보화진흥원 빅데이터 분석활용센터, 2014) 참고; 이 문헌은 http://www.bigdataforum.or.kr/?Act=bbs&subAct=view&bid=example&seq=869에서 확인할 수 있다(방문일자: 2014. 10. 22. 16:39).

데이터를 다루는 빅데이터 과학이 새로운 첨단분야로서 떠오르고 있고,[4] 이를 통해 자연스럽게 사회 전체적으로 빅데이터 환경이 조성되고 있다. 이를 반영하듯 심지어 가장 최근에는 빅데이터가 스포츠 영역에서도 등장하고 있다. 월드컵 열기가 한창이던 지난 2014년 7월 빅데이터 분석을 통해 월드컵 8강팀을 예측한 구글(Google)의 시도를 소개한 기사가 게재되기도 하였다.[5]

> "2010년 남아공월드컵 당시 점쟁이 문어 '파울'이 단연 화제였다. 당시 파울은 월드컵 경기 결과를 정확하게 예측해 전 세계 축구팬들의 사랑을 독차지했다.
>
> 4년 만에 다시 열린 2014 브라질 월드컵에선 점쟁이 문어는 없다. 하지만 그 자리를 빅데이터로 무장한 구글이 깔끔하게 채워줬다.
>
> 구글은 2일(현지 시간) 클라우드 플랫폼 공식 블로그를 통해 월드컵 16강전 8경기 결과를 정확하게 예측했다고 밝혔다. 구글은 지난 달 샌프란시스코에서 열린 'I/O 2014 개발자회의'에서 빅데이터 분석을 이용해 월드컵 경기 결과를 예측했는데 정확하게 맞아 떨어졌다고 설명했다.
>
> ◆전 경기 활동 데이터로 경기력 예상
>
> 이번 월드컵 16강전은 브라질이 칠레를 승부차기 끝에 3대2로 꺾은 것을 시작으로 매 경기 팽팽한 승부가 이어졌다. 열띤 승부 끝에 ▲콜

---

4. 빅데이터를 다루는 과학기술은 흔히 '빅데이터 기술'이라고 부르는 경우가 많지만, 필자는 빅데이터를 다루는 과학은 최첨단의 지적 수준을 요구하는 과학기술이라는 점에서, 이 책에서는 '빅데이터 과학'이라고 부르고자 한다. 이와 달리 '빅데이터 과학'을 '컴퓨터연산 과학'이라고 부르는 경우로는 이재현, "빅데이터와 사회과학: 인식론적, 방법론적 문제들", 『커뮤니케이션 이론』제9권 제3호(2013. 가을호), 127-165쪽 참고.

5. 김익현, "'빅데이터 파워?'…구글, 월드컵 8강 다 맞췄다: 데이터 분석 통해 경기력 예측…4강 진출팀 가려낼까?", 『아이뉴스24』(2014. 7. 3. 10:56).

롬비아(우루과이) ▲프랑스(나이지리아) ▲독일(알제리) ▲네덜란드(멕시코) ▲코스타리카(그리스) ▲아르헨티나(스위스) ▲벨기에(미국)가 단두대 매치에서 살아남았다.

이 같은 결과는 구글이 사전에 전망한 것과 정확하게 일치한다.

일단 구글이 승부를 예측한 방법부터 한번 살펴보자. 구글은 우선 축구 통계 전문 사이트인 옵타(OPTA)의 데이터를 활용했다. 옵타는 월드컵 경기 뿐 아니라 각국 프로리그의 각종 데이터를 축적해놓고 있다.

구글은 선수들의 직전 게임 활동을 바탕으로 다음 게임에서 어느 정도 경기력을 보일지 분석하는 데 옵타의 데이터를 활용했다. 연속선상에서 선수들의 경기력을 분석한 셈이다. 여기에다 빅쿼리의 파워랭킹 시스템도 함께 적용했다.

여기까지는 객관적인 데이터 분석이다. 구글은 이런 분석 기법에다 주관적인 요소를 결합했다. 브라질 현지로 직접 응원온 관중들의 숫자와 그들의 응원 열광 정도를 또 다른 변수로 추가한 것. 이런 요소들은 '홈 어드밴티지' 같은 현장 분위기를 고려하는 데 도움이 됐다고 구글 측이 설명했다.

이런 다음엔 구글 클라우드 데이터플로우를 비롯해 구글 빅쿼리, 구글 컴퓨트엔진 등을 활용해 분석 작업을 진행했다. 덕분에 구글은 경기 결과를 정확하게 예측할 수 있었다고 강조했다.(…)"

위의 기사는 크게 두 가지 측면을 시사한다. 첫째는 빅데이터가 단순히 과학영역에만 머무는 것이 아니라, 이를 넘어서 스포츠와 같이 빅데이터와 무관해 보이는 영역까지 활용되고 있다는 점이다. 둘째는 빅데이터가 강력한 예측력을 갖고 있다는 점이다. 이 기사가 예시하듯이, 구글은 빅데이터를 활용해 지난 2014년 브라질 월드컵의 8강팀이 누가 될 것인지를 정확하게 예측하였다. 이를 수학적 확률로 계산하면 불과 0.4%밖에 되지 않는 낮은 확률이다.[6] 물론 구글이 빅데이터를 활용해 월드컵 모든 경기를 정확하게 예측한 것은 아니다. 왜냐하면 구글은 4강에 올라갈 팀으로 브라질, 프랑스, 네덜란드, 아르헨티나를 꼽았지만,[7] 실제로는 4강팀에 프랑스 대신 독일이 올라갔다. 그리고 이러한 독일이 브라질을 7-1로 대파하고, 결승전에서도 아르헨티나를 1-0으로 이김으로써 우승하였다.[8] 이렇게 보면, 구글의 빅데이터 과학이 완벽한 예측력을 갖고 있다고는 말할 수 없다. 그렇지만 수학적으로 볼 때 확률이 고작 0.4%밖에 되지 않는 8강 8개팀을 정확하게 예측한 것은 분명 무시할 수 없는 예측력이라고 말할 수 있다.

이처럼 빅데이터는 과학의 영역에만 머물러 있지 않고, 경제·경영 등과 같은 산업 전반 그리고 위의 경우가 보여주는 것처럼 스포츠 등 다양한 영역에서 사용되고 있다. 보건이나 안전 등과 같은 영역도 예외는 아니다. 위에서 언급한 구글은 그 어느 기업보다도 선구적으로 빅데이터 과학을 활용하고 있는데, 이를 통해 지난 2009년 신종플루가 유행하기 몇 주 전에 검색어만으로 언제 어느 지역에서 독감이 유행할 것인지를 예측할 수 있다는 내용의 논문을 유명한 과학저널 『네이처』(*Nature*)에 게재하였다.[9]

---

6. 김익현, "'빅데이터 파워?'…구글, 월드컵 8강 다 맞췄다: 데이터 분석 통해 경기력 예측…4강 진출팀 가려낼까?", 『아이뉴스24』(2014. 7. 3. 10:56) 기사 참고.

7. 구글은 프랑스가 독일을 이길 확률이 69%나 된다고 예측하였다. 김익현, "'빅데이터 파워?'…구글, 월드컵 8강 다 맞췄다: 데이터 분석 통해 경기력 예측…4강 진출팀 가려낼까?", 『아이뉴스24』(2014. 7. 3. 오전 10:56) 기사 참고.

8. 독일팀이 이번 월드컵에서 우승할 수 있었던 이유 가운데 한 가지로서 독일팀 자체의 빅데이터 분석을 꼽기도 한다. 이종대, "무릎에 센서 다니 '열 메시'가 안 부럽구나", 『시사IN』 제358호(2014. 7. 26), 28쪽.

9. Jeremy Ginsburg et al., "Detecting Influenza Epidemics Using Search Engine Query Data", Nature 457 (2009), 1012-1014쪽. 이 자료는 http://www.nature.com/nature/journal/v457/n7232/full/nature07634.html)에서 확인할 수 있다(방문일자: 2014. 10.

빅토르 마이어 쇤베르거(Viktor Mayer-Schönberger)와 케네스 쿠키어(Kenneth Neil Cukier)가 함께 저술한 『빅데이터가 만드는 세상』(*BIG DATA: A Revolution That Will Transform How We Live, Works, and Think*)은 책의 첫머리에서 이러한 구글의 작업을 인상 깊게 소개한다.[10]

> "공교롭게도 H1N1 바이러스가 신문의 1면을 장식하기 몇 주 전, 거대 인터넷 기업 구글google의 엔지니어들이 주목할 만한 논문 한 편을 과학저널《네이처》에 게재했다. 이 논문은 보건 담당 관리들과 컴퓨터 과학자들 사이에서는 화제가 되었지만, 그 외에는 큰 주목을 받지 못했다. 논문의 내용은 구글이 겨울철 미국에서 독감의 확산을 '예측'할 수 있다는 것이었다. 전국적 규모로만 예측하는 것이 아니라 특정 지역 또는 어느 주에서 유행할지까지 예측할 수 있다고 했다. 이를 위해 구글이 사용한 방법은 사람들이 인터넷에서 검색한 내용을 살피는 것이었다. 매일 전 세계적으로 구글에 보내는 검색 질문은 30억 개 이상이었으므로 이용 가능한 데이터는 충분했다. 또 구글이 수신하는 검색 내용들을 수년간 보관한다는 점 역시 분석에 도움이 됐다."

여기서 우리는 빅데이터 과학에 관해 크게 두 가지 특징을 읽어낼 수 있

---

29. 11:00).

10. 빅토르 마이어 쇤베르거·케네스 쿠키어, 이지연 (옮김), 『빅데이터가 만드는 세상』(21세기북스, 2013), 10쪽; 이 책의 번역자는 공저자 중 한 명인 쇤베르거의 번역이름을 '쇤버거'로 표기하고 있다. 이는 독일어 성인 'Schönberger'를 영어식으로 옮긴 것이다. 그러나 쇤베르거는 오스트리아에서 출생했다는 점을 고려해서, 이 책에서는 독일어 식으로 '쇤베르거'로 표기하고자 한다. 국내에서 번역된 쇤베르거의 다른 책 역시 저자명을 쇤베르거로 표기하고 있다. 이를테면 빅토어 마이어 쇤베르거, 구본권 (옮김), 『잊혀질 권리』(지식의 날개, 2013) 참고; 다른 한편 이 두 번역서는 쇤베르거의 이름(first name)도 각각 '빅토르'와 '빅토어'로 달리 번역하고 있는데, 여기서는 '빅토르'라는 번역어를 쓰기로 한다.

다. 첫째, 빅데이터 과학은 말 그대로 엄청난 양의 데이터를 사용한다는 점이다. 둘째, 빅데이터 과학은 빅데이터를 활용해 상당히 높은 수준의 예측을 한다는 것이다. 이 중에서 두 번째 특징이 눈에 띈다. 빅데이터 과학이 상당히 높은 수준의 예측을 할 수 있다는 점에서, 빅데이터 과학은 우리 사회 거의 모든 분야에서 유익하게 활용될 수 있다. 위의 예들이 보여주는 것처럼, 보건이나 스포츠뿐만 아니라, 경제·경영, 환경, 안전, 심지어는 범죄예방에서도 활용될 수 있다.[11]

이처럼 빅데이터 과학은 우리 사회의 거의 모든 방면에서 활용될 수 있다. 이를 통해 빅데이터 과학은 우리 삶에 상당히 큰 유용성을 제공할 수 있지만, 동시에 우리 삶의 형식과 사회구조를 근본적으로 변화시킬 수 있다. 이러한 변화는 긍정적인 변화뿐만 아니라 부정적인 변화까지 포함한다. 가장 대표적인 부정적인 변화로서 꼽을 수 있는 것이 바로 개인정보인권에 대한 침해이다. 이미 빅데이터에 관한 상당수의 연구들이 빅데이터 과학으로 인해 조지 오웰(George Orwell)이 예견한 '빅브라더'(Big Brother)가 출현하고 있다고 지적한다.[12] 빅데이터 분석으로써 개인의 모든 정보가 남김없이 수집·분석되고 있을 뿐만 아니라, 이를 통해 개인이 앞으로 어떻게 행동할 것인지를 예측할 수 있게 됨으로써 개인의 사적 공간이나 자유 등이 점점 사라져가고 있다. 이는 무엇보다도 빅데이터가 범죄예방을 목적으로 하여 사용될 때 더욱 문제가 된다. 범죄예방이나 수사편의를 위해 개인정보를 무차별적으로 수집하면, 결과적으로 우리의 개인정보가 낱낱이 수사기관, 더 나아가 과거 영국의 철학자 홉스(Thomas Hobbes)가 '리바이

---

11. 빅데이터 과학은 최근 할리우드 블록버스터 영화에서도 화제가 되고 있다. 예를 들어, "캡틴 아메리카: 윈터 솔져", "트랜센던스"가 모두 빅데이터를 소재로 삼고 있다.
12. 빅토르 마이어 쇤베르거·케네스 쿠키어, 이지연 (옮김), 『빅데이터가 만드는 세상』(21세기북스, 2013), 273쪽 아래.

어던'(leviathan)으로 지칭했던 국가에 의해 장악될 수 있다.[13] 이는 곧 우리의 일거수일투족이 국가에 의해 감시된다는 것을 뜻한다. 우리의 사적 공간이, 사적 자유가 사라진다는 것을 뜻한다. 이보다 더 큰 문제는 국가가 빅데이터 과학을 활용해 우리의 미래 행동을 '예측'한다는 것이다. 그렇게 되면 경우에 따라서는 탐 크루즈의 영화 "마이너리티 리포트"처럼 우리가 범죄행위를 저지르지 않았는데도 국가는 예측모델을 근거로 하여 우리를 범죄자로 낙인찍을 수 있다. 결국 빅데이터를 통해 우리는 현재의 자유뿐만 아니라 미래의 자유까지 국가에 반납해야 할지도 모른다. 만약 이것이 현실화되면, 이는 조지 오웰이 두려워했던 빅브라더 국가가 우리를 지배하는 것이 실현되는 것이라고 말할 수 있다.

이 책은 바로 이러한 문제의식에 출발한다. 이 책은 최근 새롭게 떠오르면서 우리 사회 여러 방면에서 큰 관심을 받고 있는 빅데이터 과학이 우리 삶의 형식과 사회구조를 어떻게 변화시키고 있는지, 그 중에서도 특히 형사사법체계와 우리의 정보인권에 어떤 영향을 미치는지에 관심의 초점을 맞추고자 한다.[14] 이미 시사를 한 것처럼, 빅데이터 과학은 다양하고 이질적인 거대정보를 수집·저장·분석함으로써 우리 형사사법체계에 긍정적인 기여를 할 수 있다. 이를테면 빅데이터 과학은 범죄를 예측하거나 범죄수사를 진행하는 데, 더 나아가 성범죄와 같은 상습범죄의 재범을 방지하는 데 유의미한 역할을 수행할 수 있다. 그러나 이미 언급한 것처럼, 개인정보를 광범위하게 수집·저장하고 관리·분석하는 빅데이터 과학은 개인정보에 관한 인권, 즉 개인정보인권을 중대하게 침해할 위험도 안고 있다. 따라서 한편으로는 빅데이터 과학이 갖고 올 과학기술적 유용성을 이용

13. 홉스의 국가철학에 관해서는 윤재왕, "개인주의적 절대주의: 토마스 홉스의 국가철학과 법철학에 관하여", 『원광법학』제28권 제2호(2012. 6), 7-35쪽 참고.

14. 이 책은 우리의 개인정보에 관한 문제를 일단 '정보인권'에 관한 문제로 규정하고 이를 다루고자 한다.

하면서도, 다른 한편으로는 빅데이터 과학에 의해 발생할 수 있는 새로운 인권침해 문제를 조화롭게 해결할 수 있는 법정책적 방안을 모색해야 한다. 이 책은 바로 이러한 목적을 추구하고자 한다.

이러한 맥락에서 이 책은 다음과 같은 순서로써 논의를 전개하고자 한다. 먼저 빅데이터 개념 일반을 둘러싼 여러 논점들을 살펴본다(제2장). 이어서 새로운 인권으로 등장한 정보인권의 개념에 대한 체계적·역사적 분석을 시도한다(제3장). 이를 토대로 하여, 개인정보인권을 보장하기 위해 현행 법체계가 어떤 법적 규제체계를 마련하고 있는지를 살펴본다(제4장). 마지막으로 빅데이터 과학으로부터 개인정보인권을 보장하기 위해서는 어떤 방안을 모색해야 하는지에 관해 필자의 생각을 제안한다(제5장).

제2장

빅데이터 과학 일반론

I. 현대사회의 구조변동

먼저 빅데이터 과학이 어떤 이유에서 출현하게 된 것인지를 밝히기 위한 일환으로서 현대사회에서 진행되고 있는 구조변동에 관해 살펴보도록 한다.

1. 현대사회의 복잡화 · 다원화 · 전문화

독일의 사회학자 루만(Niklas Luhmann)이 치밀하게 분석한 것처럼, 현대사회는 지속적으로 복잡화·다원화·전문화의 길을 걷고 있다. 먼저 현대사회의 복잡성이 지속적으로 증가하고 있다. 단선적인 인과관계가 현대사회를 지배하는 것이 아니라, 중층적으로 복잡하게 얽힌 원인과 결과들이 현대사회를 지배한다. 이로 인해 과거 절대왕정시대처럼 국가가 전체 사회를 통치하는 것이 어렵게 되었다. 이는 사회 전체가 기능적으로 분화되면서 더욱 심화된다. 전체 사회가 정치체계, 경제체계, 법체계, 학문체계, 교육체계, 의료체계, 종교체계, 예술체계 등으로 기능적으로 분화되면서 사회의 복잡성은 더욱 증대하고, 이로 인해 어느 한 체계, 이를테면 국가로 대변되는 정체체계가 전체 사회를 관리하고 조종하는 것은 그 만큼 어려워지고 있다. 다른 한편 전체 사회가 다양한 사회적 하부체계로 기능적으로 분화되면서, 사회의 전문성 역시 이에 비례하여 증대하고 있다. 전문성이 늘어나면서, 사회의 모든 현상을 읽어낼 수 있는 능력은 비약적으로 감소하고 있다. 많은 영역에서 '스페셜리스트'(specialist)가 '제너럴리스트'(generalist)를 대신하고 있다. 이제 우리 인간이 현대사회에서 어떤 현상을 정확하게 예측하는 것은 점점 더 어려워지고 있다.[15]

2. 정보화 사회

이미 널리 알려진 것처럼, 현대사회는 '정보화 사회'(Informationsgesellschaft)이다. 이는 달리 '지식기반사회'라고 불리기도 한다. 지난 19세기에는 석탄이, 20세기에는 석유가 가장 핵심이 되는 자원이었지만, 오늘날의 21세기에는 '정보'가 가장 결정적인 자원이 되고 있다. 이는 정보통신기술(ICT)이 급속하게 발전함으로써 지난 1990년대에 인터넷사회가 도래하고, 2000년대에 들어와 SNS와 스마트폰 시대가 개막함으로써 급진전되고 있다. 그리고 이제는 이른바 빅데이터 시대가 열림으로써 우리 삶의 모든 것이 정보가 될 수 있고, 이렇게 정보로 전환된 그 모든 것들이 강력한 자원으로서 새로운 성장동력을 일구어내고 있다. 이것이 바로 현대 정보화 사회에서 펼쳐지고 있는 모습이다. 오늘날 정보 또는 데이터가 얼마나 엄청나게 팽창하고 있는지에 관해서 쇤베르거와 쿠키어는 다음과 같이 인상 깊게 서술한다.[16]

---

15. 그러나 빅데이터 과학이 출현하면서 역설적으로 이러한 현대사회에서 인간행동을 포함한 모든 현상을 정확하게 예측하는 것이 가능해지게 되었다.
16. 빅토르 마이어 쇤베르거·케네스 쿠키어, 이지연 (옮김), 『빅데이터가 만드는 세상』(21세기북스, 2013), 21쪽.

"과학자들이 2003년 처음으로 인간 게놈을 해독했을 때는 30억개의 염기쌍을 배열하는 데 꼬박 10년이 걸렸다. 10년이 지난 지금 그 정도의 DNA는 단일 연구소가 하루 만에 분석할 수 있다. 금융부문을 보면 미국 주식시장에서는 매일 약 70억주가 거래되는데 그 중 3분의 2가 컴퓨터 알고리즘에 의해 거래되는 것들이다. 이 알고리즘은 리스크를 피하고 수익을 예측하기 위해 엄청난 양의 데이터를 처리하게끔 설계된 수학적 모델에 기초한다.

특히나 인터넷 기업들에서는 데이터가 폭주한다. 구글은 하루에 24 페타바이트(petabyte)의 데이터를 처리하는데, 이는 미 의회도서관에 있는 인쇄물 전체의 수천 배에 해당하는 양이다. 페이스북은 10년 전에는 존재하지도 않았던 회사지만 지금은 매시간 1,000만 개의 새로운 사진이 업로드된다. 페이스북 회원들이 '좋아요' 버튼을 누르거나 코멘트를 남기는 횟수는 하루 30억 회에 이르고 페이스북은 이를 이용해 이용자의 선호를 알아낼 수 있다. 한편 8억 명의 구글 유튜브 서비스 월간 이용자들은 매초 한 시간 이상 길이의 영상을 업로드하고 있다. 트위터 메시지의 수는 매년 200퍼센트씩 성장해서 2012년에는 일간 트위트 건수가 4억 건이 넘었다."

이처럼 현대 정보화 사회에서는 각종 데이터가 엄청나게 증가하고 있다. 이러한 환경에서 빅데이터를 수집·저장·분석함으로써 미래를 예측하고 사회구조를 바꾸고자 하는 빅데이터 과학이 가능하게 되었다. 현대사회가 복잡화·다원화·전문화됨으로써 전통적인 과학으로는 인과관계를 명확하게 확정하는 것이 어렵게 된 반면에, 빅데이터로 무장한 빅데이터 과학은 '인과성'이 아닌 '상관성'을 토대로 하여 미래를 예측하는 새로운 패러다임을 열어가고 있는 것이다.

3. 위험사회

현대사회의 또 다른 특징으로서 '위험사회'(Risikogesellschaft)를 꼽을 수 있다. 독일의 사회학자 울리히 벡(Ulrich Beck)이 지난 1986년에 제시한 이 테제는 여전히 현대사회를 특징짓는 유효한 개념이 되고 있다. 오늘날 현대사회는 여전히 위험사회인데, 최근에는 전체 사회의 급격한 정보화가 새로운 위험원으로 대두하고 있다. 정보의 저장 및 처리기술이 급속도로 성장함으로써 개인정보가 침해될 수 있는 위험이 비약적으로 증대하게 된 것이 바로 현대 정보화 사회가 낳은 위험인 셈이다. 특히 빅데이터 과학은 종전과는 다른 차원에서 개인정보, 즉 개인의 정보인권을 위협한다. 이렇게 현대사회는 사회의 정보화를 통해 우리 인류에게 여러 모로 유익한 혜택을 제공하고 있지만, 다른 한편으로는 사회의 정보화가 개인의 정보인권을 위협하는 새로운 위험도 야기한다. 이는 현대사회가 처해 있는 역설적 상황이라고 말할 수 있다. 이렇게 정보화 사회이자 위험사회인 현대사회에서 빅데이터는 한편으로는 인류에게 유용한 자원인 동시에 다른 한편으로는 인류를 위협하는 거대한 위험원이 되고 있다. 자원이자 위험원인 양날의 칼 빅데이터를 어떻게 조화롭게 운용하는지가 그 무엇보다도 중요한 것이 오늘날의 상황이다.

4. 안전사회

마지막으로 언급할 만한 현대사회의 특징으로서 '안전사회'(Sicherheitsgesellschaft)를 거론할 수 있다.[17] 안전사회는 새로운 사회적 패러다임으로

17. 이에 관해서는 Peter-Alexis Albrecht, *Der Weg in die Sicherheitsgesellschaft: Auf der Suche nach staatskritischen Absolutheitsregeln* (Berlin, 2010); 토비아스 징엘슈타인·피어

서 사회통제의 주된 목표가 되고 있을 뿐만 아니라, 이를 넘어서 사회 및 국가가 추구해야 하는 국정과제가 되고 있다. 이는 '세월호 참사'로 큰 고통을 겪고 있는 우리 사회에서 쉽게 경험할 수 있다. 이러한 안전사회는 위험사회가 낳은 결과물이다. 현대사회가 구조적으로 위험을 생산함으로써 이에 대한 반작용으로서 이러한 위험으로부터 안전해지고 싶은 욕구가 사회 전체적으로 확산되고, 이를 통해 출현한 패러다임이 안전사회인 것이다. 이러한 안전사회 패러다임은 사회구조를 전반적으로 변화시키고 있는데, 이는 특히 사회통제 영역에서 쉽게 확인할 수 있다. 전통적인 사회통제의 목표였던 훈육을 대신해 새롭게 안전사회가 사회통제의 목표로 자리매김하면서, 사회통제 메커니즘 및 기술 역시 변화를 겪고 있다. 더욱 안전한 사회를 구축하기 위해 형사법이 경찰법처럼 변모하고 있고, 이로 인해 이른바 '형법의 전단계화'(Vorverlagerung des Strafrechts)가 심화되고 있다. 가장 대표적인 사회통제기관인 검찰이나 경찰 역시 구체적인 범죄혐의가 없는데도 사회의 안전을 위해 광범위하게 정보수집활동을 수행한다. 안전사회라는 명목 아래 사회 전영역에서 광범위하게 이루어지는 예방적 정보수집활동은 다수 국민들의 지지를 받고 있다. 그러나 이러한 사회의 안전사회화 경향은, 아래에서 더욱 상세하게 살펴보는 것처럼, 개인의 정보인권과 관련하여 큰 위협이 되고 있다. 사회적 위험을 억제하기 위해 등장한 안전사회 패러다임이 오히려 역설적으로 개인의 정보인권을 위협하는 위험이 되고 있는 것이다. 현대사회의 정보화가 새로운 위험을 낳고, 이러한 위험을 억제하기 위해 안전사회가 등장한 것인데, 이러한 안전사회가 다시 새로운 위험으로서 모든 개인의 정보인권을 위협하고 있는 것이다. 이러한 상황에서 바로 빅데이터 과학이 등장하고 있는 것이다.

슈톨레, 윤재왕 (역), 『안전사회: 21세기의 사회통제』(한국형사정책연구원, 2012) 등 참고.

II. 빅데이터 과학의 개념과 출현배경

이렇게 현대사회가 구조변동을 겪게 되면서, 무엇보다도 사회의 정보화가 급격하게 진행되면서 그 어느 때보다 빅데이터가 급증하게 되었다. 이를 통해 자연스럽게 이를 수집·저장·분석하고 이용하려는 빅데이터 과학이 출현하게 되었다.

1. 빅데이터의 개념

그럼 빅데이터(Big Data) 또는 빅데이터 과학이란 무엇을 뜻하는가?[18]

빅데이터에 대한 두 가지 방식의 개념정의

빅데이터를 개념정의하는 방식에는 크게 두 가지가 있다. 양적인 측면에서 개념을 정의하는 방식과 기술적 측면에서 개념을 정의하는 방식이 그것이다.[19] 양적인 측면에서 빅데이터를 정의한다는 것은 말 그대로 단

18. 개념적으로 볼 때, 빅데이터와 빅데이터 과학은 서로 다른 개념이다. 빅데이터는 거대한 정보 자체를 지칭하는데 반해, 빅데이터 과학은 이러한 거대 정보를 수집·저장·분석함으로써 미래를 예측하고자 하는 새로운 과학기술이라고 정의할 수 있기 때문이다. 그러나 통상적으로는 빅데이터와 빅데이터 과학을 거의 같은 의미로 사용한다. 이 책에서도 두 개념을 엄밀하게 구분하지 않고 혼용해서 사용하기로 한다. 한편 빅데이터 과학을 컴퓨터 연산과학으로 부르는 경우로는 이재현, "빅데이터와 사회과학: 인식론적, 방법론적 문제들", 『커뮤니케이션 이론』제9권 제3호(2013. 가을호), 127-165쪽; 빅데이터 과학을 '빅데이터 환경'이라는 정의하는 경우도 있다. 이에 관해서는 오길영, "빅데이터 환경과 개인정보의 보호방안: 정보주체의 관점에서 바라본 비판적 검토를 중심으로", 『일감법학』제27호(2014. 2), 155쪽 아래; 그러나 빅데이터 환경은 빅데이터 과학보다 더욱 넓은 개념으로, 즉 빅데이터 과학을 포괄하는 개념으로 파악하는 것이 더욱 적절하다고 생각한다.
19. 곽관훈, "기업의 빅데이터(Big Data) 활용과 개인정보의 보호의 조화", 『일감법학』제27호(2014. 2), 127쪽 아래; 빅데이터 개념에 관해서는 장병열·김영돈, "빅데이터 기반 융합

순하게 '빅데이터'라는 용어에 걸맞게 개념을 정의하는 것이다. 이를테면 빅데이터를 "very large DB", "extremely large DB", "extreme data", "total data" 등으로 지칭하는 것이 가장 단순하게 빅데이터를 양적으로 정의하는 것에 해당한다.[20] 빅데이터를 "거대한 데이터의 집합"으로 규정하는 경우나, "과거 아날로그 환경에서 생성되던 데이터에 비하면 그 규모가 방대하고, 생성 주기도 짧고, 형태도 수치 데이터뿐만 아니라 문자와 영상 데이터를 포함하는 대규모 데이터"라고 정의하는 경우도 빅데이터를 양적으로 정의하는 예라고 말할 수 있다.[21] 3Vs, 즉 '데이터의 양'(Volume), '데이터 생성속도'(Velocity), '데이터의 다양성'(Variety)을 이용해 빅데이터를 정의하는 것도 양적인 측면에서 빅데이터를 정의하는 방식에 속한다.[22] 이에 따르면, 빅데이터란 양적으로 거대하고 그 생성속도가 빠르며 이질적이고 다양한 데이터라고 정의내릴 수 있다.[23]

이와 달리 빅데이터를 기술적 측면에서 정의하는 것은 빅데이터 개념이 갖고 있는 양적인 측면뿐만 아니라 빅데이터가 활용되는 과학적·기술적

서비스 창출 주요 정책 및 시사점", 『과학기술정책』제23권 제3호(2013. 9), 5-6쪽; 차상육, "빅데이터(Big Data) 환경과 프라이버시의 보호", 『IT와 법연구』제8집(2014. 2), 197-198쪽 등 참고.

20. 최성·우성구, "빅데이터의 정의, 활용 및 동향", 『정보처리학회지』제19권 제2호(2012. 3), 11쪽.

21. 정용찬, 『빅데이터』(커뮤니케이션북스, 2013), 2쪽.

22. 정용찬, 『빅데이터』(커뮤니케이션북스, 2013), 4-5쪽.

23. 이외에 빅데이터를 양적으로 정의하는 경우로는 다음과 같다. 즉 Gartner (2012)에 따르면, 빅데이터란 "더 나은 의사결정, 시사점 발견 및 프로세스 최적화를 위해 사용되는 새로운 형태의 정보처리가 필요한 대용량, 초고속 및 다양성의 특성을 지닌 정보 자산"을 뜻한다. 또한 빅데이터란 "일반적인 데이터베이스 소프트웨어 도구가 수집, 저장, 관리, 분석하기 어려운 대규모의 데이터"라고 정의되기도 한다. McKinsey Global Institute, "Big Data: The next frontier for innovation, competition, and productivity", (2011), 1쪽.

인 측면까지 고려하여 빅데이터 개념을 정의하는 것을 말한다. '투입-산출 모델'을 적용해 말하면, 빅데이터라는 '투입'(input) 측면뿐만 아니라, 빅데이터가 '산출'(output)하는 측면까지 고려하여 빅데이터를 정의하는 방식이다. 예를 들어, 대규모 데이터에서 "가치 있는 내용을 추출하는 기술을 빅데이터"라고 정의하는 것이 여기에 해당한다.[24] 쇤베르거와 쿠키어 역시 이와 유사하게 빅데이터를 정의한다.[25]

> "빅 데이터란 큰 규모를 활용해 더 작은 규모에서는 불가능했던 새로운 통찰이나 새로운 형태의 가치를 추출해내는 일이다. 그리고 이 과정에서 시장, 기업 및 시민과 정부의 관계 등 많은 분야에서 변화를 가져오는 일이다."

위에서 인용한 개념정의에서는 빅데이터가 산출하는 새로운 통찰이나 새로운 가치 또는 이에 연계되는 사회적 변화를 부각시킨다. 이와 유사하게 우리의 국가정보화전략위원회에서는 "대용량 데이터를 활용, 분석하여 가치 있는 정보를 추출하고, 생성된 지식을 바탕으로 능동적으로 대응하거나 변화를 예측하기 위한 정보화 기술"이라고 정의한다.[26]

이와 유사한 맥락에서 새로운 비즈니스의 관점에서 빅데이터를 정의하기도 한다. 예를 들어, 일본 총무성은 빅데이터를 "사업에 도움이 되는 지

---

24. John Gantz/David Reinsel, "Extracting Value from Chaos", *IDCIVIEW* (2011), 6쪽.
25. 빅토르 마이어 쇤베르거·케네스 쿠키어, 이지연 (옮김), 『빅데이터가 만드는 세상』 (21세기북스, 2013), 19쪽; 쇤베르거와 쿠키어는 371쪽 주석 6번에서 종전의 빅데이터 개념정의에 관해 다음과 같이 논평한다. "2001년 가트너와 더그 레이니가 발표한 연구보고서를 보면 빅 데이터의 3Vs, 즉 크기(volume), 속도(velocity), 다양성(variety)에 대해 설명한다. 당시에는 유용한 설명이었으나 불완전한 설명이다."
26. 국가정보화전략위원회, 『빅데이터를 활용한 스마트 정부 구현(안)』(2011. 10. 26.).

식을 도출하는 데이터"라고 정의한다. 이의 연장선상에서 빅데이터 비즈니스를 "빅데이터를 이용하여 사회·경제적 문제를 해결하고, 업무의 부가가치향상을 행하거나 또는 지원하는 사업"이라고 정의한다.[27] 이러한 개념 정의는 빅데이터의 유용성을 비즈니스에 집중시킨 것이라고 말할 수 있다.

빅데이터의 개념과 개념요소

이렇게 과학적·기술적 관점에서 빅데이터를 정의하면, 빅데이터와 빅데이터 과학 사이의 개념적 차이는 사라진다. 필자는 위 두 가지 방식 중에서 양적 관점과 과학적·기술적 관점을 종합한 방식에 따라 빅데이터를 정의하고자 한다. 이에 따르면 빅데이터는 다음과 같이 정의내릴 수 있다. 즉 빅데이터란 과거와는 비교할 수 없을 정도로 그 규모가 방대하고, 생성속도도 매우 빠르며, 매우 다양하고 이질적인 데이터를 기반으로 하여 새로운 통찰이나 새로운 가치를 창출하고 이를 통해 사회구조의 변화를 야기하는 것의 총체를 말한다. 이렇게 빅데이터 개념을 정의하면, 이로부터 아래와 같은 개념요소를 추출할 수 있다.

•방대한 데이터•

첫째, 빅데이터는 그 이전과는 비교할 수 없을 정도로 그 규모가 방대한 데이터를 대상으로 한다. 예를 들어, 가장 대표적인 인터넷 기업인 구글은 하루에 24페타바이트의 데이터를 처리한다. 이는 미국 의회도서관이 소장하고 있는 인쇄물 전체의 수천 배에 해당할 만큼 엄청난 양이다. 이는 빅데이터를 3Vs로 정의할 때 '크기'(volume)에 해당하는 요소이다.

27. 곽관훈, "기업의 빅데이터(Big Data) 활용과 개인정보의 보호의 조화", 『일감법학』제27호(2014. 2), 128쪽.

• 빠른 속도로 생성되는 데이터 •

둘째, 빅데이터는 엄청나게 빠른 속도로 생성되는 데이터를 그 대상으로 한다. 위에서 언급한 것처럼 구글은 하루에만 미국 의회도서관이 소장하고 있는 인쇄물 전체보다 수천 배 더 많은 데이터를 처리한다. 페이스북에서는 1,000만개의 새로운 사진이 매시간 업로드된다. 이는 3Vs 가운데 '속도'(velocity)에 해당하는 요소이다.

• 다양하고 이질적인 데이터 •

셋째, 빅데이터는 아주 다양하고 이질적인 데이터를 그 대상으로 한다. 이는 3Vs 가운데 '다양성'(variety)에 해당한다. 전통적으로 데이터는 문서와 같은 텍스트로 이루어진 데이터를 의미하였다. 그렇지만 오늘날에는 이러한 텍스트 데이터와는 다른 데이터들, 가령 사진이나 동영상 같은 비텍스트 데이터들이 엄청나게 증가하고 있다. 이질적이고 다양한 데이터들이 폭증하고 있는 것이다. 빅데이터는 바로 이렇게 이질적이고 다양한 데이터를 모두 포괄한다. 이뿐만 아니라, 빅데이터는 정확하지 않은 들쭉날쭉한 데이터도 포괄한다.[28] 일부의 샘플을 분석함으로써 전체를 추론하는 통계학에서는 어쩔 수 없이 샘플의 정확성을 획득하기 위해 노력한다. 이에 반해 빅데이터 과학은 정보의 정확성을 엄격하게 추구하지는 않는다. 왜냐하면 개별 정보가 정확하지 않다 하더라도 정보의 양이 압도적으로 많아지면, 불완전한 정보의 질적 한계를 넘어설 수 있기 때문이다. 완전하지만 소규모인 샘플에서는 볼 수 없었던 새로운 지혜를, 불완전하지만 그 양이 압도적인 빅데이터에서는 발견할 수 있는 것이다.[29] 이에 대한 좋은 예를

---

28. 빅토르 마이어 쇤베르거·케네스 쿠키어, 이지연 (옮김), 『빅데이터가 만드는 세상』(21세기북스, 2013), 65쪽 아래.
29. 이를 지적하는 Halevy/Norvig/Pereira, "The Unreasonable Effectiveness of Data", (http://www.computer.org/portal/cms_docs_intelligent/intelligent/homepage/2009/

구글의 번역프로그램에서 찾을 수 있다.[30] 구글은 과거 IBM이나 마이크로소프트가 시도했던 것과는 달리, 정확하지는 않지만 압도적으로 많은 번역데이터를 활용함으로써 그 어느 번역프로그램보다 나은 번역프로그램을 제공하고 있다. 그리고 그 질은 점점 향상되고 있다.

•데이터 분석을 통한 예측•

넷째, 빅데이터는 이렇게 수집하고 저장·관리하는 방대하고 이질적이며 다양한 데이터를 분석함으로써 새로운 통찰이나 가치를 창출한다. 가장 대표적인 통찰이 바로 '예측'이다. 이를테면 구글은 검색어만으로 언제 어느 지역에서 독감이 유행할 것인지를 예측하는 '알고리즘'(algorithm)을 구축하였다. 또한 시애틀에 있는 워싱턴 주립대학교(University of Washington)의 컴퓨터 과학자 오렌 에치오니(Oren Etzioni) 교수는 인터넷 사이트에서 수집한 각종 항공운임정보를 수집하여 앞으로 항공기 운임이 상승할 것인지, 아니면 하락할 것인지를 예측하는 알고리즘을 만들었다. 이러한 새로운 통찰은 새로운 가치창출로 이어진다. 예를 들어, 에치오니 교수는 항공권 예측 알고리즘을 활용하여 페어캐스트(Farecast)라는 신생 벤처기업을 설립하여 많은 수익을 올렸다.[31] 또한 가장 대표적인 온라인 구매사이트인 아마존(Amazon)은 소비자들의 도서구매 데이터를 수집·저장·분석함으로써 각 소비자들에게 적합한 도서를 새롭게 추천하는 알고리즘을 만들었고, 이는 결국 아마존이 가장 성공적인 온라인 구매사이트로 성장하는 데 기

---

x2exp.pdf) 참고.

30. 이를 소개하는 빅토르 마이어 쇤베르거·케네스 쿠키어, 이지연 (옮김), 『빅데이터가 만드는 세상』(21세기북스, 2013), 72쪽 아래.

31. 빅토르 마이어 쇤베르거·케네스 쿠키어, 이지연 (옮김), 『빅데이터가 만드는 세상』(21세기북스, 2013), 12-17쪽.

여하였다.[32] 또한 미국의 가장 대표적인 유통업체인 타깃(Target)은 소비자들의 구매정보를 수집·저장·분석함으로써 심지어는 아버지보다 먼저 딸이 임신했는지 여부를 예측함으로써 새로운 유통가치를 창출하기도 하였다.[33] 바로 이러한 측면 때문에 요즘 대부분의 기업들이 빅데이터에 관심을 기울이면서 이를 비즈니스에 활용하고자 하는 것이다. 요즘 우리가 흔히 경험하는 이벤트, 즉 고객의 개인정보만 입력해도 추첨을 해서 사은품을 준다는 각종 이벤트는 소비자들의 소비패턴에 대한 빅데이터에 기업들이 그 얼마나 관심을 갖고 있는지를 잘 예증한다.

•빅데이터를 통한 사회적 패러다임의 변화•

다섯째, 이러한 빅데이터는 결국 우리 삶의 형식, 사회적 구조, 더 나아가 사회의 패러다임의 바꾸게 될 것이다. 물론 빅데이터가 사회의 패러다임을 어떻게 바꿀 것인지는 아직 열려 있는 문제이다. 그 모습이 우리에게 축복이 될 수도 있고, 아니면 악몽이 될 수도 있다. 다만 여기서 우리가 명심해야 할 점은, 빅데이터가 새롭게 열고 있는 시대가 우리에게 악몽이 되지 않도록 우리가 노력해야 한다는 점이다.

이상에서 제시한 빅데이터의 개념요소를 도식화하면 아래와 같다.

〈도식〉 빅데이터의 개념요소

빅데이터=대용량의 데이터+생성속도가 빠른 데이터+다양하고 이질적인 데이터+새로운 통찰과 가치창출⇨사회의 패러다임 변화

---

32. 빅토르 마이어 쇤베르거·케네스 쿠키어, 이지연 (옮김), 『빅데이터가 만드는 세상』(21세기북스, 2013), 97쪽 아래.

33. 찰스 두히그, 강주헌 (옮김), 『습관의 힘』(갤리온, 2012), 257쪽 아래; 빅토르 마이어 쇤베르거·케네스 쿠키어, 이지연 (옮김), 『빅데이터가 만드는 세상』(21세기북스, 2013), 110-111쪽 등 참고.

아래에서는 이러한 개념정의를 기반으로 하여 빅데이터 개념을 사용하고자 한다. 다만 이미 언급한 것처럼 빅데이터의 개념을 이러한 식으로 정의하면, 빅데이터와 빅데이터 과학 사이의 개념적 차이는 사라진다. 이러한 근거에서 필자는 빅데이터보다는 빅데이터 과학이라는 용어를 사용하고자 한다. 왜냐하면 빅데이터 과학이라는 용어가 빅데이터 자체가 담고 있는 양적 측면과 과학적·기술적 측면을 모두 정확하게 반영한다고 보기 때문이다.

2. 빅데이터 과학의 출현배경

그러면 이러한 빅데이터 과학은 구체적으로 어떤 배경에서 등장한 것인가? 이에 대해서는 크게 두 가지 배경을 언급할 수 있다. 사회적 배경과 과학기술적 배경이 그것이다.

사회구조의 변화로서 사회적 소통의 증가

우선 사회적 배경으로서 사회구조가 변화함으로써 사회적 소통이 급속도로 증가했다는 점을 언급할 수 있다. 이는 이미 앞에서 현대사회의 구조적 특징으로 지적한 정보화 사회와 밀접한 관련을 맺는다. 이미 언급한 것처럼, 오늘날 개인용 컴퓨터가 도입되고 인터넷과 SNS가 등장하면서 현대사회가 정보화 사회로 접어들었다. 이로 인해 사회 전체적으로 사회적 소통이 증가하고 이에 비례하여 각 개인의 정보가 공적 공간이나 사이버 공간에서 노출되는 경우가 빈번해지게 되었다. 그 결과 오늘날 매일매일 생성되는 데이터의 양은 그 어느 때와 비교할 수 없을 정도로 비약적으로 늘어나고 있다. 물론 이렇게 사회적 소통이 증가하게 된 데에는 아래에서 언급하는 정보통신기술의 발전과도 무관하지 않다.

과학기술의 발전

•정보통신기술의 발전•

다음으로 과학기술의 발전, 그 중에서도 정보통신기술(ICT: Information and Communication Technology)의 발전을 빅데이터 과학의 출현배경으로 언급할 수 있다. 위에서 시사하였듯이, 사회구조의 변화와 정보통신기술의 발전은 상호의존관계를 형성한다. 먼저 개인용 컴퓨터나 인터넷, 스마트폰 등 정보통신기술이 발전함으로써 전체 사회구조가 정보화 사회의 구조로 변모한다. 그리고 이렇게 정보화 사회로 구조변동한 사회에서 사회적 소통이 기하급수적으로 증가함으로써, 이에 대응하고자 정보통신기술이 급속도로 발전하고 있는 것이다. 이렇게 사회구조와 정보통신기술이 상호의존적으로 영향을 주고받으면서 사회의 데이터 역시 엄청나게 증대하고 있다.

•하드웨어의 발전•

빅데이터 과학이 출현하는 데 영향을 준 정보통신기술은 크게 두 가지 범주로 살펴볼 수 있다. 하드웨어와 소프트웨어가 그것이다.[34] 하드웨어로는 개인용 컴퓨터, 인터넷, 스마트폰뿐만 아니라, 처리속도와 용량이 비약적으로 증대하고 있는 반도체기술 그리고 무엇보다도 클라우드 컴퓨팅(cloud computing) 기술과 같은 비용효율적인 장비활용기술 등을 지적할 수 있다. 여기서 클라우드 컴퓨팅이란 "정보처리를 자신의 컴퓨터가 아닌 인터넷으로 연결된 다른 컴퓨터로 처리하는 기술"을 말한다.[35] 이러한 클라우드 컴퓨팅을 사용하면 굳이 많은 수의 컴퓨터 서버를 활용하지 않아도

---

34. 이에 관해서는 정용찬, 『빅데이터』(커뮤니케이션북스, 2013), 9쪽.

35. 정용찬, 『빅데이터』(커뮤니케이션북스, 2013), 64쪽; 정용찬, 같은 책 65쪽에 따르면, "클라우드라는 이름이 붙여진 이유는 컴퓨터 네트워크 구성을 그림으로 나타낼 때 인터넷은 '구름'으로 표현했기 때문이다. 즉, 수많은 컴퓨터가 연결되어 있는 인터넷 환경이 마치 하늘 저편에 떠 있는 구름처럼 알 수 없는 존재로 여겼기 때문이다."

대규모의 데이터를 처리할 수 있다. 하루하루 엄청난 데이터가 생성되는 오늘날의 빅데이터 시대에서 볼 때, 클라우드 컴퓨팅은 매우 효율적으로 정보를 처리할 수 있는 기술에 해당한다. 이 점에서 클라우드 컴퓨팅은 빅데이터가 출현하는 데 필수적인 기여를 하였다. 빅데이터 과학을 선도하는 구글은 일찍부터 클라우드 컴퓨팅 기술을 활용하여 매일매일 30억 개 이상이라는 엄청난 양의 검색어를 처리한다.

•소프트웨어의 발전•

나아가 소프트웨어로는 빅데이터 관리 및 처리를 가능하게 하는 각종 기술, 예를 들어 구글의 3대 기술인 '분산파일시스템'(GFS: Google File System), '빅테이블'(Bigtable), '맵리듀스'(MapReduce) 그리고 오픈소스 형태의 무료 소프트웨어인 '하둡'(Hadoop) 등을 거론할 수 있다. 여기서 '분산파일시스템' 이란 "여러 대의 컴퓨터를 조합해 대규모 기억장치(storage)를 만드는 기술"을 말한다.[36] 위에서 언급한 클라우드 컴퓨팅이 활용되는 경우가 여기에 해당한다. 이러한 분산파일시스템을 사용하면 빅데이터를 아주 효율적으로 처리할 수 있다. 이뿐만 아니라, 여러 대의 컴퓨터에 동일한 파일을 여러 개 복사해 저장해 둠으로써 일부 컴퓨터가 손상되는 경우에도 파일을 보존할 수 있고, 또 정보검색도 더 빠르고 손쉽게 처리할 수 있다. 다음으로 '빅테이블'이란 '구조화된 데이터'(Structured Data)를 처리하기 위한 '분산 스토리지 시스템'(Distributed Storage System)을 말한다.[37] 나아가 '맵리듀스'란 "효율적인 데이터 처리를 위해 여러 대의 컴퓨터를 활용하는 분산 데이터 처리 기술"을 말한다.[38] 맵리듀스는 말 그대로 '맵'(Map)과 '리듀스'(Reduce)

---

36. 정용찬, 『빅데이터』(커뮤니케이션북스, 2013), 23쪽.
37. 정용찬, 『빅데이터』(커뮤니케이션북스, 2013), 24쪽.
38. 정용찬, 『빅데이터』(커뮤니케이션북스, 2013), 24쪽.

를 합성한 개념인데, 이 개념이 시사하는 것처럼 맵 과정과 리듀스 과정이라는 두 단계 과정으로 구성된다. 우선 맵 과정에서는 여러 대의 컴퓨터를 분산시켜 대규모의 데이터를 병렬적으로 처리함으로써 중간결과물인 새로운 데이터를 생산한다. 다음 리듀스 과정에서는 이렇게 생산한 중간결과물을 결합해 최종적으로 원하는 결과를 산출한다.[39]

마지막으로 하둡은 구글의 빅데이터 기술에 대응하기 위해 만든 오픈소스 소프트웨어를 말한다. 하둡 역시 빅데이터를 효율적으로 처리하는 것을 목표로 한다. 하둡은 야후(Yahoo)의 재정지원을 받아 2006년부터 개발되기 시작하였다. 현재는 야후를 대신해 아파치(Apache) 재단이 개발을 계속하고 있다.[40]

이외에도 데이터 마이닝과 시각화를 가능하게 하는 애널리틱스(Analytics)도 빅데이터 과학을 가능하게 하는 데 기여하였다.

III. 빅데이터 과학의 처리과정

빅데이터 과학은 수집·저장·관리하는 빅데이터를 대상으로 하여 다음과 같은 과정을 거침으로써 새로운 통찰이나 가치를 창출한다.[41]

1. 정보수집

가장 우선적으로 해야 할 일은 정보를 수집하는 것이다. 여기서 정보는

39. 정용찬, 『빅데이터』(커뮤니케이션북스, 2013), 24쪽.

40. 정용찬, 『빅데이터』(커뮤니케이션북스, 2013), 26쪽.

41. 빅데이터 과학에 관한 상세한 내용은 김상락·강만모, "빅데이터 분석 기술의 오늘과 미래", 『정보과학회지』제32권 제1호(2014. 1), 9쪽 아래 참고.

'사실'(fact)을 말한다.[42] 현대 정보화 사회에서는 사회 모든 영역에 정보가 존재한다. 더불어 그 정보는 엄청나게 증가하고 있다. 정치체계나 경제체계가 생산하는 각종 정보뿐만 아니라, 건강, 위치, 자연환경, 차량의 상태 그리고 SNS에서 이루어지는 각종 소통 및 감정을 포함하는 우리 인간의 모든 행동 및 커뮤니케이션 역시 정보가 된다. 말하자면 세상에 존재하는 그 모든 것이 정보가 되는 셈이다. 빅데이터 과학은 이렇게 세상 곳곳에 널려 있는 정보를 수집하는 것에서 출발한다.

---

42. 그러나 '사실'(fact)과 '정보'(information) 그리고 '데이터'(data)의 관계를 어떻게 설정할 것인가에 관해서는 다양한 견해가 존재한다. 일각에서는 이들의 관계를 다음과 같이 설정한다. 즉 사실이 가장 기본적인 단위에 해당하고, 이러한 사실이 모여 데이터를 구성하며, 이러한 데이터가 모여 정보를 구성하고, 이러한 정보가 지식(knowledge)을 만들고, 이러한 지식에 기반을 두어 지혜가 형성된다는 것이다. 이를 도식화하면, 〈사실(fact)//데이터(data)//정보(information)//지식(knowledge)//지혜(wisdom)〉가 된다. 이와 유사한 맥락에서 고려대학교 법학전문대학원의 윤재왕 교수는 데이터는 기호에 해당하고, 정보는 데이터라는 기호 안에 담겨 있는 내용이라고 함으로써 양자를 구별한다. 윤지영·이천현·최민영·윤재왕·전지연, 『법과학을 적용한 형사사법의 선진화 방안(IV)』(한국형사정책연구원, 2014), 54쪽; 이에 관한 독일의 논의로는 Marion Albers, *Informationelle Selbstbestimmung* (Baden-Baden, 2005), 87쪽 아래 참고; 그러나 이 글에서는 사실과 정보를 같은 의미로 파악하고, 이러한 정보에서 바로 데이터가 형성된다고 보고자 한다. 이에 관해서는 Alfred W. Crosby, *The Measure of Reality* (Cambridge: Cambridge University Press, 1996) 참고; 그러나 엄밀한 의미에서는 이렇게 정보와 데이터를 구별할 수 있지만, 일상적으로는 양자를 엄밀하게 구별하지 않는다. 아울러 우리 정보법학에서도 양자를 엄격하게 구분하여 사용하지는 않는다. 왜냐하면 우리 법학에서는 외국법의 'data'를 번역하는 용어로서 '정보'를 사용하고 있기 때문이다. 이를테면 유럽연합의 'General Data Protection Regulation'은 우리 법학에서는 보통 '일반정보보호규칙'으로 번역된다. 이 점을 고려하여 필자는 맥락에 따라 양자를 구분하기도 하고, 또 양자를 같은 의미로 사용하기로 한다.

2. 데이터화

데이터화의 개념

그러나 사실, 즉 정보만으로는 빅데이터 과학이 제대로 작동할 수 없다. 정보는 일정한 가공과정을 거쳐 데이터로 전환되어야 한다. 그렇게 해야만 비로소 정보가 빅데이터 과학에 의해 관리·분석될 수 있다. 여기서 정보를 데이터로 전환하는 것을 '데이터화'라고 부를 수 있을 것이다.[43] 그러면 데이터화란 구체적으로 무엇을 뜻하는가?

본래 라틴어에 어원을 둔 '데이터'라는 개념은 '사실'(fact)로서 '주어지는'(given) 것을 뜻한다.[44] 이렇게만 보면 데이터와 사실 또는 정보는 개념적으로 차이가 없다. 따라서 빅데이터 과학에서 의미하는 데이터는 이보다 더욱 넓은 개념적 외연을 갖고 있어야 한다. 이러한 맥락에서 쇤베르거와 쿠키어는 데이터란 "기록되거나 분석되거나 재정리할 수 있는 어떤 것"을 뜻한다고 말한다. 이의 연장선상에서 데이터화란 "표로 만들고 분석이 가능하도록 그 현상을 수량화된 형태로 만든다는" 것을 말한다.[45] 여기서 데이터화에 관한 두 가지 핵심적인 표지 또는 전제조건을 발견할 수 있다. '기록화'와 '수량화'가 바로 그것이다.[46]

---

43. 빅토르 마이어 쇤베르거·케네스 쿠키어, 이지연 (옮김), 『빅데이터가 만드는 세상』(21세기북스, 2013), 147쪽.
44. 빅토르 마이어 쇤베르거·케네스 쿠키어, 이지연 (옮김), 『빅데이터가 만드는 세상』(21세기북스, 2013), 147쪽.
45. 빅토르 마이어 쇤베르거·케네스 쿠키어, 이지연 (옮김), 『빅데이터가 만드는 세상』(21세기북스, 2013), 147쪽.
46. 빅토르 마이어 쇤베르거·케네스 쿠키어, 이지연 (옮김), 『빅데이터가 만드는 세상』(21세기북스, 2013), 149쪽.

기록화

첫째, 정보가 데이터가 되기 위해서는 정보가 문자 등을 통해 기록되어야 한다. 문자를 통해 기록되지 않는 정보는 정보로서 의미가 없다. 왜냐하면 이러한 정보는 순간적인 것으로서 휘발성이 강하고 고정되지 않아 지속적으로 분석될 수 없기 때문이다. 말하자면, 기록되지 않은 정보는 시간적인 영속성을 지닐 수 없기 때문에 쉽게 망각되고, 그 때문에 정보로서 그 의미가 감소한다. 우리가 역사적으로 원시사회와 문명사회를 구분하는 기준으로서 해당 사회에 문자가 있었는지를 중요하게 여기는 것에서 알 수 있듯이, 문자를 통해 기록될 수 있는지 여부는 정보가 데이터화되는 데 결정적인 역할을 한다. 또한 바로 이러한 이유에서 문자로 된 데이터가 오랫동안 가장 전형적인 데이터로 자리 잡고 있었다.

수량화

둘째, 정보가 데이터가 되기 위해서는 수량화 과정이 필요하다. 수를 통해 측정될 수 있어야 한다. 정보가 수를 통해 측정되어야만 비로소 정보의 수량화, 표준화, 수집이 가능해진다.[47] 정보를 수량화하면 정보를 기록화하는 것보다 더욱 정밀한 측정을 할 수 있다. 인류역사의 발전과정을 보면, 문자를 통해 이루어지는 기록화와 더불어 수량화가 그 얼마나 중요한 기여를 했는지를 알 수 있다.[48] 숫자, 그 중에서도 아라비아숫자가 발명되고, 수량화를 학문화한 수학이 발전하면서 인류문명은 그 이전보다 더욱 진보하기 시작하였다. 경제 역시 수량화와 밀접하게 관련을 맺으면서 발전해 왔다. 이를 잘 보여주는 것이 바로 회계이다. 회계는 경제체계가 원

47. 빅토르 마이어 쇤베르거·케네스 쿠키어, 이지연 (옮김), 『빅데이터가 만드는 세상』(21세기북스, 2013), 162쪽.

48. 이를 보여주는 빅토르 마이어 쇤베르거·케네스 쿠키어, 이지연 (옮김), 『빅데이터가 만드는 세상』(21세기북스, 2013), 149-155쪽.

활하게 작동하는 데 필수적인 역할을 수행해 왔다. 특히 14세기에 복식부기가 발명되면서 경영정보를 수량화하는 것이 더욱 원활해질 수 있었고, 이를 통해 경제체계 역시 더욱 정밀하게 작동할 수 있었다. 이러한 수량화 경향은 오늘날 더욱 강화되고 있다. 종래 수학은 자연과학이나 공학에서 주로 사용되었지만, 오늘날에는 그 적용영역이 점차 확장되어 경제, 경영, 금융뿐만 아니라, 거의 모든 데이터 분석에서 수학이 사용된다. 심지어는 수량화와는 거리가 멀어 보이는 감정적 소통이나 사진, 동영상도 수량화되어 데이터로 전환되고 있다. 이는 특히 디지털화를 통해 가속화된다.

디지털화

오늘날의 정보화 사회에서는 숫자로 정형화된 정보뿐만 아니라 문서, 그림, 동영상처럼 정형화되지 않은 '비정형정보'(unstructured information)가 넘쳐나고 있다. 이러한 비정형정보가 데이터가 되기 위해서는 위에서 언급한 것처럼 수량화 과정을 거쳐야 하는데, 이는 디지털화를 통해 이루어진다. 디지털화란 "아날로그 정보를 컴퓨터가 처리할 수 있도록 2진법 코드의 0과 1로 만든다는 것"을 뜻한다.[49] 이러한 점에서 데이터화와 디지털화는 서로 다른 개념이다. 데이터화가 디지털화를 포함하는 더욱 넓은 개념이라고 말할 수 있다. 현대 정보화 사회는 달리 '디지털사회'라고 말할 수 있을 정도로 각종 디지털정보가 넘쳐나고 있는데,[50] 이러한 디지털화를 거쳐 비정형정보는 측정 및 분석이 가능한 데이터로 손쉽게 전환된다.

---

49. 빅토르 마이어 쇤베르거·케네스 쿠키어, 이지연 (옮김), 『빅데이터가 만드는 세상』(21세기북스, 2013), 148쪽.
50. 니콜라스 네그로폰테, 백욱인 (역), 『디지털이다』(커뮤니케이션북스, 1999) 참고.

모든 것의 데이터화

이러한 기록화, 수량화, 디지털화를 통해 세상의 정보는 데이터로 변환된다. 그러면 오늘날 어떤 정보들이 데이터화되고 있는가? 이에 대해서는 간단히 세상의 모든 것이 데이터화되고 있다고 답변할 수 있다. 이를테면 GPS로 측정되는 위치, 인간관계·경험·감정 등과 같은 사회적 소통, 수면패턴·혈중 산소농도·심장박동수·체온 등과 같은 인간의 생리적 현상, 날씨와 같은 자연환경, 자동차 운행정보와 같은 기계적 현상 등 모든 것이 데이터가 되고 있다.[51] 오늘날 데이터화로부터 자유로운 정보는 없다고 해도 과언이 아닐 정도다. 그런데 이렇게 세상의 모든 것이 데이터로 전환되면서, 데이터의 집중현상도 가속화되고 있다. 빅데이터가 이를 잘 예증한다. 이를 통해 거대한 '데이터제국'이 출현하고 있다. 새로운 '빅브라더'처럼 말이다.

3. 데이터 분석 및 시각화

이렇게 정보가 데이터화를 거쳐 데이터가 되면, 그 다음으로는 이렇게 데이터로 전환되어 수집·축적된 데이터를 분석하고 이를 시각화하는 과정을 거치게 된다. 이러한 데이터 분석과정을 흔히 '데이터 마이닝'(data mining)이라고 부른다.[52] 데이터 마이닝이란 빅데이터를 분석하여 새로운 통찰이나 가치를 발견하는 과정이라고 말할 수 있다. 마치 빅데이터라는 금광에서 새로운 가치나 통찰과 같은 금을 캔다는 의미에서 '마이닝'이라고 부른다. 이러한 데이터 마이닝과 데이터 시각화(data visualization)를 합쳐

---

51. 이에 관한 상세한 내용은 빅토르 마이어 쇤베르거·케네스 쿠키어, 이지연 (옮김), 『빅데이터가 만드는 세상』(21세기북스, 2013), 156쪽 아래 참고.
52. 아래에서는 '데이터 분석'을 '데이터 마이닝'으로 부르기로 한다. 데이터 마이닝에 관해서는 정용찬, 『빅데이터』(커뮤니케이션북스, 2013), 32쪽 아래 참고.

'애널리틱스'(analytics)라고 부르기도 한다.

데이터 마이닝

• 데이터 마이닝의 대상 •

데이터 마이닝은 데이터를 대상으로 한다. 위에서 살펴본 것처럼, 데이터는 정보가 기록화·수량화·디지털화를 통해 전환된 것이다. 그러면 데이터 마이닝이 대상으로 하는 데이터는 무엇인가? 이미 언급한 것처럼, 현대 정보화 사회에서는 거의 모든 정보를 데이터화하고 있으므로, 데이터 마이닝 역시 세상의 거의 모든 데이터를 분석대상으로 삼는다. 그런데 여기서 주의해야 할 점은, 데이터는 속성상 한 번 분석하고 버리는 것은 아니라는 것이다. 다른 일반적 재화와는 달리, 데이터는 한 번 사용한다고 해서 그 가치가 사라지지는 않는다.[53] 한 번 사용한 데이터라 할지라도 다른 관점과 다른 목적에서 여러 번 다시 사용될 수 있다. 더 나아가 데이터는 다른 데이터와 조합되어 사용될 수도 있다. '데이터 잔해'(data exhaust), 즉 "사람들이 세상에서 활동하고 움직이는 과정에서 부산물로 떨구고 가는 데이터" 역시 새로운 관점과 목적에서 다시 사용될 수 있다. 데이터 마이닝을 하는 경우에는 데이터가 지닌 이러한 속성에 주의해야 한다. 쇤베르거와 쿠키어는 이를 다음과 같이 말한다.[54]

---

53. 물론 모든 데이터가 시간이라는 변수로부터 자유로운 것은 아니다. 일정한 시간이 경과하면 데이터의 가치가 하락하는 경우도 분명 존재한다. 데이터가 유행과 결합되는 경우가 대표적인 예에 속한다. 특정한 유행이 지나게 되면, 그 유행과 관련이 깊었던 데이터들은 그 의미를 잃게 된다. 이를테면 '블루오션'이라는 용어가 한참 유행을 끌 당시에는 이와 관련된 데이터가 큰 의미 또는 가치를 지녔지만, 지금은 아마도 '블루오션'보다는 '21세기 자본' 등과 같은 현대 자본주의 비판적 데이터들이 더욱 관심을 끌고 있는 것으로 보인다. 이러한 유행의 변화는 책을 추천해주는 알고리즘을 운용하는 아마존 등에 민감한 영향을 끼친다.

54. 빅토르 마이어 쇤베르거·케네스 쿠키어, 이지연 (옮김), 『빅데이터가 만드는 세상』(21세

"데이터의 진짜 가치는 바다 위에 떠 있는 빙산과 같다. 처음에는 아주 조그만 부분밖에 눈에 보이지 않지만 수면 아래에는 많은 부분이 숨겨져 있다. 이것을 이해하는 혁신적 회사는 그 숨은 가치를 추출해 잠재적으로 엄청난 이득을 거둬갈 수 있다. 간단히 말해 데이터의 가치는 현재 그 데이터가 이용되는 방식뿐만 아니라 미래에 사용될 수 있는 모든 가능한 방법을 고려해 생각되어야 한다."

• 데이터 마이닝의 유형 •

데이터 마이닝은 크게 '정형데이터 마이닝'(structured data mining)과 '비정형데이터 마이닝'(unstructured data mining)으로 구분할 수 있다. 양자는 '정형데이터'를 그 대상으로 하는가, 아니면 '비정형데이터'를 그 대상으로 하는가에 따라 구분된다.[55] 정형데이터란 숫자데이터처럼 구조화되어 분석하기 쉬운 데이터를 말한다. 이와 달리 비정형데이터는 그림이나, 문서, 동영상처럼 그 형태나 구조가 단일하게 구조화되어 있지 않은 데이터를 말한다.[56] 물론 위에서 언급한 것처럼, 이러한 비정형데이터도 오늘날에는 디지털화를 통해 이진법으로 수량화된다. 그러므로 분석이 어렵기는 하지만 불가능하지는 않다. 오늘날에는 정형데이터보다 비정형데이터가 압도적으로 많이 생산되기 때문에, 정형데이터 마이닝보다는 비정형 데이터 마이닝의 비중이 더욱 커지고 있다.

정형데이터 마이닝으로는 숫자로 구성된 데이터를 마이닝하는 것을 들 수 있다. 이에 대해 비정형데이터 마이닝으로는 텍스트 마이닝, 웹마이닝,

---

기북스, 2013), 192쪽.

55. '비정형 데이터'를 다시 '반정형 데이터'(Semi-structured Data)와 '비정형 데이터'로 구분하기도 한다. 이에 관해서는 오길영, "빅데이터 환경과 개인정보의 보호방안: 정보주체의 관점에서 바라본 비판적 검토를 중심으로", 『일감법학』제27호(2014. 2), 159쪽 참고.

56. 정용찬, 『빅데이터』(커뮤니케이션북스, 2013), 42쪽.

오피니언 마이닝 등을 언급할 수 있다. '텍스트 마이닝'(text mining)이란 대규모의 텍스트 데이터에서 의미 있는 가치나 통찰을 추출하는 것을 말한다.[57] 그리고 '웹마이닝'(web mining)이란 "인터넷을 이용하는 과정에서 생성되는 웹로그(web log) 정보나 검색어" 등으로부터 유용한 통찰이나 가치를 추출하는 것을 말한다. 말하자면, 웹을 분석대상으로 하는 데이터 마이닝인 셈이다.[58] 마지막으로 '오피니언 마이닝'(opinion mining)이란 "어떤 사안이나 인물, 이슈, 이벤트에 대한 사람들의 의견이나 평가, 태도, 감정 등을 분석하는 것"을 뜻한다.[59] SNS를 대상으로 하는 데이터 마이닝이 바로 대표적인 오피니언 마이닝이라고 말할 수 있다.

• 데이터 마이닝의 절차 •

데이터 마이닝은 크게 다음과 같은 절차를 통해 이루어진다. 데이터 이해(data understanding), 데이터 준비(data preparation), 모형(modeling), 평가(evaluation), 적용(deployment)이 그것이다.[60] 이를 도식화하면 아래와 같다.

〈도식〉 데이터 마이닝의 절차

데이터 이해⇨데이터 준비⇨모형⇨평가⇨적용

데이터 시각화

데이터 마이닝을 통해 분석·추출된 새로운 가치나 통찰, 즉 새로운 정

57. 정용찬, 『빅데이터』(커뮤니케이션북스, 2013), 43쪽.

58. 정용찬, 『빅데이터』(커뮤니케이션북스, 2013), 45쪽.

59. 정용찬, 『빅데이터』(커뮤니케이션북스, 2013), 47쪽.

60. 상세한 내용은 이재현, "빅데이터와 사회과학: 인식론적, 방법론적 문제들", 『커뮤니케이션 이론』제9권 제3호(2013. 가을호), 127-165쪽 참고.

보는 데이터 시각화를 통해 그림이나 도표로 표현된다. 여기서 '데이터 시각화'(data visualization)란 "데이터 분석 결과를 쉽게 이해할 수 있도록 시각적으로 표현하고 전달하는 과정"을 뜻한다.[61] 이러한 데이터 시각화를 거치게 되면, 데이터 마이닝을 통해 도출한 새로운 정보를 명확하고 효과적으로 전달할 수 있다. 데이터 마이닝은 보통 수학적 알고리즘을 사용하기 때문에 전문가가 아니면 그 과정이나 결론을 쉽게 이해하지 못할 수 있다. 그러나 데이터 시각화를 이용하면 수학이나 통계학에 문외한인 일반인도 데이터 마이닝의 결과를 손쉽게 파악할 수 있다.

4. 새로운 통찰 또는 가치 발견

빅데이터 과학의 마지막 단계는 데이터 마이닝 및 시각화를 통해 새로운 정보, 즉 새로운 통찰이나 가치를 발견하는 것이다. 예를 들어, 특정한 검색어가 독감발병과 상관성이 있다는 통찰이나 특정한 책을 구입한 사람은 이와 연관된 다른 책을 구입한다는 아마존의 통찰을 거론할 수 있다. 또는 허리케인이 엄습하기 전에는 손전등뿐만 아니라, 미국인들이 아침에 간식으로 즐겨먹는 팝타르츠(Pop-Tarts) 판매도 늘어난다는 월마트의 통찰이나 마트에서 기저귀가 맥주와 함께 팔리는 경향이 높다는 통찰도 이러한 예에 속한다.[62] 이러한 통찰은 새로운 가치를 창출하기도 한다. 이를테면 아마존은 새로운 통찰을 활용해 도서추천 서비스를 제공하였고 이를 통해 비약적인 발전을 하였다. 월마트 역시 허리케인이 들이닥칠 때면 손전등과 함께 팝타르츠를 매장입구에 비치함으로써 판매수익을 올

---

61. 정용찬, 『빅데이터』(커뮤니케이션북스, 2013), 52쪽.
62. 빅토르 마이어 쇤베르거·케네스 쿠키어, 이지연 (옮김), 『빅데이터가 만드는 세상』(21세기북스, 2013), 103-104쪽.

렸다. 구글의 경우는 검색어를 활용해 독감에 더욱 효과적으로 대처할 수 있게 되었다.

그런데 여기서 눈여겨 볼만한 점은, 빅데이터 과학을 통해 획득하는 새로운 통찰은 주로 상관성에 기반을 둔 예측이라는 것이다. 이 때 '상관성'(correlation)이란 "두 데이터 값 사이의 통계적 관련성을 수량화한 것"을 말한다.[63] 빅데이터 과학은 빅데이터를 분석함으로써 획득한 상관성을 바탕으로 하여 미래에 어떤 일이 발생할 것인지를 통계적으로 예측한다. 이를테면 구글은 검색어를 활용해 앞으로 언제 어떤 지역에서 독감이 발생할 것인지를 예측한다. 월마트는 허리케인이 엄습하게 되면 팝타르츠 판매가 증가할 것이라고 예측한다. 아마존은 일정한 고객이 특정한 책을 구입하면 이와 연관된 다른 책도 구입할 가능성이 높다고 예측한다. 심지어 월마트와 더불어 미국의 대표적인 유통업체인 타깃은 고객들의 구매패턴 데이터를 대규모로 수집해 분석함으로써 부모보다도 먼저 딸의 임신 여부를 정확하게 예측하기도 하였다. 미국의 저널리스트 찰스 두히그(Charles Duhigg)는 자신의 저서『습관의 힘』(The Power of Habit: Why We Do What We Do in Life and Business)에서는 이를 다음과 같이 인상 깊게 소개한다.[64]

> "어느 날 미니아폴리스 외곽에 있는 타깃 매장에 화가 잔뜩 난 남자 한 명이 들이닥쳐 매니저 접견을 요구했다. '우리 딸애가 우편으로 이걸 받았어요!' 남자는 목소리를 높였다. '아직 고등학생인 애한테 아기 옷,

---

63. 빅토르 마이어 쇤베르거·케네스 쿠키어, 이지연 (옮김),『빅데이터가 만드는 세상』(21세기북스, 2013), 102쪽.

64. 찰스 두히그, 강주헌 (옮김),『습관의 힘』(갤리온, 2012), 274-276쪽 참고; 인용은 빅토르 마이어 쇤베르거·케네스 쿠키어, 이지연 (옮김),『빅데이터가 만드는 세상』(21세기북스, 2013), 111쪽에 의하였다. 왜냐하면 쇤베르거와 쿠키어가 이를 정확하게 요약해 내고 있기 때문이다.

아기 침대 쿠폰을 보내요? 애더러 임신을 하라고 부추기는 거요. 뭐요?' 며칠 후 매니저는 사과를 하기 위해 그 남자에게 전화를 걸었다. 그런데 전화기 반대편의 목소리가 누그러져 있었다. '딸애랑 얘기를 좀 했어요.' 남자가 말했다. '알고 보니 내 집에서 내가 제대로 모르는 일이 벌어지고 있었더군요. 8월이 출산 예정이에요. 미안하게 됐습니다."

이러한 예측모델은 인간행동에 대해서도 적용될 수 있다. 예를 들어, 어떤 사람이 앞으로 채무를 더 충실하게 변제할 것인지, 어떤 사람이 심각한 질병에 더 걸릴 것인지 그리고 어떤 사람이 그리고 어떤 지역에서 더 범죄를 더 저지르게 될 것인지를 예측할 수도 있다. 이를 예견하듯이, 영화 "캡틴 아메리카: 윈터 솔져"는 빅데이터 분석을 활용해 앞으로 어떤 사람들이 위험인물이 될 것인지를 예측하고 미리 제거하려 한다는 이야기를 전개한다. 이러한 상관성에 기반을 둔 예측모델은 철학적으로도 심중한 의미를 지닌다.

IV. 빅데이터 과학의 관계구조

그러면 이러한 빅데이터 과학은 실제적으로 어떤 관계구조 속에서 작동하고 있는가? 어떤 주체들이 빅데이터를 둘러싸고 형성되는 관계망에 참여하고 있는가? 아래에서는 이를 간략하게 살펴보도록 한다.

1. 관계구조의 키워드로서 데이터 · 기술 · 아이디어

빅데이터의 관계구조는 말 그대로 빅데이터를 중심으로 하여 구축된다. 빅데이터의 관계구조에 참여하는 주체는 모두 빅데이터와 무관하지 않다. 그러나 빅데이터를 중심으로 하여 형성되는 관계구조를 더욱 면밀하게 들여다보면, 각 관계의 중심, 즉 키워드가 조금씩 달라진다는 점을 알 수 있다. 이 데이터를 압축해서 정식화하면, 각각 '데이터', '기술', '아이디어'라고 말할 수 있다.[65] 이 핵심어들은 빅데이터의 처리과정과 무관하지 않다. 위에서 살펴본 것처럼, 빅데이터를 처리하기 위해서는 크게 세 단계 과정을 밟아야 한다. 먼저 데이터를 수집해야 하고, 나아가 이렇게 수집한 데이터를 분석해야 하며, 마지막으로 이러한 데이터 분석을 활용해 새로운 가치나 통찰을 얻어야 한다. 세 가지 키워드 중에서 데이터는 데이터 수집과, 기술은 데이터 분석과 그리고 새로운 가치나 통찰은 아이디어와 관련을 맺는다. 이를 아래에서 구체적으로 검토하도록 한다.

2. 빅데이터 보유자

빅데이터 과학이 제대로 작동하려면, 먼저 빅데이터가 존재해야 한다. 빅데이터가 존재하기 위해서는 빅데이터가 수집·저장·관리되어야 한다. 이러한 역할을 하는 주체가 바로 빅데이터 보유자이다.[66] 빅데이터 보유자는 빅데이터를 수집·저장·관리하고, 경우에 따라서는 직접 빅데이터를 분석 및 활용하기도 한다. 역사적으로 보면, 전통적인 빅데이터 보유자는 국가 및 교회였다. 국가 및 교회는 호적이나 교적, 주민등록 제도 등을 이용하여 국민 혹은 신자의 데이터를 수집·저장·관리하였다. 그러나 오늘날에는 국가나 교회영역이 아닌 사적 영역에서 다양한 빅데이터 보유자가 등장하고 있다. 더군다나 오늘날 데이터는 대부분 디지털의 형태

65. 빅토르 마이어 쇤베르거·케네스 쿠키어, 이지연 (옮김), 『빅데이터가 만드는 세상』(21세기북스, 2013), 229쪽 아래.

66. 이에 관해서는 빅토르 마이어 쇤베르거·케네스 쿠키어, 이지연 (옮김), 『빅데이터가 만드는 세상』(21세기북스, 2013), 232쪽 아래.

로 수집·저장·관리되고 있어서, 빅데이터 보유자로서 역시 이러한 디지털 데이터를 수집·저장·관리하는 주체가 증가하고 있다. 디지털 시대의 대표적인 빅데이터 보유자로는 구글(Google), 야후(Yahoo), 네이버(Naver), 다음(Daum) 등과 같은 인터넷 검색엔진 기업을 들 수 있다. SNS 업체인 페이스북(Facebook)이나 트위터(Twitter) 등도 대표적인 빅데이터 보유자라고 할 수 있다. 이외에도 미국의 유통업체인 타깃(Target)이나 월마트(Walmart), 코스트코(Costco), 우리의 이마트나, 롯데마트, 홈플러스 등도 대규모의 고객정보를 보유하고 있는 대표적인 빅데이터 보유자에 해당한다.

이러한 빅데이터 보유자 중에서 가령 구글이나 아마존 등은 빅데이터를 수집·저장·관리하는 데 그치지 않고, 이를 직접 분석 및 활용하기도 한다. 이를테면 구글은 엄청난 양의 검색어를 분석함으로써 검색어만으로 독감유행 여부를 예측하기도 하고, 역시 엄청난 양의 번역데이터를 활용해 구글번역기를 운용하기도 한다. 또한 아마존은 도서구매자들의 빅데이터를 활용해 새로운 책을 추천하기도 한다. 타깃은 고객들의 구매정보를 분석·활용하여 소비자들에게 그때그때 적절한 광고지와 할인쿠폰을 제공한다. 그러나 빅데이터를 보유만 하고 이를 활용하지 않는 기업도 존재한다. 예를 들어, 페이스북이나 트위터는 아직 그들이 보유하고 있는 엄청난 소통 관련 빅데이터를 활용하고 있지는 않다. 그러나 아마도 장기적으로는 대부분의 빅데이터 보유자들이 자신들의 빅데이터를 활용하기 시작할 것이다.[67]

---

67. 물론 그렇게 되면 상당수의 페이스북 이용자들이나 트위터 이용자들이 서비스에서 탈퇴할 수도 있을 것이다. 이것이 바로 페이스북이나 트위터가 처해 있는 딜레마적 상황이라고 말할 수 있다.

3. 빅데이터 전문가

빅데이터 전문가는 빅데이터를 분석하는 주체를 말한다.[68] 위에서 언급한 것처럼, 빅데이터 분석은 크게 데이터 마이닝과 데이터 시각화로 이루어진다. 그런데 빅데이터 분석은 대부분 수학적 알고리즘을 활용하기 때문에, 빅데이터 전문가는 주로 수학이나 통계학 또는 컴퓨터공학을 배경으로 하는 경우가 많다. 구글과 같은 거대한 기업은 자체적으로 빅데이터 전문가를 보유하고 있어 직접 빅데이터를 분석한다. 그러나 상당수의 빅데이터 보유자나 빅데이터 이용기업들은 여전히 외주형태로 빅데이터 전문가를 고용한다. 빅데이터의 의미가 점점 증대하면, 빅데이터 전문가의 지위도 그 만큼 올라갈 것이다.

4. 빅데이터 이용기업

빅데이터 이용기업은 빅데이터에 바탕을 둔 아이디어, 즉 빅데이터 사고방식을 활용하는 주체를 말한다.[69] 여기서 빅데이터 사고방식이란 빅데이터를 분석해 얻은 새로운 통찰을 활용하여 새로운 가치나 이익을 창출하는 것을 말한다. 빅데이터 이용기업은 빅데이터 보유자 그 자신이 될 수도 있지만, 빅데이터 보유자가 아닌 경우에도 빅데이터 이용기업이 될 수 있다. 예를 들어, 항공요금을 예측하는 모델을 활용하여 '페어케스트'(Farecast)라는 빅데이터 이용기업을 창립한 에치오니는 그 자신이 빅데이터를 수집·저장·관리하는 빅데이터 보유자는 아니었다. 에치오니는 인터

---

68. 빅토르 마이어 쇤베르거·케네스 쿠키어, 이지연 (옮김), 『빅데이터가 만드는 세상』(21세기북스, 2013), 235쪽 아래.
69. 빅토르 마이어 쇤베르거·케네스 쿠키어, 이지연 (옮김), 『빅데이터가 만드는 세상』(21세기북스, 2013), 237쪽 아래.

넷상에 공개된 항공요금정보를 수집하여 이를 분석·활용하였다. 이 점에서 에치오니가 설립한 페이케스트는 빅데이터 분석 및 이용을 동시에 수행하는 벤처기업이었다. 이처럼 빅데이터 이용기업은 빅데이터 보유자 자신이 될 수도 있지만, 빅데이터를 보유하고 있지 않은 경우에도 빅데이터 사고방식만 갖고 있으면 충분히 빅데이터 이용기업이 될 수 있다. 마찬가지로 빅데이터 이용기업이 직접 빅데이터 전문가라면 훨씬 유리할테지만, 빅데이터 전문가가 아니더라도 빅데이터 이용기업이 될 수 있다. 빅데이터 전문가는 외주로 고용하면 되기 때문이다. 그러나 장기적으로는 구글처럼 빅데이터 보유자가 빅데이터를 무기로 하여 빅데이터 전문가와 빅데이터 이용기업을 모두 흡수할 수 있을 것이다. 그렇게 되면 진정 무서운 빅데이터 제국, 현대판 '리바이어던'이 등장하게 될 것이다.

V. 빅데이터 과학의 법철학

빅데이터 과학은 철학 혹은 법철학의 측면에서 볼 때 심중한 의미를 갖는다. 왜냐하면 빅데이터 과학은 종래의 인문학 또는 사회과학 영역에서 자리 잡고 있던 철학적 전제에 중대한 도전장을 던지고 있기 때문이다. 법학과 같은 규범학에서 필수적인 전제가 되는 '인간의 자유의지'와 전통적인 정신과학에서 학문적 작업의 근간이 되는 '인과성'이 그것이다.[70] 이 문제를 정면에서 다루는 것은 이 책에서는 적합하지 않으므로, 아래에서는 이를 간략하게 다루는 것에 그치고자 한다.

70. '자유의지' 문제에 관해서는 양천수, "의사의 자유와 인권: 형사책임을 중심으로 한 시론", 『영남법학』제29호(2009. 10), 1쪽 아래 참고; '인과성' 문제에 관해서는 빅토르 마이어 쇤베르거·케네스 쿠키어, 이지연 (옮김), 『빅데이터가 만드는 세상』(21세기북스, 2013), 97쪽 아래 참고.

1. 빅데이터 과학과 인간의 자유의지

인간이 과연 자유의지, 즉 의사의 자유(Willensfreiheit)를 갖는가 하는 점은 이미 오래 전부터 철학적으로 논쟁이 되어왔다. 그러나 근대 계몽주의 철학이 등장한 이래, 인간은 자유의지를 갖는다는 점이 선험적인 차원에서 규범적으로 정립되었다. 이는 무엇보다도 칸트의 도덕철학에서 발견할 수 있다. 이에 따라 이제 인간은 실천이성을 지닌 존엄한 존재로서 자율적으로 도덕법칙을 준수할 수 있다. 비록 경험적인 차원에서는 형법을 어긴 범죄자라 하더라도, 규범적인 차원에서는 실천이성을 지닌 자율적인 존재이기에, 계몽의 빛을 제대로 받게 되면 범죄자 역시 다시 적법한 세계로 돌아올 수 있다는 것이다. 현대 형법학에서 책임 개념에 대한 지배적인 학설인 규범적 책임론은 이 같은 생각에 기반을 둔다. 따라서 규범적 책임론은 자유의지를 필연적으로 전제로 할 수밖에 없다. 만약 우리 인간에게 자유의지가 존재하지 않는다면, 규범적 책임론 역시 이론적으로 성립할 수 없다.

그러나 '인간은 자유의지를 갖는다.'는 규범적 명제는 19세기에 접어들면서 생물학이 급성장하고 이에 발맞추어 '실증주의'가 새로운 사회과학의 흐름으로 등장하면서 새롭게 도전을 받게 되었다. 물론 이러한 '생물학적 환원주의'의 도전은 한편으로는 '신칸트학파'(Neukantianismus)등이 강조한 '방법이원론'(Methodendualismus) 전통을 통해,[71] 다른 한편으로는 두 번의 세계대전이 낳은 끔찍한 경험을 통해 어느 정도 극복되기는 하였다.[72] 제2차 세계대전 이후 '인간은 자유의지를 갖는다.'는 명제, 즉 '인간의 자

71. 방법이원론 전통에 관해서는 우선 K.-O. Apel, *Die Erklären: Verstehen-Kontroverse in transzendentalpragmatischer Sicht* (Frankfurt/M., 1979) 참고.

72. 두 차례의 세계대전 가운데 제2차 세계대전이 낳은 범죄 및 이에 대해 이루어진 뉘른베르크 국제전범재판에 관해서는 양천수, "뉘른베르크 국제전범재판의 역사적·법적 문제와 그 의미", 『군사』제60호(2006. 8), 167-197쪽 참고.

율성 명제'는 '실존주의'와 이른바 '자연법 르네상스'를 통해 다시 한 번 처분할 수 없는 그 무엇으로 자리매김하였다.

그렇지만 1980년대 이후 이번에는 '뇌연구'(Hirnforschung)가 새롭게 성장하면서, 인간의 자율성 명제는 다시 한 번 위협에 처하게 되었다.[73] 가령 독일의 뇌연구자인 로트(G. Roth)나 징어(W. Singer) 등은 그 동안 쌓은 뇌연구의 성과를 반영하여, 인간은 생물학적으로 이미 결정되어 있다는 다소 급진적인 주장을 한다.[74] 이러한 주장은 특히 독일에서 형법학자, 철학자, 뇌연구자 등이 다양하게 참여하는 장기적인 논쟁으로 발전한다. 이처럼 인간이 과연 자유의지를 갖는가 하는 문제는 오늘날 급속하게 발전하는 과학기술에 의해 논란의 대상이 되고 있다.[75]

그런데 필자는 빅데이터 과학 역시 이러한 자유의지에 중대한 도전을 하고 있다고 생각한다. 그 이유를 다음과 같이 말할 수 있다. 앞에서도 살펴본 것처럼, 빅데이터 과학이 갖고 있는 가장 강력한 힘은 미래의 일, 가령 소비자가 앞으로 어떻게 행동할 것인가 등을 예측할 수 있다는 점이다. 그런데 이렇게 인간이 미래에 하게 될 행동을 예측할 수 있으려면, 인간이 일정한 패턴, 즉 규칙성을 따라 움직인다는 것을 전제로 해야 한다. 달리 말해, 두히그가 잘 분석한 것처럼, 인간은 철저하게 습관에 따라 행동하는

73. 이 논쟁을 정리한 문헌으로서 C. Geyer (Hrsg.), *Hirnforschung und Willensfreiheit: Zur Deutung der neuesten Experimente* (Frankfurt/M., 2004).

74. 가령 G. Roth, "Wir sind determiniert. Die Hirnforschung befreit von Illusionen", in: C. Geyer (Hrsg.), *Hirnforschung und Willensfreiheit: Zur Deutung der neuesten Experimente*, (Frankfurt/M., 2004), 218-222쪽; W. Singer, "Verschaltungen legen uns fest: Wir sollten aufhören, von Freiheit zu sprechen", in: C. Geyer (Hrsg.), *Hirnforschung und Willensfreiheit: Zur Deutung der neuesten Experimente* (Frankfurt/M., 2004), 30-65쪽.

75. 이 문제에 대한 입문서로는 마르틴 후베르트, 원석영 (옮김), 『의식의 재발견: 현대 뇌과학과 철학의 대화』(프로네시스, 2006) 참고.

존재라는 점을 전제로 해야 한다.[76] 이는 우리 인간이 실제로는 자유로운 존재가 아니라는 점을 시사한다. 우리는 각자가 자율적이고 개성적인 존재로 아주 다르게 행동할 것이라고 생각하지만, 실상은 일정한 습관과 패턴을 벗어나지 않는 존재라는 것이다. 이를 두히그는 다양한 차원에서 논증하는데, 현대 뇌과학자들은 뇌과학의 성과를 통해 이러한 주장을 뒷받침한다.[77] 현대 행동경제학의 초석을 놓은 심리학자 카너먼(D. Kahneman)도 심리학의 측면에서 이를 잘 논증한다.

카너먼에 따르면, 우리 인간의 사고시스템에는 서로 다른 두 가지 시스템이 존재한다.[78] 빠르게 생각하는 '직관적인 사고시스템'과 천천히 생각하는 '합리적인 사고시스템'이 그것이다. 근대 계몽주의 철학이 상정하는 이성적인 주체나 고전 경제학이 전제로 하는 합리적 존재는 두 가지 사고시스템 중에서 후자만을 염두에 둔 것이다. 그러나 카너먼에 따르면, 인간의 사고시스템 안에서 중심적인 역할을 하는 것은 오히려 '직관적인 사고시스템'이다.[79] 직관적인 사고시스템은 직관에 의해 자동적으로 작동한다. 그런데 여기서 주목해야 할 점은, 직관적인 사고시스템이 언제나 정확하게 작동하는 것은 아니라는 것이다. 오히려 이 시스템은 제한된 정보만을 토대로 하여 작동하는 편향적인 성격을 지닌다.[80] 이러한 카너먼의 주장을 수용하면, 인간이 일정한 패턴이나 습관을 따라 이른바 타율적으로 행동하는 것은 어쩌면 당연한 일로 보일 수도 있다. 왜냐하면 그렇게 하

---

76. 찰스 두히그, 강주헌 (옮김), 『습관의 힘』(갤리온, 2012) 참고.
77. 물론 두히그는 우리가 전적으로 습관의 지배를 받는 것은 아니고, 우리가 노력을 기울이면 자신의 습관을 바꿀 수도 있다고 말한다. 찰스 두히그, 강주헌 (옮김), 『습관의 힘』(갤리온, 2012), 378쪽 아래.
78. 이에 관해서는 대니얼 카너먼, 이진원 (옮김), 『생각에 관한 생각』(김영사, 2012) 참고.
79. 대니얼 카너먼, 이진원 (옮김), 『생각에 관한 생각』(김영사, 2012), 33쪽.
80. 대니얼 카너먼, 이진원 (옮김), 『생각에 관한 생각』(김영사, 2012), 43쪽 아래.

는 것이 사고시스템의 측면에서 볼 때 더욱 효율적이기 때문이다.

이처럼 빅데이터 과학에 따르면, 이제 인간은 자유의지를 가진 존재가 아니라, 특정한 습관과 패턴에 의해 지배되는 타율적인 존재로 비친다. 그러면 실제로 인간은 이렇게 타율적인 존재에 불과한 것일까? 이는 점점 영향력을 발휘하고 있는 빅데이터 과학에 맞서 규범학자들이 풀어가야 할 문제라고 말할 수 있다.

2. 빅데이터 과학과 인과성

빅데이터 과학은 정신과학, 더 나아가 전체 학문에서 중요한 역할을 수행하는 '인과성'(causality)에 대해서도 중대한 도전을 제기한다. 왜냐하면 빅데이터 과학은 인과성을 밝히는 데 초점을 맞추지 않고, '상관성'(correlation)을 추구하는 데 만족하기 때문이다. 빅데이터 과학에서 말하는 상관성이란 데이터와 데이터 사이의 통계적 관련성을 수량화한 값이라고 정의할 수 있다.[81] 전통적인 학문, 이를테면 자연과학이나 사회과학은 모두 원인과 결과 사이의 인과관계를 밝히는 데 집중하였다. 이러한 인과관계를 규명함으로써 앞으로 어떤 일이 발생하게 될지를 예측하고자 하였다. 그러나 빅데이터 과학은 인과관계를 추구하지 않는다. 왜냐하면 그렇게 하지 않아도 데이터만 충분하면 수학적 알고리즘을 사용해 상당히 높은 수학적 수준에서 미래를 예측할 수 있기 때문이다. 상관성만 파악할 수 있으면, 정확한 인과성을 알지 못한다 하더라도 앞으로 어떤 일이 발생할지, 소비자들이 어떻게 행동할 것인지를 예측할 수 있는 것이다. 이러한 이유에서 빅데이터 과학은 왜 일정한 현상이 나타나는지 그 이유를 탐구하지

---

81. 빅토르 마이어 쇤베르거·케네스 쿠키어, 이지연 (옮김), 『빅데이터가 만드는 세상』(21세기북스, 2013), 102쪽.

않는다. 그보다는 특정한 결과가 어떤 요소와 상관관계를 맺는지에 더 주목한다. 예를 들어, 구글은 독감과 관련된 다양한 검색어를 분석함으로써 언제 어느 지역에서 독감이 유행할 것인지를 예측하는 알고리즘을 만들었다. 그러나 이 알고리즘에서 중요한 것은 특정한 검색어와 독감의 유행 여부가 서로 상관성을 띠고 있다는 점이지, 왜 그 검색어가 독감의 유행 여부를 예측하게 해주는지에 대한 인과관계는 아니다. 이 점에서 빅데이터 과학은 한의학과 같은 동양의 전통적인 과학과 유사한 면을 지닌다. 왜냐하면 한의학 역시 인과관계를 추구하기보다는 상관관계를 추구하는 학문이라고 말할 수 있기 때문이다.

그런데 이렇게 빅데이터 과학이 인과성이 아닌 상관성을 무게중심을 옮기면서 학문, 그 중에서도 사회과학에 대해서도 중대한 패러다임 변화를 유발한다.[82] 왜냐하면 기존의 사회과학은 인과성 모델에 기반을 두어 학문방법론을 구축하였기 때문이다. 그래서 정확한 샘플이나 데이터를 사용하고자 노력하였다. 그러나 빅데이터 과학은 상관성을 추구하는 것으로 만족하기에 정확한 데이터만을 추구하지는 않는다. 오히려 데이터가 정확하지 않다 하더라도 그 양만 충분하면 수학적 방법론을 사용하여 상당히 정확한 수준의 상관성을 발견할 수 있다고 강조한다. 쇤베르거와 쿠키어는 이를 다음과 같이 말한다. 다소 길더라도 직접 인용하도록 한다.[83]

> "빅 데이터 시대에는 오로지 가설에만 의지해 어떤 변수를 검토할지 결정하는 것은 더 이상 효율적이지 않다. 데이터 집합이 너무 커졌고, 고

82. 이 문제를 학문방법론의 측면에서 다루는 이재현, "빅데이터와 사회과학 : 인식론적, 방법론적 문제들", 『커뮤니케이션 이론』제9권 제3호(2013. 가을호), 127-165쪽 참고.
83. 빅토르 마이어 쇤베르거 · 케네스 쿠키어, 이지연 (옮김), 『빅데이터가 만드는 세상』(21세기북스, 2013), 106-107쪽.

려해야 할 분야도 훨씬 더 복잡한 경우가 많기 때문이다. 다행히도 가설에 의한 접근법을 강요하게 만들었던 많은 제약이 이제는 이전처럼 강력하지 않다. 데이터와 연산능력이 풍부한 지금은 이전처럼 수고스럽게 하나 또는 몇 개의 대용물만을 골라 하나씩 순서대로 검토할 필요가 없다. 이제 정교화된 컴퓨터 분석 기술이 최적의 대용물을 알려줄 수 있다. 거의 5억 개의 수학모델을 검토했던 구글 독감 동향의 사례에서 보았듯이 말이다.

이제는 세상을 이해하기 위해 반드시 어떤 현상에 대한 타당한 가설부터 세워야 할 필요가 없다. 언제 어디서 독감이 확산되는지 알기 위해 사람들이 어떤 단어를 검색하는지 고민할 필요도 없다. 항공사들이 티켓 가격을 어떻게 정하는지도 알 필요 없다. 월마트 손님들의 음식 취향에도 신경 쓸 필요 없다. 이런 것들 대신 빅 데이터를 가지고 상관분석을 해서 어떤 검색어가 독감에 관한 최선의 대용물인지, 항공권 가격이 치솟을 것 같은지, 폭풍이 몰려오면 불안한 가족들은 뭘 먹고 싶어 하는지 데이터가 말하도록 하면 되기 때문이다. **가설에 의한 접근법을 데이터에 의한 접근법으로 대체**하는 것이다. 이렇게 하면 편향은 덜하고 정확성은 더 높은 결과를 훨씬 더 빠르게 얻게 될 것이다.

상관성에 기초한 예측은 빅 데이터의 핵심이다. 이제는 상관분석이 너무나 빈번하게 사용되는 나머지, 때로 우리는 상관분석이 미친 영향을 알아보지 못하기도 한다. 그리고 앞으로도 이런 상관분석의 활용은 계속해서 늘어날 것이다."(강조는 인용자가 추가한 것이다)

이러한 주장이 타당하다면, 앞으로 우리는 학문적 작업을 수행할 때 굳이 힘들게 인과성을 밝힐 필요가 없을지도 모른다. 모든 학문적 영역에서 빅데이터 과학에 의지하여 수학적 상관성만 찾아내면 족할지도 모른다. 그렇게 되면 빅데이터 과학이 사용하는 수학적 방법론이 모든 학문영역을 압도하는 시대가 열릴지도 모른다. 이는 곧 전통적인 사회과학의 정신과학의 몰락을 초래할 수도 있다. 이러한 이유에서 빅데이터 과학과 관련하여 '학문방법론의 패러다임 변화 혹은 위기'를 이야기할 수밖에 없다. 과연 그렇게 될 것인가? 이 점 역시 우리가 앞으로 계속 지켜봐야 할 문제이다.

VI. 빅데이터 과학의 활용

이미 여러 번 강조한 것처럼, 현대사회에서 빅데이터 과학은 거의 모든 사회영역에서 활용할 수 있다. 그 가운데서 몇몇 중요한 영역들을 아래에서 간략하게 언급하도록 한다.[84]

1. 경제영역

빅데이터 과학은 가장 우선적으로 경제영역에서 활용될 수 있다. 그 때문에 오늘날 대부분의 기업은 빅데이터 과학에 관심을 기울이면서 고객들의 빅데이터를 수집·저장·관리하고자 한다. 데이터 마이닝을 활용해 얻게 되는 새로운 통찰은 새로운 경제적 이익과 직결될 수 있기 때문이다. 이를테면 아마존은 고객들이 구매하는 도서구매 데이터를 분석함으로써 잠재적 고객들에게 새로운 책을 추천할 수 있게 되었고, 이를 통해 막대한 이익을 창출하고 있다. 월마트 역시 소비자들의 구매데이터를 분석함으로써 허리케인과 팝타르츠의 상관성 같은 소비패턴을 찾아냈고, 이를 활용

---

84. 이에 관해서는 이창범, "개인정보보호법제 관점에서 본 빅데이터의 활용과 보호방안", 『법학논총』제37권 제1호(2013. 3), 513쪽 아래 등 참고.

해 매출을 제고할 수 있었다. 국내의 다양한 기업들 역시 빅데이터 분석을 활용해 소비자들에게 맞춤형 구매정보를 제공하고 있다. 이를테면 SK플래닛은 모바일 이용자들의 나이, 성별, 위치, 단말기 사용 애플리케이션, 이동통신사 등과 같은 기본정보를 조합하고 이용자 프로파일 및 행동유형을 분석함으로써 각 사용자들에게 적합한 광고를 제공한다.[85]

2. 보건영역

다음으로 빅데이터 과학이 유용하게 활용될 수 있는 영역으로 보건영역을 들 수 있다. 보건영역에서 우리는 빅데이터 과학을 이용하여 전염병과 같은 질병을 효과적으로 예방하거나 대처할 수 있다. 예를 들어, 구글은 구글 홈페이지에 축적된 독감 관련 빅데이터를 이용하여 검색어만으로 언제 어느 지역에서 독감이 유행할지를 예측하는 알고리즘을 만들었는데, 이러한 알고리즘을 활용하면 우리는 지금보다 더욱 효과적으로 독감유행에 대비할 수 있다. 마찬가지로 인류에게 치명적인 각종 질병 및 전염병에 대한 빅데이터가 축적되면, 데이터 마이닝을 통해 각종 질병에 대한 새로운 통찰을 얻을 수 있고, 이로부터 질병에 대한 새로운 대처방안도 고안할 수 있을 것이다. 만약 현재 새로운 전염병으로서 인류를 공포에 몰아넣고 있는 에볼라 바이러스에 대한 빅데이터 축적되면, 이에 대한 대처방안도 효과적으로 찾아낼 수 있을 것이다.

85. 이창범, "개인정보보호법제 관점에서 본 빅데이터의 활용과 보호방안", 『법학논총』제37권 제1호(2013. 3), 515쪽.

3. 자연재해영역

자연재해영역도 빅데이터 과학을 활용할 수 있는 영역에 속한다. 특히 자연재해영역은 각 개인의 인격적 개인정보와 무관한 데이터를 활용한다는 점에서 빅데이터 과학을 활용하기에 아주 유용한 영역이라 할 만하다. 자연재해영역에서 빅데이터 과학을 활용하면 태풍이나 호우, 쓰나미, 자연적으로 발생한 산불 등이 언제 발생할 것인지를 예측할 수 있고, 이를 통해 이 같은 자연재해에 더욱 효과적으로 대처할 수 있다.

4. 사회안전영역

나아가 사회안전영역도 빅데이터 과학을 활용할 수 있는 영역에 해당한다. 자연재해영역이 자연적으로 발생하는 거대 사고를 예방하는 영역이라면, 사회안전영역은 인간의 행동이 개입하여 발생하는 각종 재난이나 사고를 예방하거나 대처하는 영역에 해당한다. 물론 바로 이 때문에 사회안전영역은 많은 경우 각 행위자의 개인정보를 필요로 하고 그 점에서 꽤 민감한 영역이기도 하다. 그러나 사회안전영역에서 빅데이터 과학을 잘만 활용하면, 각종 인적 재해나 사고 등을 예방할 수 있다. 예컨대, 해난사고에 대한 빅데이터가 축적되면, 예측모델을 활용해 세월호 참사 같은 대규모 해난사고를 사전에 예방하거나 더욱 효과적으로 대처할 수 있을 것이다. 또한 화재에 대한 빅데이터가 축적되면, 어느 시기에 어느 건물에서 화재가 잘 발생하는지를 파악하고 이에 대처할 수 있다. 교통사고 역시 획기적으로 줄일 수 있을 것이다.[86]

---

86. 이에 관한 예로는 빅토르 마이어 쇤베르거·케네스 쿠키어, 이지연 (옮김), 『빅데이터가 만드는 세상』(21세기북스, 2013), 112-113쪽.

5. 정치영역

빅데이터 과학은 정치영역에서도 활용된다. 이는 특히 최근 들어 각광받고 있는 SNS를 통해 축적되는 빅데이터, 즉 소통에 관한 빅데이터를 분석함으로써 이루어진다. 예를 들어, 정치 및 선거에 관해 SNS에서 이루어지는 다양한 소통데이터를 분석함으로써 각 정당은 자신들에게 유리한 정책을 기획하거나 선거전략을 마련할 수 있다. 실제로 미국 오바마(Barack H. Obama) 대통령은 지난 2012년 재선기간 동안 빅데이터를 활용한 맞춤형 선거전략을 사용함으로써 재선에 성공하는 데 큰 도움을 얻었다.[87]

6. 스포츠영역

빅데이터 과학은 심지어 스포츠영역에서 활용된다. 이미 앞에서 소개한 것처럼, 구글은 빅데이터 분석을 활용함으로써 지난 2014년 브라질 월드컵에서 어느 팀이 8강에 오를 것인지를 정확하게 예측한 바 있다. 또한 브라질 월드컵에서 우승한 독일대표팀은 자체적으로 빅데이터 과학을 활용하여 경기력을 향상시키는 데 도움을 얻기도 하였다.

7. 형사사법영역

마지막으로 이 책과 관련된 문제로서 빅데이터 과학은 형사사법영역에서도 활용될 수 있다. 이 영역은 정보인권과 관련하여 중요한 의미를 지니므로, 아래에서 좀 더 상세하게 다루도록 한다.

---

87. 정용찬, 『빅데이터』(커뮤니케이션북스, 2013), x쪽.

VII. 형사사법영역에서 빅데이터 과학의 의미와 한계

1. 형사사법영역에서 빅데이터 과학의 활용

빅데이터 과학은 사회통제를 주도적으로 담당하는 형사사법영역에서도 유용하게 활용될 수 있다. 이는 크게 네 가지 영역에서 적용될 수 있다.

범죄예측

형사사법기관, 특히 경찰은 빅데이터 과학을 활용하여 언제 어느 지역에서 어떤 범죄가 발생하는지를 손쉽게 예측할 수 있다. 이는 현재 실제로 사용되는 것이기도 하다.[88] 단순히 인적 정보만을 수집·분석하는 것이 아니라, 공간적·상황적·시간적 정보를 수집 및 분석함으로써 언제 어느 지역에서 어떤 범죄가 발생할 것인지를 통계적으로 예측할 수 있다. 그렇게 되면 각종 살인이나 강간 등과 같은 강력범죄나 테러와 같은 국가범죄를 사전에 더욱 효과적으로 예방할 수 있을 것이다. 그리고 어쩌면 가까운 미래에는 각 개인에 대한 빅데이터 분석만으로도 어떤 사람이 장차 범죄를 저지르게 될 것인지를 예측할 수 있을지도 모른다. 마치 영화 "마이너리티 리포트"가 보여준 것처럼 말이다.

피의자 검거

범죄의심인물들에 대한 각종 빅데이터가 축적되면, 특정한 형사사건이 발생하였을 때 이 사건의 피의자를 신속하게 검거하는 데도 도움을 줄 것이다. 왜냐하면 빅데이터에 바탕을 둔 예측모델을 이용하면, 특정한 사건

---

88. 빅토르 마이어 쇤베르거·케네스 쿠키어, 이지연 (옮김), 『빅데이터가 만드는 세상』(21세기북스, 2013), 339쪽 아래 참고.

에서는 어떤 인물이 피의자가 될 것인지, 이러한 피의자들은 범행 이후에 어떤 패턴의 행동을 보이고 어떤 도주경로를 밟는지를 예측할 수 있고, 이에 따라 해당 피의자를 신속하게 검거할 수 있기 때문이다. 그렇게 되면, 형사사법체계의 자원을 더욱 효율적으로 배분할 수 있을 것이다.

증거의 신빙성 판단

빅데이터 과학을 이용하면, 형사사법체계는 특정 형사사건과 관련된 증거들이 과연 신빙성을 갖고 있는지를 더욱 합리적으로 판단할 수 있을 것이다. 민사법 도그마틱이 중요한 의미를 갖는 민사분쟁과는 달리, 형사사건에는 법적 분쟁의 전제가 되는 사실관계를 진실에 맞게 확정하는 것이 그 무엇보다 중요하다. 이는 그 작업이 그 만큼 어렵다는 것을 반증한다. 그러나 빅데이터 과학을 활용함으로써 이러한 어려움을 감축시킬 수 있다. 특정한 형사사건에 관한 인적 증거나 물적 증거의 신빙성을 상당히 높은 수학적 수준에서 판단할 수 있게 될 것이다. 이렇게 함으로써 법원이 오판을 하는 것을 억제할 수 있다.

상습성 및 재범가능성 예측

빅데이터 과학을 활용하면, 범죄자의 상습성 및 재범가능성 역시 예측할 수 있게 될 것이다. 이를테면 법원은 빅데이터를 분석에 의지하여 어떤 피고인이 상습적으로 범죄를 저지를 것인지를 판단할 수 있을 것이다. 이뿐만 아니라, 형집행기관은 빅데이터 분석에 힘입어 어떤 수형자가 성공적으로 수형생활을 할 것인지, 어떤 수형자를 가석방하는 것이 재범방지에 효과적일지를 판단할 수 있을 것이다.

2. 형사사법영역에서 빅데이터 과학의 한계

이렇게 형사사법영역에 빅데이터 과학을 적용하면 사회적으로 상당한 유용성, 즉 공리를 획득할 수 있다. 그러나 여기에는 한계도 분명 존재한다. 이렇게 형사사법영역에서 빅데이터 과학을 활용하기 위해서는 그 전제로서 각 개인에 대한 데이터를 방대하게 수집·저장·관리해야 한다. 형사사법기관이 마치 빅브라더처럼 모든 개인에 대한 정보를 통제할 수 있어야 한다. 하지만 이는 동시에 각 개인의 정보인권에 대한 심각한 위협이 될 수밖에 없다. 이는 특히 현대사회가 위험사회, 더 나아가 안전사회로 이행하게 되면서 치명적인 위협으로 변모하고 있다.

3. 안전사회 패러다임과 빅데이터 제국의 출현

사회의 안전사회화

이미 앞에서도 지적한 것처럼, 현대사회는 다양한 구조변동을 겪고 있다. 이 책과 관련하여 중요한 구조변동으로서 사회의 안전사회화를 언급해야 한다. 현대사회는 위험사회를 넘어서 안전사회로 이행하고 있다. 안전사회는 위험사회가 필연적·구조적으로 낳은 산물이다. 현대 위험사회에서 추상적이고 구조적이며 확률적인 위험(Risiko)이 증대하면서, 시민들의 안전에 대한 욕구 역시 덩달아 높아진다. 이로 인해 사회 전체적으로 안전을 강조하는 '안전사회'(Sicherheitsgesellschaft)가 도래한다. 안전사회에서는 사회구조 및 사회의 기능체계들이 안전을 도모하는 데 적합하게 재편성된다. 물론 여기서 가장 중요한 기능을 담당하는 것은 법체계의 한 부분영역이 형사사법체계이다. 형사사법체계는 시민의 안전을 보장하기 위해 형사사법도구를 사용한다. 그런데 이 때 말하는 안전은 구체적이고 우발적인 위협(Gefahr: threat)을 대상으로 하는 것이 아니라, 추상적이고 구조적이며

확률적인 위험(Risiko: risk)을 그 대상으로 한다.[89]

사회통제목표의 변화

이렇게 각종 위험으로부터 안전해지는 것이 사회의 최우선적인 과제로 설정되면서, 형사사법체계가 주도하는 사회통제의 목표 역시 변화한다. 사회복지정책에 따라 형사사법체계가 작동할 때에는 '재사회화'와 '규범에 대한 신뢰회복'으로 대변되는 적극적 특별예방 및 일반예방이 사회통제가 목표가 되었다. 그러나 사회 전체적으로 여러 요인으로 사회복지체계가 무너지면서 사회통제목표 역시 변화를 맞게 된다.[90] 특히 전체 사회가 복지국가적 사회에서 안전사회로 변모하면서 적극적 특별예방 및 일반예방을 대신해서, 위험인물을 사회에서 배제(exclusion)시키는 것을 최우선의 목표로 삼는 소극적 특별예방 및 일반예방이 자리를 잡게 된다.[91] 이제 사회통제의 목표는 범죄자를 선한 사람으로 바꾸는 것이 아니라, 사회의 안전을 위해 이들을 배제하는 것이 된다.[92]

형사사법체계의 통제방식 변화

이에 따라 형사사법체계의 통제방식도 변화한다. 이는 세 가지 측면에서 말할 수 있다.[93] 우선 사회통제의 목표가 재사회화에서 위험예방 및 범

89. '위험'과 '위협'의 구별문제에 관해서는 C. Prittwitz, *Strafrecht und Risiko* (Frankfurt/M., 1992) 참고.

90. 이러한 변화과정에 관해서는 토비아스 징엘슈타인·피어 슈톨레, 윤재왕 (역), 『안전사회: 21세기의 사회통제』(한국형사정책연구원, 2012), 20쪽 아래.

91. 토비아스 징엘슈타인·피어 슈톨레, 윤재왕 (역), 『안전사회: 21세기의 사회통제』(한국형사정책연구원, 2012), 59쪽 아래.

92. 토비아스 징엘슈타인·피어 슈톨레, 윤재왕 (역), 『안전사회: 21세기의 사회통제』(한국형사정책연구원, 2012), 85쪽 아래.

93. 토비아스 징엘슈타인·피어 슈톨레, 윤재왕 (역), 『안전사회: 21세기의 사회통제』(한국형

죄자 배제로 바뀌면서, 형사사법체계의 목표 역시 범죄를 진압하고 억제하는 것이 아니라, 추상적이고 구조적이며 확률적인 위험을 예방하는 것으로 전환된다. 다음으로 이렇게 구체적인 위협이 아닌 추상적인 위험을 예방하고 관리하기 위해 형사법은 자연스럽게 '전단계화'라는 과정을 밟는다. 요컨대, 형사법은 본래 투입되어야 할 지점보다 훨씬 앞서서 투입되는 것이다. 마지막으로 형사사법체계는 추상적인 위험으로부터 사회의 안전을 보장하기 위해, 위험과 관련된 모든 정보를 수집하고 감시한다.

국가의 안전국가화 · 감시국가화

이렇게 형사사법체계의 목표 및 통제방식도 변화를 거듭하면서, 국가의 목표도 재설정된다. 종전의 사회적 복지국가는 홉스가 강조했던 안전국가로, 더 나아가 오웰이 두려워했던 감시국가로 변모한다. 이는 단순히 국가의 차원에서만 머무는 것이 아니라, 사회 전체적으로 진행된다. 감시는 공적 영역뿐만 아니라 사적 영역 곳곳에서 이루어진다. 이 때 빅데이터 과학은 감시국가, 아니 감시사회를 실현하는 데 유용한 도구가 된다. 이를 독일의 범죄학자인 징엘슈타인(Tobias Singelnstein)과 슈톨레(Peer Stolle)는 다음과 같이 인상 깊게 서술한다.

"이러한 통제기술의 입장에서는 현대적 정보처리기술이 특별한 의미를 갖는다. 정보처리기술은 한편으로는 최대한 질서에 순응하여 행동하고 눈에 뜨이는 행동을 하지 않도록 함으로써 행위통제를 위해 투입된다. 다른 한편 정보처리기술은 위험을 통제하고 회피하는 데 기여한다. 이 기술을 통해 사람과 사실에 대해 포괄적인 데이터를 수집하고 평가하는 것이 가능하게 되고, 이들 데이터는 다시 예방적 개입이 필요한

사정책연구원, 2012), 59쪽 아래.

지 여부에 대한 예측결정을 하기 위한 토대가 된다. 모든 형태의 삶의 표현과 관련된 데이터를 조사, 처리, 저장하고 이러한 목적을 위해 설치된 데이터뱅크들을 상호 연결함으로써 이제는 모든 사람과 모든 상황을 탐지할 수 있는 총체적 능력을 갖추게 되었다."[94]

빅데이터 제국의 출현과 정보인권의 위기

이렇게 감시국가를 실현하기 위해 빅데이터 과학이 사용됨으로써 자연스럽게 이른바 '빅데이터 제국'이 출현하게 된다. 안전이라는 사회적 목표 아래 각 개인의 모든 정보는 남김없이 빅데이터 과학에 의해 수집·저장·분석된다. 모든 개인이 프로파일링되고 분석되며 예측된다. 안전이라는 이름으로 말이다. 그러나 이는 새로운 '비극의 탄생'을 알리는 것이다. 개인정보인권의 위기라는 비극 말이다.

---

94. 토비아스 징엘슈타인·피어 슈톨레, 윤재왕 (역), 『안전사회: 21세기의 사회통제』(한국형사정책연구원, 2012), 80쪽.

제3장

정보인권에 대한 이론적 논의

I. 논의 필요성

앞에서 살펴본 것처럼, 빅데이터 과학은 우리 삶의 거의 모든 영역에 적용되어 유용한 통찰과 가치를 생산할 수 있다. 이 점에서 보면, 빅데이터 과학을 적극 수용하고 육성할 필요가 있어 보인다. 그러나 앞에서 시사를 한 것처럼, 빅데이터 과학은 거의 모든 법적 문제가 그런 것처럼 야누스의 얼굴, 즉 두 얼굴을 갖고 있다. 한편으로 빅데이터 과학은 우리 삶을 더욱 윤택하게 할 수 있는 새로운 통찰과 가치를 생산한다. 그러나 이것이 전적으로 무상으로 이루어지는 것은 아니다. 왜냐하면 다른 한편으로 빅데이터 과학은 우리에게 매우 중요한 그 무엇인가를 대가로 요구하기 때문이다. 그 대가란 바로 현대 정보화 사회에서 우리 개개 주체에게 중요한 정보인권을 말한다. 빅데이터 과학은 현대사회에서 생산되는 모든 데이터를 그 대상으로 삼는다. 이 데이터에는 당연히 우리 인간과 관련된 모든 데이터도 포함된다. 빅데이터 과학은 우리 각 행위주체와 관련된 데이터, 즉 개인정보를 남김없이 흡수함으로써, 우리의 사적 정보나 행위, 성향 등을 분석함으로써 우리 개개인에 대한 프로파일링을 만들 수 있다. 이뿐만 아니라, 더욱 무서운 것은 마치 영화 "마이너리티 리포트"처럼 우리가 장차 어떤 행위를 할 것인지를 상당히 높은 수준의 확률로써 예측할 수 있다는 점이다. 이는 다소 과장해서 말하면, 조지 오웰이 『1984년』에서 우울하게 예측했던 빅브라더가 현실화되는 것이라도 말할 수 있다. 빅데이터 제국으로 표상되는 빅브라더 말이다. 이러한 맥락에서 보면, 빅데이터 과학은 현대 정보화 사회에서 필수적으로 보장되어야 하는 우리 개개인의 정보적 이익, 더 나아가 이러한 정보적 이익을 보장하는 데 기여하는 정보인권을 침해할 수 있는 매우 높은 위험성을 안고 있다.[95] 이 점에서 어떻게 한편으로는 빅데이터 과학의 유용성을 살리면서도, 다른 한편으로는 이러한 빅데이터 과학으로부터 우리의 정보인권을 보장해야 하는지를 고민할 필요가 있다. 아래에서는 이 문제에 대한 전제적 논의로서 정보인권이란 무엇인지에 관해 개관해 보도록 한다.

II. 인권의 개념과 규범적 특성

1. 인권으로서 정보인권

빅데이터 과학에 의해 침해될 수 있는 권리는 정보인권이다.[96] 이러한 정보인권은 인권의 일종으로서, 현대사회가 정보화 사회로 이행하게 되면서 새롭게 등장하게 된 인권이다. 그러므로 정보인권의 규범적 특성을 밝히기 위해서는, 그 전에 정보인권을 포괄하는 인권의 개념과 규범적 특성

95. 여기서 개인정보와 정보적 이익 그리고 정보인권의 관계가 문제될 수 있다. 이는 아래에서 살펴보도록 한다.

96. 물론 더욱 정확하게 말하면, 정보인권 중에서도 '개인정보인권'이 빅데이터 과학에 의해 침해된다고 말할 수 있다.

을 간략하게 살펴볼 필요가 있다.

2. 인권의 개념

일반적으로 '인권'(human rights: Menschenrechte)이란 인간이면 그 누구나 당연하고 평등하게 누릴 수 있는 권리를 뜻한다. 이러한 인권은 흔히 생래적(inherent)이고 기본적(fundamental)이며 양도가 불가능(inalienable)하고 보편적(universal)인 권리로 이해된다.[97]

3. 인권의 규범적 특성

그러면 이러한 인권은 어떤 규범적 특성을 지니는가? 인권은 생래적이고 기본적이며 양도가 불가능하고 보편적인 권리라는 인권의 개념으로부터 인권의 규범적 특성을 어느 정도 추론할 수 있다. 이러한 인권의 규범적 특성을 아래에서 상세하게 살펴보도록 한다.[98]

권리로서 인권

가장 우선적으로 인권은 '권리'(Rechte)라는 점에 주목해야 한다.[99] 이 점

---

97. 양천수, "인권교육의 의미와 성과 그리고 과제: 인권교육법 제정과 관련하여", 『아주법학』제7권 제2호(2013. 9), 13쪽; 안석모, "인권교육의 성과와 한계 그리고 향후 과제", 『인권교육법제화를 위한 부산 토론회 자료집』(국가인권위원회, 2013. 5. 22), 39쪽; R. Alexy, "Die Institutionalisierung der Menschenrechte im demokratischen Verfassungsstaat", in: S. Gosepath/G. Lohmann (Hrsg.), *Philosophie der Menschenrechte*, 2. Aufl. (Frankfurt/M., 1999), 246쪽 아래 등 참고.
98. 이에 관해서는 양천수, "인권교육의 의미와 성과 그리고 과제: 인권교육법 제정과 관련하여", 『아주법학』제7권 제2호(2013. 9), 13-18쪽 참고.
99. 이 점을 지적하는 K. Peter Fritzsche, *Menschenrechte* (Paderborn, 2004), 14-15쪽.

에서 인권은 단순한 '이익'(Interesse)이나 '법익'(Rechtsgut)과는 구별된다. 물론 이익설의 관점에서 권리의 본질을 바라보면,[100] 인권 역시 권리이므로 궁극적으로는 이익의 일종이라고 말할 수 있다. 그러나 모든 이익이 권리가 되는 것은 아니라, 규범적인 측면에서 볼 때 여느 이익보다 중요하고 정당한 이익만이 권리가 될 수 있다는 점에서 인권과 일반적인 이익은 분명 질적·규범적인 측면에서 구별된다.[101]

인간의 권리로서 인권

다음으로 인권은 용어 그대로 '인간의 권리'라는 점에 주목할 필요가 있다. 인권은 인간에게 귀속되는 권리이다. 인간만이 인권의 주체가 될 수 있다. 인간이 아닌 동물이나 다른 생명체, 그 밖의 물건들은 인권의 주체가 될 수 없다. 따라서 인권은 이를테면 동물권 옹호론자들이 동물에게도 인정하고자 하는 '동물의 권리'와는 구별된다.[102]

기본적 · 보편적 · 양도불가능한 권리로서 인권

나아가 인권은 기본적이고 보편적이며 양도불가능한 권리에 해당한다. 먼저 인권은 기본적인 권리이다. 여기서 기본적이라는 것은 다른 권리에 대한 기초를 이룬다는 점을 뜻한다. 말하자면, 인권은 다른 권리에 대한

---

100. 권리의 본질에 대한 이익설에 관해서는 최봉철, 『현대법철학』(법문사, 2007), 291-316쪽; 김도균, 『권리의 문법』(박영사, 2008), 45-61쪽 등 참고.

101. 이익과 권리의 구별문제에 관해서는 양천수, "권리의 형성 메커니즘", 『법철학연구』제16권 제1호(2013. 4), 206-208쪽 참고.

102. 이에 관해서는 민윤영, "법의 새로운 기초로서 동물권 담론", 『법과 사회』제41호(2011. 12), 307-336쪽; J. Feinberg, "The Rights of Animals and Unborn Generations", C. Wellmann (ed.), *Rights and Duties, vol. 3: Possible Bearers of Rights and Duties* (New York/London, 2002); H.L.A. Hart, "Are There Any Natural Rights?", J. Waldron (ed.), *Theories of Rights* (Oxford, 1984) 등 참고.

기본적인 권리라는 의미를 갖는다.

이렇게 기본적인 권리로서 의미를 갖는 인권은 바로 그 때문에 보편적인 권리이기도 하다. 이 때 인권이 보편적인 권리라는 점은, 인권이 특정한 시간이나 공간에 상관없이 인간이면 그 누구나 평등하게 귀속되는 권리라는 것을 뜻한다. 오늘날 인권은 이렇게 보편적인 권리로서 널리 인정되고 있다. 다만 최근에 문화다원주의(다문화주의)와 문화상대주의가 힘을 얻게 되면서, 인권의 보편성은 도전을 받고 있다. 문화상대주의자의 관점에서 보면, 인권은 보편적인 권리가 아니라 오히려 서구중심적인 권리라는 것이다. 이들의 시각에서 보면, 오늘날과 같은 다원주의 시대에서 보편적인 권리라는 것은 존재하지 않는다. 이 같은 상황에 비추어 보면, 오늘날 인권의 보편성을 근거 짓는 것은 쉽지 않아 보인다.[103] 이 문제를 정면에서 다루는 것은 이 책에서는 적합하지 않으므로, 여기서는 상론을 피하도록 한다. 다만 필자는 비록 제한된 범위이기는 하지만 현대 다원주의사회에서도 인권의 보편성을 여전히 정초할 수 있다고 생각한다.[104] 그 점에서 인권이 보편적이라는 주장은 기본적으로 여전히 유효하다.

마지막으로 이렇게 인권은 기본적이고 보편적인 권리라는 점에서 타인에게 자의적으로 양도할 수 없는 권리이기도 하다. 여기서 타인에게 양도할 수 없는 권리라는 점은, 인권이 거래대상이 될 수 없다는 것을 뜻한다. 이는 인권이 이익형량의 논리에서 원칙적으로 자유롭다는 것을 뜻한다.[105] 따라서 이익형량의 관점 혹은 공리주의의 관점에서 공익을 이유로

---

103. 이 문제에 관해서는 William J. Talbott, *Which Rights Should Be Universal?* (New York: Oxford University Press, 2005) 참고.

104. 양천수, 『민사법질서와 인권』(집문당, 2013); 양천수, "동아시아적 인권구상의 가능성: 법철학의 관점에서", 『고려법학』제67호(2012. 12), 164쪽 아래.

105. 물론 그렇다고 해서 인권에 대해 전적으로 이익형량의 논리를 적용할 수 없다고 말할 수 있는 것은 아니다. 일정한 범위에서는 인권에 대해서도 이익형량 논리를 적용할 수

하여 인권을 희생시키는 것은 허용할 수 없다. 같은 맥락에서 가령 입법자가 공익적 목적으로 인권을 자의적으로 처분하는 것은 허용되지 않는다.

도덕적 권리이자 법적 권리로서 인권

•도덕적 권리로서 인권•

한편 인권은 도덕적 권리이자 법적 권리라는 규범적 특성을 지닌다. 말하자면, 도덕적 성격과 법적 성격을 모두 갖는 이중적인 권리인 셈이다. 이 중에서 인권이 도덕적 권리라는 것은 널리 알려져 있다.[106] 이는 인권의 역사가 잘 보여준다. 인권이 도덕적 권리라는 것은 인권이 실정법 이전에 존재하는 권리라는 점을 뜻한다. 인권은 실정법상 권리로 제도화되었는가 여부와는 무관하게 이미 도덕적으로 권리로서 승인된 것이다. 이 점에서 도덕적 권리로서 인권을 정초하는 것은 실정법적 제도화가 아니라 도덕적 논증이라고 말할 수 있다.

•법적 권리로서 인권•

그러나 인권이 도덕적 권리로만 머무는 것은 아니다. 이를 넘어서 인권은 법적 권리라는 속성도 지닌다. 사회계약론이 지배하던 계몽주의 시대만 하더라도 인권은 자연권으로서 도덕철학 및 정치철학에서 주로 논의되었다. 이 시대에서 볼 때 인권은 실정법상 권리는 아니었다. 바로 그 점에서 인권은 봉건적인 구체제를 무너뜨리는 데 결정적인 역할을 수행하였다. 그렇지만 자연권사상을 반영한 서구 헌법들이 제정됨으로써 인권은 실정화되고, 더 나아가 제2차 세계대전 이후 인권을 실정화한 다양한 인권법이 제정되기 시작하면서 이제 인권은 더 이상 도덕적 권리로만 자리매

있다고 생각한다.

106. 이를 강조하는 김도균, 『권리의 문법』(박영사, 2008) 참고.

김하지 않게 되었다. 도덕적 권리로만 머물러 있던 인권이 실정법상 권리로서 제도화된 것이다. 예를 들면, 국제인권규약이 정하고 있는 시민적·정치적 권리나 경제적·사회적·문화적 권리는 더 이상 도덕적 권리로서만 의미가 있는 것이 아니라, 이제는 엄연히 실정법상 권리라고 말할 수 있다. 이처럼 오늘날 인권은 한편으로는 도덕적 권리로서, 다른 한편으로는 실정법상 권리로서 자리매김한다. 이는 인권의 법제화 영역이 점차 확장되면서 더욱 심화되고 있다.

사회비판적 권리로서 인권

인권의 역사가 시사하는 것처럼, 인권은 본래부터 사회비판적 권리로서 출발하였다. 이는 인권이 기본적·보편적·도덕적 권리라는 점에서도 추론할 수 있다. 인권은 사회비판적 권리로서 불합리한 사회구조를 비판하고 이를 개선함으로써 모든 인간주체를 자유롭고 평등하게 만드는 데 기여하였다. 이러한 인권의 사회비판적 성격은 오늘날에도 여전히 유효하고 필요하다. 특히 이 책에서 다루는 정보인권은 모든 개인이 지니고 있는 정보적 이익을 호시탐탐 위협하고 침해하는 현대 정보화 사회를 비판함으로써 개인의 정보적 이익을 보장하는 데 기여한다.

사회구성적 권리로서 인권

인권은 단순히 모든 인권주체가 갖는 핵심적 이익을 보장하거나 사회를 비판하는 데 그치는 것은 아니다. 이를 넘어서 인권은 사회를 일정한 모습으로, 즉 인권친화적인 사회로 구성하는 데도 기여한다.[107] 이는 크게 두 가지 지점에서 확인할 수 있다. 인권과 민주주의와 관계 그리고 인권과

107. 아래에서 전개하는 논의는 양천수, "인권교육의 의미와 성과 그리고 과제: 인권교육법 제정과 관련하여", 『아주법학』제7권 제2호(2013. 9), 16-17쪽을 바탕으로 한 것이다.

사회적 체계의 관계가 그것이다.

•민주주의의 전제조건으로서 인권•

우선 인권은 민주주의의 전제조건이 된다.[108] 현대의 선진화된 입헌국가들은 대부분 민주주의를 헌법상 원리이자 국가의 구성원리로 채택한다. 그런데 이러한 민주주의가 제대로 실현될 수 있으려면, 국가공동체의 구성원이자 주권자인 모든 시민들이 정치적 공론장에 자유롭고 평등하게 참여하고 토론할 수 있어야 한다. 만약 그렇지 않고 현대 대의제 민주주의가 보여주는 것처럼, 소수의 엘리트나 권력집단만이 민주주의를 실현하는 과정에 참여하게 되면, 민주주의는 본래 의미를 상실하고 위기에 빠지고 말 것이다.[109] 그런데 이렇게 민주주의가 제대로 실현될 수 있으려면, 이에 대한 전제조건으로서 주권자인 모든 시민들에게 인권, 그 중에서도 특히 정치적 인권을 보장해 주어야 한다. 정치적 참여권 등과 같은 정치적 인권이 보장되어야만 비로소 민주주의는 국가의 구성원리로서 본래적인 의미를 구현할 수 있다. 이러한 점에서 볼 때, 인권과 민주주의는 필연적인 관련을 맺을 수밖에 없다. 그리고 이러한 근거에서 인권은 민주주의를 실현하는 사회구성적 권리로서 작동할 수 있는 것이다.

•사회적 체계의 기능적 조건으로서 인권•

인권이 사회구성적 권리라는 점은 '사회적 체계'(soziales System)라는 관점에서 사회현상을 설명하고자 한 루만의 체계이론에서도 발견할 수 있

108. 이 문제에 관해서는 조효제, 『인권의 문법』(후마니타스, 2007), 276쪽 아래.

109. 이러한 문제를 해결하고자 독일의 사회철학자 하버마스(J. Habermas)는 자신이 오랜 기간 동안 정초한 '합리적 대화'(rationaler Diskurs)이론을 바탕으로 하여 종전의 민주주의를 '대화적 민주주의'(diskursive Demokratie)로 새롭게 정립한다. J. Habermas, Faktizität und Geltung, 2. Aufl. (Frankfurt/M., 1994), Kap. III 참고.

다.[110] 루만의 체계이론에 따르면, 현대사회는 기능적·내적 분화과정을 거쳐 각기 다양한 사회적 기능체계로 독립분화된다. 정치, 경제, 법, 학문, 종교 등이 현대사회에서 기능적으로 독립분화된 사회적 기능체계에 해당한다. 이러한 사회적 기능체계들은 기능적인 측면에서 서로 동등한 지위를 누린다. 이를 '기능등가주의'라고 부르기도 한다. 이러한 체계이론에 따르면, 인권은 크게 두 가지 기능을 수행한다. 첫째, 인권은 인권주체가 각기 다른 사회적 기능체계에 평등하게 접근하는 것을 가능하게 해준다. 둘째, 인권은 현대사회의 기능적 분화가 유지되도록 하는 데 도움을 준다.[111]

• 정보화 사회의 구성적 조건으로서 정보인권 •

이처럼 인권은 현대 정치체계의 핵심적 원리인 민주주의가 제대로 작동하도록 하는 데 기여할 뿐만 아니라, 이를 넘어서 다른 사회적 체계들이 전체 사회 속에서 독자적인 기능체계로 작동하도록 하는 데 도움을 준다. 이를 통해 알 수 있듯이, 인권은 각 인권주체의 근본적 이익을 보장할 뿐만 아니라, 사회적 기능체계들이 독자적으로 작동할 수 있도록 하는 데도 기여한다. 이를 정보인권에 적용하여 말하면, 정보인권은 현대 정보화 사회가 합리적으로, 달리 말해 인권친화적으로 구성되도록 하는 데 기여한다. 이를테면 정보인권은 정보적 정치체계에서 핵심적인 역할을 하는 정보민주주의가 제대로 실현되도록 하는 데 필수적인 전제조건이 된다. 이뿐만 아니라, 정보인권은 사회의 각 기능체계에서 비약적으로 증가하고 있는 정보 및 정보원에 자유롭고 평등하게 접근하는 것을 보장한다. 이를 통해 사회의 각 기능체계들은 정보화 사회에 적합하게 합리적으로 작동

110. 루만의 인권이론에 관해서는 정성훈, "형이상학 이후의 인권이론 모색", 『고려법학』제58호(2010. 9), 113쪽 아래 참고.

111. 이를 지적하는 홍성수, "인간이 없는 인권이론: 루만의 체계이론과 인권", 『법철학연구』제13권 제3호(2010. 12), 261-264쪽.

할 수 있다.

정의의 실현매체로서 인권

인권은 정의를 실현하는 매체가 되기도 한다.[112] 이는 두 가지 시각에서 파악할 수 있다. 첫째는 자유주의적 시각이다. 이러한 시각에 따르면, 각 인권주체가 보유하는 인권을 보장함으로써 정의를 실현할 수 있다. 왜냐하면 자유주의는 인권 혹은 권리를 보장하는 것을 정의의 핵심내용으로 파악하기 때문이다. 둘째는 공동체주의 혹은 공화주의의 시각이다. 이러한 시각에 따르면, 정의란 바로 사회 공동체의 미덕이자 공동선인데, 인권은 이러한 공동체의 미덕을 발견하는 데 핵심적인 역할을 수행한다. 인권이 공동체의 미덕을 발견하는 데 중요한 기여를 한다는 점은 흔히 대표적인 공동체주의자로 잘 알려진 미국의 정치철학자 마이클 샌델(Michael J. Sandel)에게서 발견할 수 있다.[113]

샌델은 아리스토텔레스의 목적론적 정의론을 수용하여 정의 개념을 파악한다. 아울러 이러한 정의를 발견하기 위한 절차로서 정치적 토론을 강조한다.[114] 정치적 토론과정에서 윤리적·종교적 관점과 정치적 의견을 엄격하게 분리할 것을 역설하는 자유주의자 롤스(John Rawls)와는 달리,[115] 샌

---

112. 아래의 내용은 양천수, "인권교육의 의미와 성과 그리고 과제: 인권교육법 제정과 관련하여", 『아주법학』제7권 제2호(2013. 9), 17-18쪽에 의존하였다.

113. 물론 샌델 자신은 자기를 공동체주의자로 규정하는 것을 거부한다. 이에 관해서는 Michael J. Sandel, *Liberalism and the Limits of Justice, second edition* (Cambridge: Cambridge University Press, 1998) 제2판 서문 참고; 샌델의 정치철학에 관해서는 양천수, "자유주의적 공동체주의 가능성: 마이클 샌델의 정치철학을 중심으로 하여", 『법철학연구』제17권 제2호(2014. 8), 205쪽 아래 참고.

114. 이를 보여주는 Michael J. Sandel, *Public Philosophy: Essays on Morality in Politics* (Cambridge, Mass.: Harvard University Press, 2005) 참고.

115. John Rawls, *Political Liberalism* (New York: Columbia University Press, 2005), 212쪽 아래.

델은 정치적 토론과정에서 각자가 갖고 있는 윤리적·종교적 관점을 솔직하게 드러낼 것을 강조한다. 그렇게 해야만 모두가 수용할 수 있는 공동체의 미덕, 즉 정의를 발견할 수 있다고 한다. 그런데 이처럼 샌델이 강조하는 정치적 토론이 이루어질 수 있으려면, 이에 대한 전제조건으로서 정치적 토론을 가능하게 하는 정치적 인권이 보장될 수 있어야 한다. 정치적 토론장에 자유롭고 평등하게 참여할 수 있는 권리나 의사표현의 자유 등이 제대로 보장되지 않으면, 샌델이 의도하는 정치적 토론을 실현할 수 없다. 그렇게 되면, 공동체가 추구해야 하는 미덕 또는 공동선도 제대로 발견할 수 없다. 바로 이러한 연유에서 인권이 정의를 실현하는 매체가 될 수 있는 것이다. 이러한 관점을 정보인권에 적용하면, 정보인권은 현대 정보화 사회에서 정보적 정의를 발견하는 데 필수적인 역할을 수행한다는 결론을 이끌어낼 수 있다.

III. 정보인권에 대한 인권철학적 분석

1. 새로운 인권으로서 정보인권

지금까지 인권이란 무엇인지, 이러한 인권이 갖는 규범적 특성이 무엇인지 간략하게 검토해 보았다. 앞에서도 언급한 것처럼, 정보인권 역시 인권인 이상 기본적으로 위에서 소개한 규범적 특성을 갖는다. 그런데 여기서 주목해야 할 점은, 정보인권은 비교적 최근에 새롭게 등장한 인권이라는 것이다. 근대적 인권이 막 태동하던 18-19세기에는 정보인권이라는 개념이 존재하지 않았다. 정보인권은 과학기술이 발전하면서, 특히 '정보통신기술'(ICT: Information and Communication Technology)이 비약적으로 발전하면서 비로소 관심을 받게 된 인권에 해당한다. 이는 인권 개념 및 목록이 고정된 것이 아니라, 시간과 공간이라는 변수에 따라 지속적으로 변화하는 것이라는 점을 시사한다. 여기서 우리는 한 가지 의문을 던질 수 있다. 어떤 과정과 메커니즘을 통해 인권이 새롭게 형성되고 정착되는 것일까? 정보인권은 어떤 과정을 거쳐 오늘날 지금 여기서 문제가 되고 있는 것일까? 정보인권의 내용을 본격적으로 다루기에 앞서 이러한 의문, 즉 정보인권에 대한 인권철학적 의문을 해명해 보고자 한다.

2. 인권에 대한 기본관점

정보인권에 대한 인권철학적 의문을 해명하기에 앞서 인권에 대한 기본관점을 살펴보도록 한다.[116] 이는 인권에 대한 법철학적 의문을 해명하는데, 특히 인권의 형성 메커니즘을 밝히는 데 도움을 준다.

근본적 이익으로서 인권

이미 앞에서 살펴본 것처럼, 인권은 '인간의 권리'로서 권리의 일종에 속한다. 따라서 권리에 대한 법철학적 논의는 거의 그대로 인권에도 적용된다. 그런데 법철학에서는 권리의 본질이 무엇인가에 관해 견해가 대립한다. 크게 의사설과 이익설이 대립한다.[117] 이 중에서 의사설은 권리주체가 갖는 자율적 의지(의사)에서, 이익설은 권리가 보호하려는 이익에서 권리의 본질 혹은 근거를 찾는다. 의사설과 이익설은 각각 이론적 장점과 단점을 갖는데, 필자는 다음과 같은 이유에서 의사설보다 이익설이 더욱 설득력이 높다고 생각한다. 먼저 의사설의 관점에서 권리의 본질을 파악하게 되

116. 이에 관해서는 기본적으로 양천수, "권리의 형성 메커니즘", 『법철학연구』제16권 제1호 (2013. 4), 204-212쪽 참고.

117. 이익설과 의사설에 관해서는 최봉철, 『현대법철학』(법문사, 2007), 291-316쪽; 김도균, 『권리의 문법』(박영사, 2008), 45-61쪽 등 참고.

면, 아직 자율적인 의지가 충분히 성숙하지 못한 태아나 아동 또는 자율적 의지가 있다고 말하기 어려운 비인간적 존재들에 대해서는 권리를 인정할 수 없다.[118] 이뿐만 아니라, 권리의 본질을 전적으로 의사 혹은 의지에서만 찾게 되면, 자살할 수 있는 권리 또는 인간의 존엄성을 침해하는 계약을 체결할 수 있는 권리 등을 긍정해야 하는 문제가 발생한다.[119] 바로 이러한 근거에서 필자는 권리를 이익의 관점에서 파악하는 것이 타당하다고 생각한다. 이러한 맥락에서 필자는 권리의 일종인 인권은 본질적으로 이익, 그 중에서도 근본적 권리인 인권의 규범적 특성을 고려할 때 근본적 이익을 보장하기 위한 규범적 장치라고 생각한다.

구성적 권리로서 인권

나아가 인권은 구성적 권리에 해당한다. 구성적 권리란 실체적 권리에 반대되는 개념이다.[120] 그러면 실체적 권리란 무엇을 뜻하는가? 실체적 권리란 '실체'(Substanz)로서 존재하는 권리를 말한다. 그러면 권리가 실체로서

---

118. 이에 관한 예로는 N. MacCormick, "Children's Rights: A Test-Case for Theories of Rights", ARSP 62 (1976) 참고; 한편 민법은 의사설의 관점에서 권리 개념을 파악하면서도, 다른 한편으로는 의사능력이 아닌 행위능력을 제도화하고 있다. 이를테면 민법은 인간이 생존하는 동안에는 무조건적으로 권리능력을 부여하면서(제3조), 예외적으로 권리능력이 아닌 '행위능력'을 제한하는 방식을 취한다(제5조, 제9조 등). 물론 인간이 아닌 비인간적인 존재에게 권리능력을 인정할 것인가 하는 문제는 별도로 판단해야 할 문제이다. 이에 관해서는 G. Teubner, "Elektronische Agenten und große Menschenaffen: Zur Ausweitung des Akteurstatus in Recht und Politik", in: *Zeitschrift für Rechtssoziologie* 27 (2006), 5-30쪽 참고.

119. 바로 이러한 근거에서 샌델은 '합의'(consent)에 절대성을 부여하는 자유주의의 문제점을 지적한다. 이를 알기 쉽게 보여주는 마이클 샌델, 이창신 (옮김), 『정의란 무엇인가』(김영사, 2010), 제3강 및 제4강 참고.

120. 이 개념에 관해서는 양천수, "권리의 형성 메커니즘", 『법철학연구』제16권 제1호(2013. 4), 208-209쪽 참고.

존재한다는 것은 무엇을 뜻하는가? 권리가 실체로서 존재한다는 것은 권리가 변하지 않는 그 무엇이라는 점을 뜻한다. 이는 "권리가 형성되는 것이 아니라, 인식되고 발견되는 대상이라는 점"을 의미한다.[121] 권리를 인식하고 소유하는 권리주체와 권리는 각각 주체와 객체로서 서로 분리되어 존재한다. 실체적 권리 관념에 따르면, 〈주체-객체 모델〉이 권리주체와 권리 사이의 관계에도 적용되는 것이다.[122] 이러한 실체적 권리의 측면에서 보면, 인권이 새롭게 형성된다는 주장은 성립할 수 없다. 왜냐하면, 실체적 권리 관념에 따르면, 권리는 "변하지 않는 고정된 실체"이기 때문이다.

이와 달리 인권을 구성적 권리로 파악하면, 인권은 고정된 실체가 아니라, 사회적으로 구성 또는 형성되는 구성적인 산물이다. 이에 따르면, 인권의 규범적 내용은 유동적인 동시에 새롭게 구성될 수 있다. 같은 맥락에서 인권은 인권주체와 무관한 것이 아니라, 양자는 인식론적·규범적으로 연결된다. 인권주체는 인권을 행사함으로써 인권의 의미내용을 유지하며, 새로운 인권주장을 함으로써 인권이 사회적으로 형성되는 데 기여한다.[123] 이 책에서 분석대상으로 삼는 정보인권은 이러한 구성적 권리 관념을 수용해야만 설명할 수 있는 새로운 인권이다. 인권을 구성적 권리로 파악해야만 비로소 정보인권을 온전하게 해명할 수 있다. 왜냐하면 정보인권의 개념이나 규범적 의미내용은 현대사회가 정보화 사회로 접어들면서 비로소 본격적으로 등장하고 정착된 것이기 때문이다.

---

121. 양천수, "권리의 형성 메커니즘", 『법철학연구』 제16권 제1호(2013. 4), 208쪽.

122. 〈주체-객체 모델〉에 관해서는 양천수, "개념법학: 형성, 철학적·정치적 기초, 영향", 『법철학연구』 제10권 제1호(2007. 5), 233-258쪽.

123. 이에 관해서는 이상돈, 『인권법』(세창출판사, 2005) 참고.

3. 인권의 형성 메커니즘

이렇게 인권을 구성적 권리로 파악할 수 있다면, 그 다음 문제로서 어떤 과정을 통해 새로운 인권이 형성되는 것인지, 달리 말해 인권의 형성 메커니즘은 무엇인지를 다룰 필요가 있다. 필자는 인권을 포괄하는 권리가 어떻게 새롭게 형성되는지를 분석하면서 독자적으로 권리의 형성 메커니즘을 밝힌 바 있다.[124] 필자는 이러한 권리의 형성 메커니즘은 인권에 대해서도 기본적으로 적용할 수 있다고 생각한다. 이에 따르면, 인권의 형성 메커니즘은 다음과 같이 말할 수 있다.

제1단계: 경험적 이익의 선별

앞에서 지적한 것처럼, 인권의 본질은 이익이다. 인권이란 이익 중에서도 가장 근본적인 이익이라고 말할 수 있다. 새로운 인권 역시 이러한 이익 중에서 형성된다. 그러므로 새로운 인권이 형성되기 위해서는 다양한 여러 이익 중에서 근본적인 것으로 선별되는 과정을 거쳐야 한다. 이러한 과정이 새로운 인권이 형성되는 데 필요한 가장 우선적인 단계라고 말할 수 있다. 그러면 어떤 이익을 근본적인 이익이라고 말할 수 있을까? 무엇을 기준으로 하여 근본적인 이익과 그렇지 않은 이익을 구별할 수 있는가? 이에 대해서는 크게 세 가지 기준을 제안할 수 있다. 시간적 기준으로서 '빈도', 객관적 기준으로서 '이익의 객관적 중요성', 주관적 기준으로서 '위협감정'이 그것이다.[125]

---

124. 양천수, "권리의 형성 메커니즘", 『법철학연구』제16권 제1호(2013. 4), 222-230쪽 참고.

125. 이는 독일의 형법학자 하쎄머(W. Hassemer)가 의사소통적 법익구상에서 제안한 것을 발전적으로 수용한 것이다. 하쎄머의 구상에 관해서는 W. Hassemer, *Theorie und Soziologie des Verbrechens* (Frankfurt/M., 1973), 146쪽 아래.

• 시간적 기준으로서 '빈도' •

첫째, 이익 중에서 침해되는 빈도가 높으면 높을수록 근본적인 이익이 될 가능성이 높다. 침해되는 빈도가 높다는 것은 그 만큼 우리 사회에서 그 이익이 차지하는 비중이나 역할이 크다는 것을 보여주는 경우가 많기 때문이다. 정보인권이 보호하고자 하는 이익이 대표적인 예에 해당한다. 현대 정보화 사회에서 개인정보에 관한 이익이 침해되는 빈도가 높아지면서 개인정보라는 이익이 다른 그 어떤 이익보다 중요한 이익으로 평가를 받게 되었고, 이를 통해 개인정보이익이 정보인권이라는 범주에 포섭되어 인권으로 전환되었기 때문이다. 물론 이익의 중요성이 '빈도'라는 기준에 의해서만 결정되는 것은 아니다. 침해 빈도가 낮은 경우라도, 침해되는 이익 자체가 중대한 것이라면 근본적인 이익이라고 말할 수 있기 때문이다. 예를 들어, 오늘날 생명과 같은 이익은 개인정보이익에 비해 침해되는 빈도가 낮지만, 그렇다고 해서 생명이익의 중요성이 낮아지는 것은 아니다.

• 객관적 기준으로서 '이익의 객관적 중요성' •

둘째, 이익이 근본적인 이익이 될 수 있으려면, 당연히 그 이익이 지니고 있는 객관적 중요성이 높아야 한다. 하쎄머의 용어를 빌어 말하면, 이익의 객관적 중요성은 '이익의 사회적 필요정도'라고 할 수 있다. 특정한 이익의 필요성이 사회 안에서 강도 높게 요청된다면, 이는 그 이익의 객관적 중요성이 그 만큼 높다는 것을 보여주기 때문이다. 물론 그렇다고 해서 이러한 기준이 명확한 것만은 아니다. 과연 어떤 이익이 객관적으로 중요한 것인지, 어떤 이익이 사회적으로 강하게 필요한 것인지를 판단하는 것은 실상 쉽지 않은 일이기 때문이다.

이에 대한 판단기준으로서 필자는 세 가지 기준으로 고려해야 한다고 생각한다.[126] 첫째는 "해당 이익이 개인의 자주성 또는 행복을 실현하는

126. 양천수, "권리의 형성 메커니즘", 『법철학연구』제16권 제1호(2013. 4), 224쪽.

데 얼마만큼 기여하는가 하는 점"이고, 둘째는 "사회 속에서 해당 이익이 어떤 형태로 그리고 어느 정도로 침해되는가 하는 점"이며, 셋째는 "해당 이익이 침해됨으로써 사회적으로 파급되는 효과가 어느 정도인가 하는 점"이다.

• 주관적 기준으로서 '위협감정' •

셋째, 특정한 이익이 침해됨으로써 사회구성원들에게 불러일으키는 위협감정이 크면 클수록 근본적인 이익이라고 말할 수 있다. 예를 들어, 오늘날의 정보화 사회에서 개인정보라는 이익을 침해하는 것은 사회 다수의 구성원들에게 큰 위협감정을 불러일으킨다. 바로 이 때문에 개인정보 이익은 근본적인 이익이라고 말할 수 있고, 바로 이러한 까닭에서 정보인권으로서 보장되는 것이다.

다만 이 기준에 관해서는 크게 두 가지 점에 주의해야 한다.[127] 첫째, 주관적·감정적 기준인 위협감정은 첫 번째 기준인 빈도 및 두 번째 기준인 이익의 객관적 중요성과 밀접한 관련을 맺는다는 점이다. 이를테면 특정한 감정에 대한 침해빈도가 높아지면, 이에 비례하여 위협감정 역시 높아질 수 있다. 나아가 특정한 이익이 중대하게 침해되거나, 이러한 이익이 침해됨으로써 사회 전체적으로 미치는 파장이 큰 경우에는 위협감정 역시 덩달아 높아질 수 있다. 뿐만 아니라, 이것과는 반대로 순전히 주관적인 위협감정에 의해 해당 이익의 객관적 중요성이 본래 가치보다 달리 판단될 수도 있다. 둘째, 바로 이러한 이유에서 위협감정이라는 기준은 각종 매스미디어가 주도하는 사회적 소통에 의해 왜곡될 수 있다는 점에 주목해야 한다. 그 때문에 이 기준은 무엇보다도 특정한 목적을 실현하려는 세력에

127. 아래의 내용은 양천수, "권리의 형성 메커니즘", 『법철학연구』제16권 제1호(2013. 4), 225쪽에 의존한 것이다.

의해 체계적·집단적으로 왜곡될 수 있다. 그러므로 위협감정 기준은 다른 기준과는 달리 더욱 신중하고 보충적으로 사용해야 한다.

제2단계: 도덕적 인권화

이렇게 첫 번째 단계인 이익의 선별과정을 통해 중요하면서도 근본적인 이익으로 승인된 이익은 두 번째 단계인 도덕적 인권화 과정을 거침으로써 도덕적 인권으로 전환된다. 이러한 과정을 밟음으로써 경험적 이익은 비로소 규범적인 인권으로 탈바꿈한다. 그러면 구체적으로 어떤 과정을 거쳐 경험적 이익이 규범적인 인권으로 전환되는 것일까? 이에 관해서는 세 가지 측면을 언급할 수 있다.

먼저 경험적 이익이 도덕적 인권으로 전환되기 위해서는 이러한 이익을 인권으로 전환하는 과정이 도덕적 정당성을 획득할 수 있어야 한다. 이익을 인권으로 전환하는 과정 자체가 도덕적 정당성을 갖고 있어야만 비로소 이 과정을 통해 형성되는 인권 역시 도덕적 정당성을 획득할 수 있기 때문이다.

그런데 여기서 다음과 같은 의문을 던질 수 있다. 과연 어떻게 인권화 과정을 구축해야 이러한 과정이 도덕적 정당성을 획득할 수 있는가 하는 의문이 그것이다. 이는 다음과 같이 대답할 수 있다. 도덕적 인권화 과정을 합리적 대화과정에 최대한 가깝게 실현할 수 있다면, 이는 그 만큼 도덕적 정당성을 얻을 수 있다는 것이다. 여기서 '합리적 대화'(juristischer Diskurs)는 독일의 사회철학자 하버마스(Jürgen Habermas)가 제안한 바를 수용한 것이다. 이에 따르면, 도덕적 인권화 과정에 모든 관련자들이 자유롭고 평등하게 참여하여, 이익을 인권으로 전환하는 과정에 관해 근거를 제시하면서 토론하고 논증하며 합의하는 합리적 대화를 통해 형성된 인권은 도덕적 정당성을 갖는다고 말할 수 있다.[128]

---

128. 이는 하버마스의 '대화윤리'(Diskursethik)에 기반을 둔 것이다. 대화윤리에 관해서는

여기서 주의해야 할 점이 한 가지 더 있다. 이렇게 경험적 이익을 도덕적 인권으로 전환하는 과정에서 이를 정치화하는 것은 피해야 한다는 것이다. 왜냐하면 정치논리에 따라 인권주장을 하게 되면, '세월호특별법'을 둘러싼 논쟁이 보여주는 것처럼, 자칫 인권 개념을 왜곡하거나 남용할 수 있다. 정치논리에 따라 진행되는 정치적 논증에서는 그 특성상 도덕적 정당성보다는 '힘의 논리' 혹은 '적과 동지의 투쟁논리'가 전면에 부각될 수 있다.[129] 그렇게 되면, 해당 인권주장이 도덕적으로 정당한지 여부를 합리적으로 판단할 수 없다.

제3단계: 법적 인권화

마지막 세 번째 단계는 이렇게 도덕적으로 자리매김을 한 인권을 법적 권리, 즉 법적 인권으로 제도화하는 과정이다. 이미 언급한 것처럼, 인권은 한편으로는 도덕적 권리로서, 다른 한편으로는 법적 권리로서 그 지위를 누린다. 도덕적 권리로서 인권은 현행 실정법체계가 안고 있는 한계를 비판하는 기능을 수행한다. 말하자면, 도덕적 인권은 체계초월적인 권리로서 체계비판적인 기능을 수행한다. 이와 달리 법적 인권은 사회적 체계를 형성하고 각 인권주체의 인권적 이익을 실질적·제도적으로 보장하는 데 기여한다.

도덕적 인권을 법적 인권으로 제도화하는 방법에는 크게 두 가지가 있다. 첫째는 입법작용을 통해 도덕적 인권을 법적 인권으로 제도화하는 것이고, 둘째는 사법작용을 통해 제도화하는 것이다. 이 가운데서 첫 번째

J. Habermas, *Moralbewußtsein und kommunikatives Handeln* (Frankfurt/M., 1983); J. Habermas, *Erläuterungen zur Diskursethik* (Frankfurt/M., 1991) 등 참고.

129. 칼 슈미트(C. Schmitt)가 강조한 것처럼, 정치과정에서는 '적과 동지의 투쟁'이 전면에 등장한다. 칼 슈미트의 정치 개념에 관해서는 칼 슈미트, 김효전 (역), 『정치적인 것의 개념』(법문사, 1992) 참고.

방법은 입법을 활용하는 것이 원칙적인 방법에 해당한다. 두 번째 사법작용에 의존하는 방법은 법관에 의한 법형성을 이용하는 것이므로 예외적인 방법에 속한다.

4. 도덕적 인권이자 법적 인권인 정보인권

이렇게 살펴본 인권의 형성 메커니즘에 비추어 볼 때, 정보인권이 보호하고자 하는 정보이익, 특히 개인정보에 관한 이익은 이미 현대 정보화 사회에서 중요하면서 근본적인 이익으로 선별되었다. 이를 넘어서 이러한 개인정보에 관한 이익을 보호하고자 하는 인권주장은 도덕적 인권으로 정당화되었을 뿐만 아니라, 헌법재판소 결정 등과 같은 사법작용을 통해서 그리고 개인정보보호법 제정 등과 같은 입법작용을 통해서 법적 권리로 제도화되었다. 이제 정보인권은 도덕적 권리이자 법적 권리로서 현대 정보화 사회에서 중요한 역할과 기능을 수행하고 있는 것이다. 따라서 만약 빅데이터 과학이 새로운 가치창출이라는 명목 아래 정보인권, 그 중에서도 개인정보인권을 침해하거나 위협한다면, 이는 현대 정보화 사회가 인권친화적으로 구성되고, 사회의 각 기능체계들이 정보화 사회에 적합하게 작동하는 데 장애를 야기할 수도 있다. 그러므로 빅데이터 과학의 위협으로부터 정보인권을 보호하고자 하는 노력을 기울일 수밖에 없다.

IV. 정보인권의 체계적·역사적 분석

1. 정보인권의 체계적 분석

그러면 이렇게 도덕적 권리이자 법적 권리로서 자리매김하는 정보인권은 규범적으로 어떤 의미내용을 담고 있는가? 바꿔 말해, 정보인권이 보호하는 '규범영역'(Normbereich)이란 무엇인가?[130]

정보인권의 개념

• 정보 · 정보적 이익 · 정보인권 •

'정보인권'(Information and Communication Technologies and Human Rights: ICTs and Human Rights)이란 쉽게 말해 정보라는 이익을 보호하고자 하는 인권을 말한다.[131] 이러한 정보인권의 개념과 관련하여 구별해야 할 개념들이 있다. 정보와 정보적 이익 그리고 정보인권이라는 개념이 그것이다. 이 개념들은 다음과 같이 구별할 수 있다.

정보는 정보인권이 보호하고자 하는 존재적 대상이다. 달리 말하면, 정보는 정보인권의 보호객체에 속한다. 이러한 정보를 엄격하게 구분하면, 사실과 정보 그리고 데이터로 구분할 수 있다. 그러나 실제적으로는 이를 거의 같은 의미로 사용한다. 우리 법학에서도 외국법의 '데이터'(data)에 해당하는 용어를 '정보'로 번역하는 경우가 많다.

그 다음으로 정보적 이익은 이러한 정보가 지닌 가치 또는 이익을 말한다. 일종의 평가적 개념인 것이다. 바꿔 말하면, 가치론적인 측면에서 정보를 평가한 것이 바로 정보적 이익에 해당한다.

마지막으로 정보인권은 이러한 정보적 이익을 보장하기 위한 규범적 장치에 해당한다. 더욱 엄밀하게 분석하면, 정보인권은 이중적인 지위를 갖는다. 한편으로 정보인권은 정보이익을 보장하기 위한 규범적 수단이라는 지위를 갖는다. 그러나 다른 한편으로 정보인권 그 자체가 정보이익

---

130. '규범영역'이라는 개념에 관해서는 Friedrich Müller, Juristische Methodik (Berlin, 1997) 참고.

131. 이에 관해서는 기본적으로 국가인권위원회, 『정보인권 보고서』(2013) 참고.

이 되기도 한다. 예를 들어, 정보자기결정권은 한편으로는 개인정보를 보장하는 데 필요한 규범적 수단이기도 하지만, 그 자체가 정보이익에 해당하기도 한다. 이러한 맥락에서 정보인권은 규범적 수단과 정보이익을 모두 포함하는 규범적 개념이라고 말할 수 있다.

• 정보의 유형 •

여기서 관건이 되는 것은 '정보'라는 개념이다. '정보'(information)는 그 외연이 상당히 넓은 개념으로서 '사실'(fact)과 거의 같은 의미로 쓰인다. 다만 이 책과 관련지어 정보의 외연을 다소 좁히면, 일단 정보는 공적인 것으로서 원칙적으로 모든 정보주체들이 자유롭고 평등하게 접근할 수 있어야 하는 '공공정보' 그리고 이와 대조적으로 원칙적으로 타인의 접근을 거부하는 '개인정보'로 구분할 수 있다. 이 중에서 빅데이터 과학과 관련해 중요한 의미를 갖는 것은 개인정보이다. 공공정보는 모든 정보주체들이 자유롭고 평등하게 접근할 수 있는 것이므로, 이에 대해서는 빅데이터 과학 역시 적극적으로 적용하는 것이 공공의 이익을 증진시키는 데 바람직하기 때문이다. 이와 달리 원칙적으로 타인의 접근을 거부하는 개인정보에 대해 빅데이터 과학을 무분별하게 적용하면, 개인정보인권이 침해되는 결과를 야기할 수 있다.

• 개인정보의 개념표지 •

그러면 개인정보란 무엇을 뜻하는가?[132] 이는 개인정보보호법 제2조 제1호가 규정한다. 이에 따르면, "개인정보란 살아 있는 개인에 관한 정보로서 성명, 주민등록번호 및 영상 등을 통하여 개인을 알아볼 수 있는 정

132. 개인정보 개념에 대한 상세한 분석으로는 전현욱, 『개인정보 보호에 관한 형법정책』(고려대 법학박사 학위논문, 2010), 19쪽 아래 참고.

보(해당 정보만으로는 특정 개인을 알아볼 수 없더라도 다른 정보와 쉽게 결합하여 알아볼 수 있는 것을 포함한다)를 말한다." 이러한 개념정의에서 개인정보에 관한 세 가지 표지를 읽어낼 수 있다. "살아 있는 개인"이라는 '생존성'에 관한 것과 "개인을 알아볼 수 있는 정보"와 같은 '식별성' 그리고 "다른 정보와 쉽게 결합하여 알아볼 수 있는 것"이라는 '결합성'이 그것이다.[133] 이러한 개념정의에 따르면, 개인을 식별할 수 있게 하는 사진이나 영상, 각종 기록 등은 모두 개인정보에 포함된다. 사실이 그렇다면, 정보인권, 그 중에서도 개인정보 인권이란 이러한 개인정보를 타인의 접근, 즉 타인에 의한 자의적인 수집·저장·관리·이용으로부터 보호하고자 하는 인권이라고 정의내릴 수 있다.

정보인권의 유형화

• 공공정보인권과 개인정보인권 •

정보인권은 다음과 같이 유형화할 수 있다. 먼저 정보인권은 정보 자체를 기준으로 하여 공공정보인권과 개인정보인권으로 구분할 수 있다. 공공정보인권은 공공정보에 대해 자유롭고 평등하게 접근할 수 있는 인권을 말한다. 이와 달리 개인정보인권은 각 개인적 정보주체에게 고유하게 귀속되는 인권으로서 자신의 개인정보를 자율적으로 관리·사용·처분·통제할 수 있는 권리를 말한다. 빅데이터 과학에서 문제가 되는 인권은 주로 개인정보인권이라고 할 수 있다.

• 소극적 정보인권과 적극적 정보인권 •

나아가 정보인권은, 대부분의 권리가 그렇듯이, 소극적 정보인권과 적극적 정보인권으로 유형화할 수 있다. 소극적 정보인권은 정보인권의 침

---

133. 오길영, "빅데이터 환경과 개인정보의 보호방안: 정보주체의 관점에서 바라본 비판적 검토를 중심으로", 『일감법학』제27호(2014. 2), 166쪽.

해나 위협으로부터 정보적 이익을 소극적으로 보호하고자 하는 방어적 권리이다. 제1세대 정보인권이라고 할 수 있는 프라이버시권이나 인격권 등이 바로 이러한 소극적 정보인권에 속한다. 더불어 제2세대 정보인권이라고 할 수 있는 정보자기결정권도 소극적 정보인권의 범주에 포함시킬 수 있다. 이와 달리 적극적 정보인권은 공공정보에 적극적으로 접근하여 이를 이용하거나 또는 자기의 개인정보를 적극적으로 이용 또는 삭제할 수 있는 권리를 말한다. 위에서 언급한 공공정보인권이 대표적인 적극적 정보인권에 속한다. 프라이버시권에 대응하는 퍼블리시티권도 여기에 포함시킬 수 있다. 이뿐만 아니라, 자신의 개인정보에 대한 삭제를 적극적으로 요청하는 것을 내용으로 하는 이른바 '잊혀질 권리'도 적극적 정보인권의 범주에 포함시킬 수 있다.

대표적인 정보인권

그러면 이러한 정보인권으로서 무엇을 언급할 수 있는가? 정보인권은 단일한 권리로 이루어진 것은 아니다. 정보인권이 독자적인 권리로 승인된 이래, 정보인권은 그 동안 다양한 권리의 모습으로서 발전해 왔다. 그 가운데 대표적인 정보인권을 몇 가지 열거해 본다.

• 프라이버시권 •

'프라이버시권'(right to privacy)은 정보인권 가운데 가장 처음에 등장한 권리에 해당한다. 아래에서 소개할 인격권이 주로 대륙법계, 특히 독일에서 성장한 권리라면, 프라이버시권은 미국에서 성장한 권리이다. 본래 "홀로 있을 권리"를 뜻하는 프라이버시권은 그 내용 면에서 보면 우리 헌법이 규정하는 사생활 비밀보호에 관한 기본권과 유사하다. 그런데 미국에서 등장하여 이후 판례를 통해 지속적으로 성장한 프라이버시권은 우리 헌법상 사생활 비밀보호에 관한 기본권보다 더욱 넓은 외연을 갖게 되었다. 왜냐하면 미국에서 프라이버시권은 사생활 비밀보호뿐만 아니라 초상권, 성명권 등을 모두 포함하는 권리로 자리 잡고 있기 때문이다.[134] 더 나아가 이제 프라이버시권은 미국 연방대법원 판례를 통해 '개인정보에 대한 자기통제권'의 의미로 정착하고 있다.[135]

•인격권•

'인격권'(Persönlichkeitsrecht) 역시 프라이버시권과 더불어 제1세대에 속하는 정보인권이라고 말할 수 있다. 위에서 지적한 것처럼, 프라이버시권이 주로 미국에서 성장한 정보인권이라면, 인격권은 주로 독일에서 형성된 정보인권에 해당한다. 그러면 인격권이란 무엇을 뜻하는가? 인격권이란 "명예, 성명, 초상, 사적 영역 및 정보 등과 같이 인격과 관련을 맺는 모든 이익에 대한 권리"를 뜻한다.[136] 이렇게 보면, 인격권의 규범영역이 정보인권의 규범영역과 정확하게 일치한다고는 말하기 어렵다. 왜냐하면 인격권의 규범영역에 포함되는 명예는 정보인권의 내용, 더욱 정확하게 말하면 개인정보와 직접 관련된다고 보기는 어렵기 때문이다.[137] 그러나 이를 제외한 나머지 내용들은 대부분 정보인권의 규범영역에 속한다.

다른 한편 인격권과 프라이버시권의 관계 역시 문제될 수 있다. 왜냐하

134. 이를 지적하는 김재형, "언론의 사실보도로 인한 인격권의 침해", 『서울대학교 법학』제39권 제1호(1998. 5), 195-196쪽 참고.

135. 이에 관해서는 Michael J. Sandel, *Public Philosophy: Essays on Morality in Politics* (Cambridge, Mass.: Harvard University Press, 2005), 122쪽 아래; 국내 문헌 중에서 이를 선구적으로 지적한 변재옥, 『정보화 사회에 있어서 프라이버시의 권리』(서울대 법학박사 학위논문, 1979), 5쪽 등 참고.

136. 양천수, 『민사법질서와 인권』(집문당, 2013), 234쪽; 박도희, "인격권으로서 프라이버시권과 퍼블리시티권의 법리(I)", 『한양법학』제18집(2005. 12), 187쪽 등.

137. 물론 정보인권의 범위를 넓게 설정하면, 명예권 역시 정보인권의 한 내용으로 포함시킬 수 있을 것이다.

면 양자는 모두 비슷한 내용을 규범영역에 포함하고 있기 때문이다. 이 문제를 정면에서 다루는 것은 이 책의 성격상 적합하지 않다. 다만 이에 대한 필자의 생각만을 간략하게 제시하면, 필자는 인격권이 갖고 있는 포괄적 성격을 고려할 때 인격권이 프라이버시권을 포함하는 권리라고 판단한다. 이를 예증하듯, 인격권은 프라이버시권에 속하는 성명권, 초상권, 사생활의 비밀과 자유뿐만 아니라, 프라이버시권에 속하지 않는 명예권 역시 자신의 규범영역에 포함한다.[138]

• 퍼블리시티권 •

프라이버시권에 대응하는 '퍼블리시티권'(right of publicity)은 "인격주체의 성명이나 초상을 경제적으로 이용할 수 있는 권리"를 말한다.[139] 이를 달리 "실재하는 인물이 자신의 캐릭터에 대한 상업적 가치를 통제할 수 있는 권리"라고 정의하기도 한다.[140] 우리 하급심 법원은 퍼블리시티권을 "재산적 가치가 있는 유명인의 성명·초상 등 프라이버시에 속하는 사항을 상업적으로 이용할 수 있는 권리"라고 정의하기도 한다.[141] 이러한 퍼블리시티권은 프라이버시권과 함께 인격권의 하부 범주에 속한다. 다만 인격권이나 프라이버시권은 인격적 이익이나 프라이버시에 대한 침해로부터 이를 보호하고자 하는 소극적·방어적 권리라면, 퍼블리시티권은 인격적 이익을 상업적으로 이용하고자 하는 적극적·능동적 권리라고 말할 수 있다.[142] 이렇게 볼 때, 퍼블리시티권은 인권주체의 자율적인 자기결정을 전

---

138. 양천수, 『민사법질서와 인권』(집문당, 2013), 235쪽.
139. 박도희, "인격권으로서 프라이버시권과 퍼블리시티권의 법리(I)", 『한양법학』제18집 (2005. 12), 200쪽.
140. 오승종·이해완, 『저작권법』(박영사, 2000), 7쪽.
141. 서울지법 1996. 6. 23. 선고 94카합9230 판결 등 참고.
142. 프라이버시권과 퍼블리시티권의 공통점과 차이점에 관한 상세한 내용은 양천수, 『민사

제로 하는 권리라는 점에서 기존의 인격권이나 프라이버시권보다 진일보한 권리라고 평가할 수 있다.

• 정보자기결정권 •

'정보자기결정권'(Recht auf informationelle Selbstbestimmung)은 그 이전의 인격권이나 프라이버시권과 비교할 때 한 차원 진일보한 정보인권이라고 말할 수 있다.[143] 독일에서 인구조사법에 대한 독일 연방헌법재판소의 판결을 통해 확립된 정보자기결정권은 각 정보주체에게 자신의 개인정보를 자율적으로 관리·사용·처분·통제할 수 있는 권리가 있다는 점을 보여준다. 이러한 정보자기결정권이 그 이전에 존재했던 인격권이나 프라이버시권과 비교할 때 진일보했다고 평가할 수 있는 것은 다음과 같은 이유 때문이다. 앞에서도 설명한 것처럼, 인격권이나 프라이버시권은 각 인권주체의 인격적 이익이나 사적 영역을 수동적으로 보호하는 데 치중한다. 말하자면 이 권리들은 수동적인 방어적 권리인 셈이다. 인격권이나 프라이버시권의 권리주체는 이 권리를 행사하는 데 적극적으로 참여할 여지가 많지 않다. 그저 인격적 이익이나 사적 영역에 대한 침해가 이루어진 경우에 이 권리를 수동적·방어적으로 행사할 수 있을 뿐이다. 이에 반해 정보자기결정권의 경우에는 권리주체가 권리를 행사하는 데 적극적으로 관여할 수 있다. 정보자기'결정권'이라는 개념이 시사하는 것처럼, 권리주체는 자신의 개인정보를 타인에게 공개할 것인지, 이를 상업적으로 이용할 것인지,[144] 그게 아니면 타인이 자신의 개인정보를 사용하지 못하게 할 것인지를 자율적으로 결정할 수 있다. 정보자기결정권은 수동적이고 방어적인 권리가 아니라, 능동적이

법질서와 인권』(집문당, 2013), 247-248쪽 참고.

143. 정보자기결정권은 달리 '정보적 자기결정권' 또는 '개인정보통제권'이라고 부르기도 한다.

144. 이러한 점에서 볼 때 퍼블리시티권은 정보자기결정권의 한 부분에 해당한다고 말할 수 있다.

고 적극적인 권리인 셈이다. 바로 이 같은 이유에서 정보자기결정권은 그 이전에 존재했던 정보인권에 비해 진일보한 권리라고 평가할 수 있다.

• 잊혀질 권리 •

2014년 5월 13일 유럽사법재판소(ECJ)에 의해 확인된 이른바 '잊혀질 권리'(right to be forgotten)는 다시금 정보인권의 보호수준을 한 차원 높인 권리라고 말할 수 있다.[145] 잊혀질 권리는 이미 공개된 자신의 개인정보가 공적 영역에서 잊혀질 것을, 달리 말해 자신의 개인정보를 삭제할 것을 적극적으로 요청할 수 있는 권리를 말한다.[146] 이렇게 적극적으로 요청할 수 있는 권리라는 점에서 잊혀질 권리는 정보자기결정권과는 유사하고, 그 이전부터 존재하던 인격권이나 퍼블리시티권과는 구별된다. 하지만 잊혀질 권리는 다음과 같은 점에서 볼 때 정보자기결정권보다도 더욱 진일보한 정보인권이라고 말할 수 있다. 정보자기결정권은 주로 타인이 인권주체의 개인정보를 수집하여 사용하고자 할 때 작용한다. 즉 타인에 의해 이루어지는 개인정보수집 및 이용을 자율적으로 통제하고자 할 때 작동하는 권리가 바로 정보자기결정권인 것이다.[147] 그 때문에 정보자기결정권은 권리주체가 자신의 개인정보를 타인이 수집하여 사용하는 것을 자율적으로 결정한 이후에는 원칙적으로 이를 통제하기 어렵다.[148] 이와 달리

145. 이에 관해서는 아래 제5장 II.1.(3) 참고.

146. 잊혀질 권리에 대한 심도 깊은 분석으로는 빅토르 마이어 쇤베르거, 구본권 (옮김), 『잊혀질 권리』(지식의날개, 2013) 참고.

147. 이와 관련하여 현행 개인정보보호법이 개인정보의 '생산'이나 '사용'보다는 '수집'을 통제하는 것에 많은 배려를 하고 있다고 지적하는 오길영, "빅데이터 환경과 개인정보의 보호방안: 정보주체의 관점에서 바라본 비판적 검토를 중심으로", 『일감법학』제27호 (2014. 2), 180쪽.

148. 물론 목적을 정하여 자기정보 수집 및 사용을 허락한 경우에는 그 이후에도 목적을 이유로 하여 자기정보 사용을 통제할 여지는 존재한다.

잊혀질 권리는 이미 권리주체가 수집 및 이용을 허락한 이후에도 일정한 시간이 경과한 경우에는 자신의 개인정보가 더 이상 사용되지 않도록, 바꿔 말해 공적 영역에서 잊혀질 것을 요청할 수 있다. 이는 권리주체가 자신이 허락한 개인정보에 정보의 유효기간이라는 조건을 붙이는 것이라고도 볼 수 있다. 우리의 기억이 언제나 망각으로부터 자유로울 수 없는 것처럼, 우리의 개인정보 역시 망각으로부터 자유로울 수 없게 만드는 것이 바로 잊혀질 권리인 셈이다.[149]

• 기타 •

이외에도 인터넷상 표현의 자유나 정보문화향유권 등을 정보인권의 범주에 포함시킬 수 있다. 그러나 인터넷상 표현의 자유는 기존의 표현의 자유와 질적으로 큰 차이가 없다는 점에서 정보인권으로서 독자적 의미가 약하다. 그리고 정보문화향유권은 정보적 접근권에 논리필연적으로 연결된 정보인권이라고 말할 수 있다.

2. 정보인권의 역사적 분석

그러면 이러한 정보인권은 어떻게 발전해 왔는가?[150] 이에 대해서는 크게 네 단계를 언급할 수 있다고 생각한다. 제1단계는 정보인권의 독자성을 부정하는 단계이고, 제2단계는 정보인권의 초기형태로서 인격권과 프라이버시권이 각각 대륙법과 영미법에서 제도화되는 단계이며, 제3단계는 새로운 차원의 정보인권인 정보자기결정권이 시민권을 획득하는 단계이

149. 빅토르 마이어 쇤베르거, 구본권 (옮김), 『잊혀질 권리』(지식의날개, 2013) 참고.

150. 이에 관해서는 헌법재판소, 『사이버 공간상의 표현의 자유와 그 규제에 관한 연구』(헌법재판연구 제13권)(2002), 140쪽 아래; 차상육, "빅데이터(Big Data) 환경과 프라이버시의 보호", 『IT와 법연구』제8집(2014. 2), 228-230쪽 등 참고.

고, 제4단계는 이보다 더욱 진일보한 잊혀질 권리가 제도화되기 시작하는 단계이다.[151]

정보인권의 부정

이미 언급한 것처럼, 정보인권은 비교적 최근에 등장한 인권이다. 19세기 이전만 하더라도 정보인권이라는 개념, 더 나아가 정보인권의 선구적 형태인 인격권이나 프라이버시권이라는 권리가 독자적으로 인정되지는 않았다. 물론 인격권이라는 개념 자체가 존재하지 않은 것은 아니다.

민법이 규정하는 여러 권리들과 비교할 때 인격권은 비교적 최근에 확립된 권리이다. 지난 19세기에 독일 민법전 제정을 주도했던 입법자들은 인격권을 독자적인 권리로 파악하지 않았다. 독일에서 인격권이 판례 등을 통해 독자적인 권리로 승인되기 시작한 것은 제2차 세계대전이 종전한 이후부터였다.[152] 인격권에 상응하는 프라이버시권이 미국에서 처음 등장한 것도 워렌(S.D. Warren)과 브랜다이스(L.D. Brandeis)가 『하버드 로리뷰』(*Harvard Law Review*)에 "프라이버시권"(The Right to Privacy)이라는 기념비적인 논문을 공간한 1890년이었다.[153] 그 이전까지 일반적 인격권 또는 프라이버

151. 아래의 내용은 양천수, 『민사법질서와 인권』(집문당, 2013), 239쪽 아래의 내용을 수정 및 요약한 것이다.

152. 이러한 인격권의 발전과정에 관해서는 H. Coing, *Das subjektive Recht und der Rechtsschutz der Persönlichkeit* (Frankfurt/M., 1959) 참고; 또한 이를 요약해서 소개하는 D.D. Maitra, *Regeln und Prinzipien: Zur Soziologie juristischer Argumentation am Beispiel persönlichkeitsrechtlicher Normbildung im Bereich der Genanalyse* (Berlin, 2006), 288쪽 아래; 국내문헌으로는 임미원, "인격권 개념의 기초적 고찰", 한국민사법학회 (편), 『우리 민법학은 지금 어디에 서 있는가?: 한국 민사법학 60년 회고와 전망』(박영사, 2006), 71-74쪽 참고.

153. 이에 관해서는 양창수, "정보화 사회와 프라이버시의 보호: 사법적 측면을 중심으로", 『민법연구』제1권(박영사, 1991), 505쪽 아래.

시권은 독자적인 권리로 승인되지 못하고 있었다. 특히 독일 역사법학의 아버지이자 판덱텐 법학의 개척자였던 사비니(F.C.v. Savigny)가 인격권 개념을 인정하지 않았다는 점은 주목할 만하다.

그러면 어떤 이유에서 인격권이나 프라이버시권이 19세기 당시까지 독자적인 권리로 승인받지 못했던 것인가? 이에 관해서는 다음과 같은 이유를 제시할 수 있다. 우선 인격권이 개념적으로 애매하고 포괄적이라는 점을 지적할 수 있다. 인격권은 인격과 관련된 일체의 이익을 포괄하는 애매한 개념이어서 독자적인 권리로 승인하기 어렵다는 것이다.

다음으로 인격권은 권리주체인 인격(Person)을 권리의 객체로 전락시킴으로써 모든 권리의 핵심을 이루는 자율적인 인격성을 침해한다는 이유를 언급할 수 있다. 이는 무엇보다도 근대 민법학의 기초를 완성한 사비니에게서 찾아볼 수 있다. 칸트의 철학을 수용한 사비니는 자율적인 인격이 법적 권리주체의 본질적인 부분이라고 말한다.[154] 사비니에 따르면, 우리 인간이 법적인 권리의 주체가 될 수 있는 이유는 우리 인간주체가 자율적으로 책임을 질 수 있는 인격체(Person)이기 때문이다. 그런데 이러한 인격성 자체를 권리의 객체로 만들면, 권리주체와 권리객체의 분리가 해체될 수 있다고 지적한다.[155] 바로 이 같은 까닭에서 사비니는 인격권을 독자적인 권리로 파악하지 않는 것이다.

나아가 인격권을 독자적인 권리로 승인할 필요가 없다는 이유도 제시된다. 이는 이를테면 인문주의 법학자인 도넬루스(H. Donellus)의 '자기 인격에 대한 권리'(Recht an der eigenen Person) 이론에서 확인할 수 있다. 도넬루스는

---

154. 이를 분석한 문헌으로는 임미원, "칸트와 역사법학", 『법사학연구』제38호(2008. 10), 49-71쪽 참고.

155. 이를 설득력 있게 소개하는 임미원, "인격권 개념의 기초적 고찰", 한국민사법학회 (편), 『우리 민법학은 지금 어디에 서 있는가?: 한국 민사법학 60년 회고와 전망』(박영사, 2006), 73쪽 참고.

인격권이라는 개념 자체는 부정하지 않는다. 그러나 이러한 인격권이 생명권, 자유권, 명예권 등과 같은 기존의 권리와 구별되는 독자적인 내용을 갖는 것은 아니라고 한다. 왜냐하면 도넬루스에 따르면, 생명 및 신체의 완전성에 관한 권리, 자유권, 명예권 등과 같은 권리가 '자기 인격에 대한 권리', 즉 인격권의 내용을 구성하기 때문이다.[156] 그러므로 인격권을 독자적인 권리로 인정하지 않아도, 생명권, 신체의 완전성에 대한 권리, 자유권 및 명예권 등을 보장함으로써 인격권을 보장할 수 있다고 한다. 이러한 근거에서 인격권을 별도로 인정할 필요가 없다고 한다.

그 밖에도 특히 민법학에서 문제가 되는 다음과 같은 이유도 거론된다. 인격권을 독자적인 권리로 인정하면 이를 침해한 경우 손해배상이 가능해지는데, 이는 인격 그 자체를 재산적 가치로 전락시키는 것이므로, 이를 허용할 수 없다는 것이다. 더불어 일반적 인격권에 대한 실정법적 근거가 없다는 점도 중요한 부정논거로 제시되었다.

인격권 및 프라이버시권의 등장 및 발전

그러나 19세기에 접어들면서 각각 대륙법과 영미법에서 인격권 및 프라이버시권이 독자적인 권리로서 등장한다. 여기에는 사진과 같은 새로운 과학기술이 발전하게 된 것과 무관하지 않다. 그러면 어떤 경로를 거쳐 인격권 및 프라이버시권이 제도적으로 정착하게 된 것인가?

인격권이나 프라이버시권은 19세기에 접어들어 비로소 독자적인 권리로 승인되기는 하였지만, 위에서 언급한 것처럼, 인격권 자체가 개념적으로 존재하지 않은 것은 아니었다. 이미 언급한 것처럼, 인문주의 법학자였던 도넬루스는 인격권 개념에 대한 이론적 기초를 놓기도 하였다. 다만

---

156. Helmut Coing, *Das subjektive Recht und der Rechtsschutz der Persönlichkeit* (Frankfurt/M., 1959), 17쪽.

도넬루스가 제시한 인격권 개념이 오늘날의 인격권 개념과 다른 점은, 도넬루스의 인격권이 독자적인 권리라기보다는 생명·신체의 불가침성·자유·명예 등에 대한 권리를 포괄하는 집합적 개념이라는 것에서 찾을 수 있다. 이후 근세 자연법 시대를 맞게 되면서 인격권은 푸펜도르프(Samuel Pufendorf), 토마지우스(Christian Thomasius), 볼프(Christian Wolff) 등에 의해 도덕적·자연법적 권리로 자리 잡기 시작하였다. 물론 19세기에 접어들면서 사비니는 인격권의 독자적 권리성을 부인하기도 하였지만, 이후 예링(R.v. Jhering)의 이익설을 통해 인격권이 독자적인 권리로 승인될 수 있는 계기가 마련되었다. 왜냐하면 예링의 이익설은 권리의 본질을 인격의 의사 혹은 의지가 아닌 일반적 이익에서 찾기 때문이다.[157]

또한 현실적으로는 과학기술이 발전하고 이로 인해 과거에는 경험하지 못했던 새로운 침해형태가 출현하면서, 인격권을 새롭게 인정할 필요성도 대두하게 되었다. 권리주체의 생명이나 신체, 자유가 아닌 인격성 그 자체를 침해하는 현상이 새롭게 등장하게 된 것이다. 이에 따라 가령 독일은 제2차 세계대전 이후에 제정된 독일 기본법 제2조에서 일반적 인격권에 대한 법적 근거를 마련하였다. 이어서 코잉(H. Coing), 훕만(H. Hubmann) 등과 같은 법학자뿐만 아니라 독일 연방대법원 판례와 같은 실무가 인격권을 독자적인 권리로 인정하면서, 인격권은 독자적인 권리로 자리매김하게 되었다. 더불어 미국에서는 19세기 후반부터 프라이버시권이 새로운 권리로서 살아 숨쉬기 시작하였다.[158] 요컨대, 지난 19세기 이후 과학기술이 급속도로 발전하게 되고, 더불어 인격권 자체가 탈도덕화·탈존재화의 길을 걷게 되면서,

---

157. 임미원, "인격권 개념의 기초적 고찰", 한국민사법학회 (편), 『우리 민법학은 지금 어디에 서 있는가?: 한국 민사법학 60년 회고와 전망』(박영사, 2006), 73쪽.

158. 물론 법원이 프라이버시권을 독자적인 권리로 승인한 것은, 20세기 초반, 더욱 정확하게 말하면 1905년부터였다. 박도희, "인격권으로서 프라이버시권과 퍼블리시티권의 법리(I)", 『한양법학』제18집(2005. 12), 191-192쪽.

이후 인격권 및 프라이버시권은 독자적인 권리로서 작동하게 된 것이다.

본격적인 정보인권으로서 정보자기결정권의 제도화

정보인권의 역사는 정보자기결정권이 등장하면서 새로운 전기를 맞게 된다. 일단 정보자기결정권이야말로 본격적인 정보인권에 해당한다고 말할 수 있다. 물론 인격권이나 프라이버시권 역시 정보인권의 범주에 포함시킬 수 있지만, 인격이나 프라이버시 개념이 개인정보와 직접 연결되는 것은 아니다. 이와 달리 정보자기결정권은 말 그대로 개인정보를 직접적인 보호대상으로 삼는다. 이 점에서 정보자기결정권을 본격적인 정보인권이라고 일컬을 수 있는 것이다. 이뿐만 아니라, 정보자기결정권은 권리주체에게 자기정보에 대한 적극적인 결정 및 통제권한을 부여한다는 점에서 수동적·방어적 권리인 인격권이나 프라이버시권과는 구별된다. 이제 정보자기결정권이 등장하면서, 인격적 이익이나 사적 공간과 같은 존재적 이익이 아닌, 개인정보에 대한 '자기결정'이라는 '자율적 권리'가 전면에 등장하게 되었다.

새로운 차원의 정보인권으로서 잊혀질 권리의 출현

정보인권은 잊혀질 권리가 논의되고 유럽사법재판소 판결을 통해 시민권을 획득하게 되면서 다시 한 번 진보하게 된다. 그 이전에는 주로 개인정보에 대한 수집 및 이용을 통제하는 데 주안점을 두었다면, 이제는 개인정보에 대한 결정 및 통제권한이 이미 수집·공개되어 이용되고 있는 개인정보에도 미치게 된 것이다. 물론 잊혀질 권리 개념 자체를 인정해야 하는지, 만약 인정한다면 어느 범위에서 이를 인정할 것인지에 대해서는 여전히 논란이 진행되고 있다. 유럽사법재판소 역시 이를 전면적으로 인정한 것이 아니라, 엄격한 요건 아래에서 이를 제한적으로 인정하였다. 잊혀질 권리가 앞으로 어떻게 발전해 갈 것인지 여부는 현재로서는 계속 지켜보아야 할 문제라고 말할 수 있다.

제4장

개인정보인권을 보장하기 위한 현행 법적 규제체계

이제 본격적으로 어떻게 정보인권을 보장해야 하는지의 문제를 살펴보도록 한다. 이 책에서는 정보인권 중에서도 빅데이터 과학에 의해 문제가 되는 개인정보인권을 어떻게 법적 규제체계로써 보장할 수 있는지에 초점을 맞추고자 한다. 이를 위해 먼저 제4장에서는 현행 법적 규제체계가 개인정보인권을 어떻게 보장하고 있는지를 분석하고자 한다. 빅데이터 과학으로부터 개인정보인권을 어떻게 보장할 것인가 하는 문제는 제5장에서 본격적으로 다루도록 한다.

I. 개인정보인권 보장에 관한 비교법적 고찰

우선 개인정보인권을 보장하기 위해 유럽이나 미국은 어떤 법적 규제체계를 마련하고 있는지를 살펴보도록 한다. 다만 이러한 비교법적 고찰에 관해서는 그 동안 다수의 연구가 축적되어 있으므로,[159] 아래에서는 이 책에

159. 미국과 유럽연합의 개인정보보호법제에 관해서는 임규철, "각 국의 개인정보보호법제

필요한 핵심적인 내용, 특히 개인정보인권을 보호하는 데 필요한 규범적 원칙을 살펴보는 것으로 논의를 전개하도록 한다.

1. 존엄과 자유: 개인정보인권 보장에 대한 법철학적 관점의 차이

개인정보인권을 어느 범위에서 어떻게 보장할 것인가? 개인정보인권에 대한 법정책의 방향을 결정하는 이 물음은 기본적으로 개인정보인권에 대한 법철학적 관점에 의존한다. 법철학적 견지에서 개인정보인권을 어떻게 이해하고 개인정보인권의 본질적 가치를 무엇으로 설정하는가에 따라 개인정보인권에 대한 법정책의 방향이 달라진다. 이를테면 개인정보인권의 보장강도 및 방법에 관해 유럽과 미국은 다소 상이한 태도를 보인다. 유럽이 개인정보인권을 엄격하게 보장하려 한다면, 미국은 이에 대해 상대적으로 너그러운 태도를 보이고 있다. 그러면 그 이유는 무엇일까? 이에 관해서는 여러 가지 이유를 제시할 수 있겠지만, 개인정보인권에 대한 법철학적 관점의 차이 역시 중요한 이유가 될 수 있다. '존엄'(dignity)과 '자유'(liberty)의 차이가 바로 그것이다.

미국의 법학자 제임스 휘트먼(James Q. Whitman) 교수는 유럽과 미국이 각기 상이한 법철학적 기초 위에서 개인정보인권, 더욱 정확하게 말하면 프라이버시를 바라보고 있다고 말한다.[160] 유럽이 존엄에 기반을 두고 있다면, 미국은 자유에 바탕을 두고 있다는 것이다. 휘트먼 교수에 따르면, 유럽에서는 '존엄의 측면을 갖는 프라이버시'(privacy as an aspect of dignity)가 지배하는 반면, 미국에서는 '자유의 측면을 갖는 프라이버시'(privacy as an aspect of liberty)가

비교연구: 미국과 유럽연합의 개인정보보호법제를 중심으로", 『공법연구』제31집 제5호 (2003. 6) 참고.

160. James Q. Whitman, "The Two Western Cultures of Privacy: Dignity versus Liberty", *Yale Law Journal* 114 (2004), 1151쪽 아래; 이를 요약해서 소개하는 차상육, "빅데이터 환경과 프라이버시 보호", 『IT와 법연구』제8집(2014. 2), 217-218쪽 등 참고.

지배한다. 이에 따라 유럽에서는 '존경과 인격적 존엄'(respect and personal dignity)이 프라이버시권의 핵심적 요소가 되는 반면, 미국에서는 '자신의 집에서 정부의 개입을 받지 않으면서 자유롭게 지낼 권리'가 핵심적 요소가 된다.

필자는 이러한 휘트먼 교수의 주장을 다음과 같이 이해할 수 있다고 생각한다. 유럽에서 프라이버시, 더욱 정확하게 말해 인격권의 핵심적 내용은 자유가 아니라 존엄에 있다는 것이다. 그렇다면 존엄의 핵심적 내용은 무엇인가? 이는 독일의 철학자 칸트가 정확하게 지적하였다. 자율적으로 결정하고 이에 대해 책임을 지는 것, 즉 자율성이 인간존엄의 핵심적 내용을 이룬다. 유럽적 전통에서 보면, 우리 인간이 존엄한 이유는 우리가 자율적인 주체로서 자기결정을 하고 자기책임을 부담할 수 있기 때문이다. 이러한 사고를 인격권에 적용하면, 자연스럽게 인격권의 핵심적 내용은 인격적 이익에 대한 자율적 결정과 책임이라고 말할 수 있다. 이를 전형적으로 보여주는 정보인권이 바로 정보자기결정권이다. 이러한 근거에서 유럽에서는 개인정보에 대한 자기결정권이 그 무엇보다도 중요하고, 이는 특히 '사후승인'(opt-out)이 아닌 '사전동의'(opt-in) 방식으로 제도화되었다.

이와 달리 미국에서는 자율적 결정이 아닌, 자유 그 자체가 프라이버시의 핵심적 내용이 된다. 그러므로 설사 타인이 자신의 개인정보를 허락을 받지 않은 상태에서 수집하고 이용한다 하더라도, 이러한 행위가 자신의 자유를 실질적으로 침해하지 않는 한, 이것은 프라이버시를 침해하는 것이라고 말할 수 없다. 사전에 개인정보를 수집·이용하는 것에 정보주체가 명시적으로 자기결정을 하였는가 여부가 중요한 것이 아니라, 개인정보를 수집하고 이용함으로써 실질적으로 해당 정보주체의 자유를 침해하는가 여부가 중요하다. 그런데 문화적으로 볼 때, 미국에서는 자신을 숨기려는 경향보다 자신을 널리 알리려는 경향이 강하기에,[161] 사전동의를 받지

161. 이를 보여주는 曾我部直裕, 최혜선 (역), "빅데이터 활용에 의한 경제성장·국민의 편

않고 타인의 개인정보를 수집하고 이용한다고 해서 이것이 타인의 자유를 침해한다고 생각하지는 않는 경향이 강하다. 이러한 맥락에서 미국은 유럽보다 개인정보보호에 관해 좀 더 관대하고, 이의 연장선상에서 사전동의보다는 사후승인(opt-out)이라는 방식을 통해 개인정보를 보호하는 것이 일반적이다. 개인정보보호에 대한 이러한 법철학적 차이는 개인정보 개념에서도 나타난다. 유럽에서는 개인정보 개념을 넓게 인정하고자 하는 반면, 미국에서는 개인정보를 좁게 설정하는 경향이 강하기 때문이다. 이처럼 어떤 법철학적 기초와 관점에서 개인정보보호 문제를 바라보는가에 따라 개인정보인권에 대한 법정책의 방향이 달라진다.[162] 그러면 구체적으로 유럽과 미국은 어떻게 개인정보인권을 법으로써 보장하고 있는가?

2. OECD 가이드라인

개인정보인권을 보장하기 위한 법적 대응방안 중에서 가장 먼저 주목할 만한 것으로서 경제협력개발기구(OECD)가 1980년 9월 23일 채택한 "개인정보의 국제유통과 프라이버시 보호에 관한 가이드라인"(Guidelines Governing the Protection of Privacy and Transborder Flows of Personal Data)을 언급할 수 있다.[163] 이 가이드라인에서는 개인정보를 보호하는 데 필요한 여덟 가지 원

의증진과 공법적 과제", 『유럽헌법연구』제14호(2013. 12), 410쪽; Jeffrey Rosen, "Structuring Intimacy: some reflections on the fact that the law generally does not protect us against gazes", *Georgetown Law Journal* 89 (2001), 2080쪽 등 참고.

162. 필자는 이러한 두 가지 관점 중에서 유럽의 관점이 더욱 타당하다고 생각한다. 개인정보인권이라는 것은 결국 넓은 의미의 인격권에 포함되는데, 이러한 인격권은 본질은 인격체의 자율성에서 찾을 수 있기 때문이다. 칸트가 강조한 것처럼, 우리 인간(Mensch)이 인격체(Person)로서 존엄성을 누릴 수 있는 이유는 우리 인격체가 자율적인 존재이기 때문이다.

163. 이에 관해서는 김주영·손형섭, 『개인정보 보호법의 이해』(법문사, 2012), 84쪽 아래 참고.

칙을 제시하고 있는데, 이러한 원칙은 후에 제정된 다양한 개인정보보호 법제에 대한 모범이 된다. 여기서 말하는 여덟 가지 원칙이란 수집제한의 원칙, 정보정확성의 원칙, 목적명확성의 원칙, 이용제한의 원칙, 안전보호의 원칙, 공개의 원칙, 개인참가의 원칙, 책임의 원칙을 말한다. 이를 간략하게 소개하면 다음과 같다.[164]

첫째, '수집제한의 원칙'(Collection Limitation Principle)이란 "개인정보의 수집에는 제한을 두어야 하며, 적법하고 공정한 수단에 의하여, 그리고 적당한 경우에는 정보주체에게 알리거나 동의를 얻어 정보를 수집하여야 한다는 원칙"을 말한다.

둘째, '정보정확성의 원칙'(Data Quality Principle)이란 "개인정보는 사용목적과 범위가 부합되어야 하며, 정확하고 완전하게 그리고 가장 최신의 상태로 유지되어야 한다는 원칙"을 말한다.

셋째, '목적명확성의 원칙'(Purpose Quality Principle)이란 "개인정보를 수집할 때에는 목적이 명확해야 하고, 이를 이용할 경우에도 처음의 목적과 모순되지 않아야 한다는 원칙"을 말한다.

넷째, '이용제한의 원칙'(Use Limitation Principle)이란 "개인정보는 명확화된 목적 이외의 용도로 공개되거나 이용되어서는 안 된다는 원칙"을 말한다.

다섯째, '안전보호의 원칙'(Security Safeguard Principle)이란 "개인정보가 분실, 불법적인 접근, 파괴, 정보수정 및 공개와 같은 위험에 대비하여 합리적인 안전보호 조치가 취해져야 한다는 원칙"을 뜻한다.

여섯째, '공개의 원칙'(Openness Principle)이란 "개인정보에 대한 개발, 운영 및 정책은 공개되어야 한다는 원칙"을 뜻한다.

일곱째, '개인참가의 원칙'(Individual Participation Principle)이란 "개인정보를

164. 아래의 설명은 윤지영·이천현·최민영·윤재왕·전지연, 『법과학을 적용한 형사사법의 선진화 방안(IV)』(한국형사정책연구원, 2014), 154-155쪽(전지연 집필)에 의하였다.

제공한 개인은 자신과 관련된 정보의 존재확인, 열람요구, 이의제기 및 정정·보완·삭제에 대한 청구권을 갖는다는 원칙"을 뜻한다.

여덟째, '책임의 원칙'(Accountability Principle)이란 개인정보처리자는 위에서 말한 원칙이 준수되도록 책임을 부담해야 한다는 원칙을 말한다.

3. UN의 개인정보규제 가이드라인

개인정보인권을 보장하기 위해 UN이 내놓은 대응으로는 지난 1990년 12월 14일 UN 총회에서 결의·채택한 "컴퓨터화된 개인정보규제 가이드라인"(Guidelines for the Regulation of Computerized Personal Data)을 언급할 수 있다.[165] OECD 가이드라인과 마찬가지로 UN 가이드라인도 개인정보인권을 보장하는 데 필요한 여섯 가지 원칙과 내용을 담고 있다. 여기서 여섯 가지 원칙이란 합법성과 공정성의 원칙, 정확성의 원칙, 명확한 목적의 원칙, 정보주체접근의 원칙, 차별금지의 원칙, 보안의 원칙을 말한다.

우선 '합법성과 공정성의 원칙'(Principle of Lawfulness and Fairness)이란 정보주체의 개인정보는 합법적인 절차와 방법에 따라 수집·처리해야 하고, 그 목적이 공정해야 한다는 원칙을 말한다. OECD 가이드라인의 원칙 중에서 수집제한의 원칙에 상응하는 원칙이다.

다음으로 '정확성의 원칙'(Principle of Accuracy)이란 정보처리자가 수집·저장·관리·분석하는 개인정보는 정확해야 한다는 원칙을 말한다. OECD 원칙 가운데 정보정확성의 원칙이 여기에 상응한다. 이 원칙은 특히 빅데이터 과학이 사용하는 데이터 마이닝과 관련해서 중요한 의미를 갖는다. 왜냐하면 데이터 마이닝은 수학적 알고리즘을 사용하여 빅데이터에서 정

165. 이에 관해서는 최경진, "빅데이터와 개인정보", 『성균관법학』제25권 제2호(2013. 6), 201-203쪽 참고.

보주체와 관련된 유의미한 새로운 정보를 추출하는 경우가 많은데, 정확성의 원칙은 이렇게 도출하는 정보가 가능한 한 정확해야 한다고 요청하기 때문이다.

나아가 '목적명확성의 원칙'(Principle of Purpose-Specification)이란 정보처리자는 구체적이고 명확한 목적에 따라서만 개인정보를 수집 및 처리할 수 있고, 이러한 목적, 특히 정보주체가 동의한 목적 이외에 개인정보를 수집·처리하는 것은 허용될 수 없다는 원칙을 뜻한다. 특히 목적 명확성의 원칙에 따르면, 정보처리자는 정보주체의 동의를 받지 않고 자신이 보관하는 정보를 제3자에게 양도할 수 없다. 목적 명확성의 원칙은 OECD 원칙 중에서 이용제한의 원칙에 상응한다.

이어서 '정보주체접근의 원칙'(Principle of Interested-Person Access)이란 정보주체는 자신의 정보가 어떻게 수집·처리되고 있는지에 대해 접근할 수 있으며, 자신의 정보가 정확하지 않게 또는 목적 이외에 사용되고 있는 경우에는 이를 삭제해줄 것을 요청할 권리가 있다는 원칙을 말한다. 이는 OECD 원칙 가운데 개인참가의 원칙과 유사하다.

더 나아가 '차별금지의 원칙'(Principle of Non-Discrimination)이란 정보주체는 성별, 인종, 종교, 정치적 견해 등으로 부당하게 차별을 받아서는 안 된다는 원칙을 말한다. 이 원칙은 OECD 원칙에서는 찾아볼 수 없는 원칙으로서 UN 가이드라인만의 독자적인 원칙이라고 말할 수 있다.

마지막으로 '보안의 원칙'(Principle of Security)이란 정보처리자는 각종 자연재해나 컴퓨터 바이러스, 해킹으로부터 자신이 수집·관리하는 개인정보를 안전하게 보관해야 한다는 원칙을 말한다. 이러한 보안의 원칙은 아래에서 다루게 될 '물리적·기술적 규제' 혹은 '프라이버시 친화적 설계'(Privacy by Design)와 밀접한 관련을 맺는다. 왜냐하면 정보처리자는 보안의 원칙에 따라 개인정보를 안전하게 보장할 수 있는 각종 기술을 개발·적용해야 하기 때문이다.

4. 유럽연합의 1995년 개인정보보호지침

OECD 가이드라인이 채택된 이후에도 유럽연합에서는 오랜 기간 동안 개인정보인권을 보장하기 위한 일반 법규범을 제정하지 않았다. 유럽연합의 각 회원국들은 각기 독자적인 법규범을 제정하여 개별적으로 개인정보를 보장하고 있었을 뿐이었다. 이러한 상황을 해소하고자 지난 1995년 10월 24일 유럽연합이사회가 채택한 개인정보보호 관련 법규범이 바로 "1995년 개인정보보호지침"이다.[166] 1995년 개인정보보호지침은 국제적인 수준에서 처음으로 제시된 일반적 개인정보보호지침으로서, 그 당시의 상황에 비추어볼 때 개인의 정보인권을 가장 최고의 수준에서 보장하고자 하는 획기적인 지침이었다.[167] 이는 현재까지 유럽연합에 대응하는 연방국가 미국이 일반적인 개인정보보호규범을 제정하고 있지 않다는 점에서도 확인할 수 있다.

유럽연합의 1995년 개인정보보호지침은 크게 다음과 같은 점에서 주목할 만하다. 첫째, 이는 '개별적인' 개인정보보호지침이 아닌 '일반적인' 개인정보보호지침이라는 점이다. 둘째, 개인정보의 범위를 상당히 폭넓게 인정하고 있다는 점이다. 이에 따르면, 개인정보란 "식별하거나 식별할 수 있는 자연인과 관련된 정보를 말한다. 여기서 식별할 수 있는 자란 직접 또는 간접으로, 특히 신원증명번호 또는 신체적·생리적·정신적·경제적·문화적 혹은 사회적 동일성에 관한 한 개 또는 그 이상의 요소를 참조하

---

166. 정식명칭은 "Directive 95/461 EC of the European Parliament and of the Council of 24 October 1995 on the protection of individuals with regard to the processing of personal data and on the free movement of such data"이다.

167. 이에 관한 상세한 내용은 백윤철, "인터넷과 EU의 개인정보보호", 『인터넷법률』제4호(2002. 12), 25쪽 아래 참고.

여 식별될 수 있는 사람을 말한다."(제2조 (a))[168] 셋째, OECD 가이드라인의 원칙을 대부분 수용하고 있다는 점이다(제6조). 넷째, 개인정보수집 및 처리에 대한 통제방안으로서 사전동의(opt-in) 방식의 정보자기결정권을 도입하고 있다는 것이다(제7조). 마지막으로 요즘 논란이 되고 있는 잊혀질 권리의 원형을 규정하고 있다는 점이다(제12조 (b)).[169]

5. 독일의 개인정보보호법

유럽연합 회원국인 독일은 그 어느 국가보다 정보주체의 정보인권을 보장하는 데 앞장섰다.[170] 이를테면 독일의 연방주인 헤센(Hessen) 주는 1971년 세계 최초로 개인정보보호법을 제정했을 뿐만 아니라, 1977년에는 연방법인 "연방개인정보보호법"(Bundesdatenschutzgesetz: BDSG)을 제정하여 시행하고 있다. 이후 독일 연방개인정보보호법은 1990년에 새롭게 개편되었으며, 1994년, 1997년, 2001년, 2009년에 유럽연합 개인정보보호지침에 맞게 개정되었다. 이에 따라 독일 연방개인정보보호법은 유럽연합의 개인정보보호지침이 규정하는 원칙과 내용들을 충실하게 반영하고 있다. 독일 연방개인정보보호법에 관해서는 크게 세 가지를 언급할 만하다. 첫째, 독일 연방개인정보보호법은 1983년 12월 15일 독일 연방헌법재판소

168. "any information relating to an identified or identifiable natural person("data subject"); an identifiable person is one who can be identified, directly or indirectly, in particular by reference to an identification number or to one or more factors specific to his physical, physiological, mental, economic, cultural or social identity."

169. 제12조는 "접근권"이라는 표제어를 갖고 있다.

170. 독일의 개인정보보호법에 관해서는 김성천, "독일의 개인정보 보호 법제에 관한 연구", 『법학논문집』제35집 제2호(2011. 8), 221-245쪽; 윤지영·이천현·최민영·윤재왕·전지연, 『법과학을 적용한 형사사법의 선진화 방안(IV)』(한국형사정책연구원, 2014), 164-165쪽(전지연 집필) 등 참고.

가 이른바 '인구조사판결'을 통해 형성한 정보자기결정권을 명문화하고 있다. 둘째, 독일 연방개인정보보호법은 유럽연합 개인정보보호지침이 규정한 원칙들을 대부분 수용하고 있다. 주목할 만한 것으로서 '정보최소화'(Datensparsamkeit) 원칙과 '목적구속성'(Zweckbindung) 원칙 등을 언급할 수 있다. 정보최소화 원칙은 정보처리자가 개인정보를 수집 및 처리할 때는 가능한 한 최소한의 정보만을 이용해야 한다는 것을 말한다(제3조의a). 그리고 목적구속성 원칙은 법률 또는 정보주체가 명시적으로 사전에 동의한 목적에 따라서만 개인정보를 수집 및 처리해야 한다는 원칙을 말한다(제28조). 셋째, 독일 연방개인정보보호법은 유럽연합의 개인정보보호지침과 마찬가지로 잊혀질 권리의 초기 형태로서 부정확한 개인정보에 대한 정정, 삭제, 차단을 요청할 수 있는 권리를 규정한다(제35조).

6. 미국의 개인정보보호 관련 법적 규제

정보처리자보다 정보주체의 개인정보인권을 더욱 중요하게 여기는 유럽연합과는 달리, 미국은 정보통신기술의 발전과 경제성장이라는 이유에서 정보처리자를 더욱 중요하게 여기는 경향이 강하다.[171] 이 때문에 미국에서는 여전히 정보주체의 개인정보인권을 보장하기 위한 일반적 정보보호법을 제정하고 있지 않다. 물론 이미 1974년 12월 31일에 프라이버시법(The Privacy Act of 1974)을 공포하기는 하였지만, 이는 공공영역에서 개인정보를 보호하기 위한 법에 불과할 뿐이다. 이후 미국은 통신·의료·아동과 같은 개별적인 영역에서 개인정보인권을 보장하기 위한 개별 법적 규제

171. 미국의 개인정보보호 관련 법적 규제에 관해서는 이상경, "미국의 개인정보보호 입법체계와 현황에 관한 일고", 『세계헌법연구』제18권 제2호(2012. 8), 195-214쪽; 전은정·김학범·염흥열, "미국의 개인정보보호 법·제도 동향", 『정보보호학회지』제22권 제1호(2012. 2), 47-57쪽 등 참고.

를 마련하기는 하였지만, 독일처럼 연방차원에서 일반적인 개인정보보호법을 제정하고 있지는 않다. 사적영역의 자율을 중시하는 미국적인 풍토가 정보인권영역에도 그대로 반영되고 있는 것이다. 이뿐만 아니라, 사전동의 방식을 취하는 유럽연합과는 달리 미국에서는 기본적으로 사후승인(opt-out) 방식의 정보자기결정권을 도입하고 있어, 유럽연합의 경우보다 개인정보인권을 상대적으로 약하게 보호하고 있다. 물론 이러한 경향은 최근 오바마 행정부가 "소비자 프라이버시 권리장전"(Consumer Privacy Bill of Rights: CPBR)을 마련함으로써 분위기가 바뀌게 된다.[172]

7. 중간결론

지금까지 살펴본 비교법적 고찰에 비추어볼 때, 우리는 다음과 같은 시사점을 얻을 수 있다. 이미 지적한 것처럼, 빅데이터 과학의 유용성과 개인정보인권 중에서 어느 쪽에 더욱 비중을 두는가에 따라 개인정보보호에 관한 법적 규제의 방향이 달라진다는 것이다. 미국처럼 빅데이터 과학의 유용성에 더욱 주안점을 두는 경우에는 자연스럽게 국가가 일반적 개인정보보호법제를 마련하기보다는 민간차원에서 자율적으로 개인정보를 보호하도록 하는 방안을 선호한다. 개인정보의 범위도 상대적으로 좁게 설정한다. 이와 아울러 정보자기결정권의 실현방식도 사전동의 방식보다는 사후승인 방식을 선호한다. 정보주체를 프로파일링하는 것을 금지하거나 잊혀질 권리를 인정하는 것에 대해서도 소극적이다. 이에 반해 빅데이터 과학의 유용성보다는 개인정보인권을 우선하는 유럽연합에서는 개인정보인권을 충실하게 보장하기 위해 일반적 개인정보보호법제를 선택한다. 독일의 경우가 이를 전형적으로 잘 보여준다. 같은 맥락에서 유럽연합

172. 이에 관한 소개는 아래 제5장 II.2.(1) 참고.

에서는 개인정보의 범위를 넓게 설정하고, 정보자기결정권의 실현방식으로서 사전동의 방식을 선호하며, 개인정보를 더욱 충실하게 보장하기 위해 잊혀질 권리에 속하는 개인정보에 대한 정정·삭제에 대한 권리도 보장한다. 이처럼 어느 쪽에 더욱 비중을 두는가에 따라 정보인권에 대한 법적 규제의 방향이 달라진다. 그러면 우리는 어떤 방향을 선택하고 있는가?

II. 개인정보인권을 보장하기 위한 우리의 법적 규제체계

우리 법체계는 개인정보인권을 보장하기 위해 크게 다음과 같은 법적 규제체계를 갖추고 있다. 가장 먼저 일반법으로서 지난 2011년 9월 30일부터 시행된 "개인정보보호법"이 개인정보인권을 보장하기 위해 개인정보 수집 및 사용 등을 규제한다. 다음으로 정보통신망 이용과 관련된 개인정보는 "정보통신망 이용촉진 및 정보보호 등에 관한 법률"이, 위치정보는 "위치정보의 보호 및 이용 등에 관한 법률"이, 신용정보는 "신용정보의 이용 및 보호에 관한 법률"이 각각 보호하고 있다. 아래에서는 이 중에서 개인정보보호에 관한 일반법인 "개인정보보호법"을 집중적으로 분석하고자 한다.

1. 우리나라 개인정보 보호법제의 연혁

공공부문과 민간부문으로 이원화된 개인정보 보호법제

현대 정보화 사회에서 개인정보를 보호하는 것은 더 이상 거역할 수 없는 세계적 추세가 되고 있다. 우리나라에서도 1990년대부터는 개인정보를 보호하기 위한 법제를 본격적으로 마련하기 시작하였다. 먼저 공공부문에서 개인정보를 보호하기 위한 일반법으로서 "공공기관의 개인정보보호에 관한 법률"(이하 "공공기관개인정보보호법")이 1994년에 제정되었다. 그런가

하면 민간부문에 대한 개인정보 보호법제는 공공부문에서와 달리 일반법의 성격을 갖는 법률을 제정하지 않고, 특정 분야별로 개별법을 제정하는 형태로 마련되어 왔다. 정보통신서비스 이용자의 개인정보보호 등을 그 목적으로 하는 "정보통신망 이용촉진 및 정보보호 등에 관한 법률"(이하 "정보통신망법")이 가장 대표적인 예이다.[173]

이원화된 개인정보 보호법제의 한계

하지만 이러한 개인정보 보호법제에 대해서는 다음과 같은 한계가 지적되어 왔다. 첫째, 개인정보를 보호하는 데 불가피하게 보호의 사각지대가 발생한다는 점이다. 이는 특히 개인정보의 보호에 관한 일반법이 마련되어 있지 않았던 민간부문에 대해 제기되어 온 문제점이다. 개인정보의 수집, 이용, 제공 등은 우리 사회 전반에 걸쳐 등장하는 문제인데도, 민간부문에서는 개별법이 마련되어 있는 특정 분야에서 이루어지는 정보처리 등만이 규제의 대상이 될 뿐이었다. 그 때문에 개별법이 마련되어 있지 않은 민간분야에서 이루어지는 정보처리 등에 대해서는 불가피하게 규제의 공백이 발생하게 되었다.[174] 둘째, 개인정보보호를 위한 규제의 통일성이 결여되어 있다는 점이다. 개인정보라는 것은 개인정보처리자가 누구인지에 따라 그에 대한 보호가 차등적으로 이루어져서는 안 되는 것임에도 불구하고, 공공부문과 민간부문이 각기 다른 법률들에 의해 규율됨으로써 불가피하게 개인정보처리자에 따라 개인정보의 보호가 차별적으로 이루어지게 되었다.[175]

---

173. 정보통신망법의 규범목적에 관해서는 정보통신망법 제1조 참고.

174. 대표적으로 김운석, "개인정보보호 2.0시대의 개인정보보호법 개관", 『법학연구』제22권 제2호(2011. 10), 9-10쪽.

175. 대표적으로 황태정, "통합 개인정보보호법안의 입법체계 검토", 『형사정책연구』제20권 제1호(2009. 봄호), 625쪽.

개인정보보호에 관한 일반법으로서 "개인정보보호법"의 제정

개인정보 보호법제의 이와 같은 한계에 직면하여, 공공부문과 민간부문을 아우르는 통합적인 개인정보 보호법제를 마련할 필요성이 강조되기 시작하였다. 2004년 이후부터는 국회, 정부, 시민사회단체 등도 본격적으로 이와 같은 개인정보 보호법제의 마련을 시도하기 시작하였다.[176] 이러한 노력들은 2011년 3월 개인정보 보호에 관한 일반법으로서 "개인정보보호법"(이하 "개인정보보호법")이 제정됨으로써 결실을 맺게 되었다. 개인정보보호법은 공공기관뿐 아니라 법인, 단체, 개인 등도 개인정보처리자가 될 수 있는 것으로 규정함으로써(제2조 제5호), 동법이 공공부문과 민간부문을 아우르는 통합적인 개인정보 보호법제라는 점을 명백히 하고 있다. 이와 같은 개인정보보호법이 제정되면서, 그 전까지 공공부문에서 개인정보보호에 관한 일반법으로서 작동하던 '공공기관개인정보보호법'은 폐지되었다. 그렇지만 특별히 정보통신서비스 이용자의 개인정보보호 등을 그 목적으로 하는 정보통신망법은 여전히 존속하고 있다.[177]

2. 개인정보보호법의 주요내용

그러면 아래에서는 개인정보의 처리 및 보호에 대해 규율함으로써 개인의 자유와 권리를 보호하고, 궁극적으로는 개인의 존엄과 가치를 구현하

176. 이처럼 통합적인 개인정보 보호법제를 마련하기 위한 국회, 정부, 시민사회단체 등의 노력에 대해 자세히는 황태정, "통합 개인정보보호법안의 입법체계 검토", 『형사정책연구』 제20권 제1호(2009. 봄호) 참고.

177. 그 결과 일반법으로서 개인정보보호법과 특별법으로서 정보통신망법의 관계를 어떻게 설정해야 할지가 문제된다. 개인정보보호법과 정보통신망법의 관계에 대한 자세한 분석으로는 박노형, "개인정보보호법과 정보통신망법의 관계 분석: 개인정보보호법 제6조를 중심으로", 『안암법학』제41호(2013. 5), 133-157쪽 참고.

고자 하는 개인정보보호법의 주요내용을 검토해 보도록 한다.[178] 여기서는 특히 오늘날 부각되는 빅데이터 환경에서 그 중요성이 강조되거나 또는 문제점이 부각될 수 있는 개인정보보호법의 내용들을 중점적으로 다루도록 할 것이다.

개인정보의 개념표지로서 '개인식별가능성'

개인정보보호법 제2조 제1호는 개인정보를 "살아 있는 개인에 관한 정보로서 성명, 주민등록번호 및 영상 등을 통하여 개인을 알아볼 수 있는 정보(해당 정보만으로는 특정 개인을 알아볼 수 없더라도 다른 정보와 쉽게 결합하여 알아볼 수 있는 것을 포함한다)"로 정의하고 있다.[179] 따라서 개인정보보호법에 의해 보호되는 개인정보에 해당하기 위해서는 해당 정보가 살아 있는 개인에 관한 정보여야 할 뿐 아니라,[180] 그 정보를 통해서 특정 개인을 알아볼 수 있는 식

---

178. 우리 개인정보보호법이 그 목적조항에서 개인정보의 '이용'보다는 개인정보의 '보호'에 더 중점을 두고 있다는 분석으로는 정혜영, "개인정보보호법의 내용과 체계에 관한 분석", 『공법학연구』 제12권 제4호(2011. 11), 410-412쪽; 이는 물론 2014년 3월 24일에 개정되기 전의 개인정보보호법상의 목적조항에 대한 분석이지만, 개정 후의 개인정보보호법도 그 목적조항에서 특별히 개인정보의 '이용'에 대해서는 언급함이 없다는 점에서, 여전히 유효한 분석이라고 할 수 있을 것이다.

179. 정보통신망법 제2조 제1항 제6호도 개인정보를 개인정보보호법과 거의 동일하게 정의하고 있다. 이에 따르면 개인정보란 "생존하는 개인에 관한 정보로서 성명·주민등록번호 등에 의하여 특정한 개인을 알아볼 수 있는 부호·문자·음성·음향 및 영상 등의 정보(해당 정보만으로는 특정 개인을 알아볼 수 없어도 다른 정보와 쉽게 결합하여 알아볼 수 있는 경우에는 그 정보를 포함한다)"를 일컫는다.

180. 이처럼 개인정보보호법이 개인정보를 살아 있는, 즉 생존하는 개인에 대한 정보로만 국한함으로써 사자(死者)에 대한 정보를 그 보호대상에서 배제하고 있는 것에 대해서는 비판적 시각이 팽배하다. 이러한 비판적 시각으로는 예컨대, 김재광, "개인정보보호법에 관한 새로운 법적 문제", 『강원법학』제36권(2012. 6), 99쪽; 민윤영, "인터넷 상에서 잊혀질 권리와 「개인정보보호법」에 대한 비교법적 고찰", 『고려법학』제63호(2011. 12),

별가능성을 가지고 있어야 한다. 즉 '개인식별가능성'은 개인정보보호법에 의해 보호되는 개인정보의 핵심적인 개념표지가 된다. 다만 문제가 되고 있는 정보 그 자체가 이와 같은 개인식별가능성을 갖지 않더라도, 그 정보가 다른 정보와 쉽게 결합함으로써 개인식별가능성을 갖게 되는 경우라면, 그 정보는 개인정보보호법의 보호대상이 되는 개인정보에 해당하게 된다. 특정 정보가 이처럼 개인식별가능성을 갖는 것이라면, 그것이 반드시 개인의 내밀한 영역에 속하는 것이 아니라 하더라도 개인정보에 해당하게 되고,[181] 그 결과 개인정보보호법의 보호범위 내에 놓이게 된다. 이러한 개인식별가능성을 기준으로 하여 개인정보를 유형화해 보면 다음과 같다.[182]

〈표〉 개인정보보호법에 따른 개인정보의 유형

<table>
<tr><th colspan="5">개인정보의 유형</th></tr>
<tr><th colspan="2">정보의 유형</th><th colspan="3">하위유형과 실례</th></tr>
<tr><td rowspan="7">정태정보</td><td rowspan="6">정체성</td><td rowspan="5">오프라인</td><td>생체정보</td><td>• 지문, 홍채, 인증키 등</td></tr>
<tr><td>경제정보</td><td>• 계좌 및 신용카드 번호 등</td></tr>
<tr><td>사회적 정보</td><td>• 종교, 동호회 등</td></tr>
<tr><td>관계적 정보</td><td>• 자녀, 부모, 배우자
• 자녀에 대한 정보</td></tr>
<tr><td>부동산 관련 정보</td><td>• 집, 직장 주소 등</td></tr>
<tr><td>온라인</td><td>디지털 정체성</td><td>• 각종 계정, 이메일 주소,
사용자명, IP주소 등</td></tr>
<tr><td>자산</td><td>유형자산</td><td>재산</td><td>• 부동산, 차량, 기타 소유물
• 주식, 계좌잔액 등</td></tr>
<tr><td rowspan="3">동태정보</td><td rowspan="2">통시적 정보</td><td>낮은 수준</td><td colspan="2">• 거래내역, 여행기록, 통화내역 등</td></tr>
<tr><td>높은 수준</td><td colspan="2">• 빅데이터 환경에서 수집된 로그 정보: 시간, 장소</td></tr>
<tr><td>실시간 정보</td><td colspan="3">• 빅데이터 환경에서 수집된 실시간 정보</td></tr>
<tr><td rowspan="2">파생정보</td><td>분석정보</td><td colspan="3">• 시간흐름에 따라 수집되고 분석된 정보
–경제적 정보: 매달 잔고의 흐름
–새로운 제안에 대한 대응 패턴: 근무경험 등
–사회적 행동: 약물 사용, 위법사항, 가족 특성 등
– 취향: 소비패턴</td></tr>
<tr><td>통합정보</td><td colspan="3">• 다른 정보와 결합된 개인정보
–DNA분석: 정신질환을 포함한 유전질병 발병 가능성
–다자간 연계 정보: 다양한 정보를 활용하여 특정개인 식별</td></tr>
</table>

정보주체에 의한 개인정보자기결정권의 실현기제

다음으로 개인정보보호법은 정보주체의 개인정보자기결정권을 실현할 수 있는 다수의 메커니즘(mechanism)을 마련하고 있다. 여기서 개인정보자기결정권이란 정보주체가 자신에 대한 정보가 누구에 의해, 언제, 어떻게, 어느 범위까지 수집, 이용, 제공되는지 등에 대해 스스로 결정할 수 있는 권리를 뜻한다.[183] 개인정보보호법은 특히 개인정보를 수집 및 제공하는 경우에 원칙적으로 정보주체의 동의를 요구하고, 정보주체에게 개인정보 열람요구권, 정정·삭제요구권 및 처리정지요구권 등을 부여함으로써 개인정보자기결정권을 실현하고자 한다.

• 개인정보 수집 및 제공에 대한 정보주체의 동의 •

먼저 개인정보보호법은 개인정보처리자로 하여금 개인정보를 수집할 때 정보주체의 동의를 얻도록 요구하고 있다(제15조 제1항 제1호). 이처럼 개인정보처리자가 개인정보의 수집을 위해 정보주체로부터 동의를 받는 경우

306쪽; 정혜영, "개인정보보호법의 내용과 체계에 관한 분석", 『공법학연구』제12권 제4호(2011. 11), 417-418쪽; 그 때문에 사자에 대한 정보라 하더라도 사망 후 일정기간까지는 개인정보보호법상의 보호대상이 되도록 하는 입법적 개선이 필요하다든지(김재광, "개인정보보호법에 관한 새로운 법적 문제", 『강원법학』제36권(2012. 6), 99쪽), 또는 사자에 대한 정보라 하더라도 그것이 '민감정보'라거나 또는 사자의 유족과 관련성이 있는 등의 경우에는 개인정보보호법상의 보호대상으로 편입시킬 필요가 있다는 견해(정혜영, 위의 논문, "개인정보보호법의 내용과 체계에 관한 분석", 『공법학연구』제12권 제4호(2011. 11), 418쪽)가 제시되고 있다.

181. 대법원 2014. 7. 24. 선고 2012다49933 판결.

182. 이 〈표〉는 신덕호, 『유비쿼터스 컴퓨팅 환경에서의 개인정보보호정책 발전에 관한 연구』(단국대 석사학위논문, 2009), 87쪽에 소개된 것을 약간 수정하여 인용한 것이다.

183. 개인정보자기결정권의 개념에 대해서는 헌재 2012. 12. 27. 선고 2010헌마153 결정 참조. 헌법재판소는 개인정보자기결정권을 일반적 인격권(헌법 제10조 제1문) 및 사생활의 비밀과 자유(헌법 제17조)로부터 도출되는 것으로 본다.

에, 개인정보처리자는 정보주체에 대해 ① "개인정보의 수집 및 이용의 목적", ② "수집하려는 개인정보의 항목", ③ "개인정보에 대한 보유 및 이용의 기간", ④ "정보주체가 동의를 거부할 권리를 향유한다는 사실 및 동의를 거부함으로써 불이익이 있는 경우에는 그와 같은 불이익의 내용에 대해 고지하여야 한다."(제15조 제2항) 물론 "법률에 특별한 규정이 있거나 법령상의 의무를 준수하기 위해 불가피한 경우"가 존재하거나(제15조 제1항 제2호), "공공기관이 법령 등에서 정하는 소관 업무를 수행하는 데 불가피한 경우"(제15조 제1항 제3호) 등과 같은 예외적인 경우에는, 정보주체의 동의를 받지 않고도 개인정보를 수집할 수 있고, 이 경우 개인정보처리자에게 위에서 언급한 고지의무도 인정되지 않는다.[184]

정보주체의 동의는 이처럼 개인정보처리자가 개인정보를 수집하는 단계뿐 아니라, 수집된 개인정보를 제3자에게 제공하는 경우에도 요구된다(제17조 제1항 제1호). 물론 개인정보처리자는 일정한 예외사유에 해당하는 경우에는 정보주체의 동의를 받지 않더라도 개인정보를 제3자에게 제공할 수 있다(제17조 제1항 제2호). 개인정보처리자가 개인정보를 제3자에게 제공하기 위해 정보주체로부터 동의를 얻는 경우에는 그와 같은 정보주체에 대해 ① "개인정보를 제공받는 자", ② "개인정보를 제공받는 자가 개인정보를 이용하려는 목적", ③ "제공되는 개인정보의 항목", ④ "개인정보를 제공받는 자가 개인정보를 보유 및 이용하는 기간", ⑤ "정보주체에게 동의를 거부할 권리가 인정된다는 사실 및 동의 거부에 따른 불이익이 있는 경우에는 그와 같은 불이익의 내용"에 대해 고지하여야 한다(제17조 제2항).

---

184. 개인정보보호법상 개인정보처리자가 정보주체의 동의 없이 개인정보를 수집할 수 있는 예외적인 사유는 물론 이와 같은 두 가지 경우로 국한되지 않는다. 정보주체의 동의 없이도 개인정보를 수집할 수 있는 나머지 예외사유들에 대해서는 개인정보보호법 제15조 제1항 제4호-제6호 참고.

• 정보주체의 개인정보 열람·정정·삭제요구권 •

정보주체가 갖는 개인정보자기결정권은 이처럼 개인정보를 수집하거나 제공하는 단계에서만 인정되는 것은 아니다. 개인정보자기결정권은 개인정보의 생성·수집 단계에서부터 그 파기·삭제의 단계에 이르기까지의 전 과정을 통해 인정되는 정보주체의 권리이기 때문이다.[185] 그런 의미에서 개인정보보호법은 정보주체에게 개인정보에 대한 열람·정정·삭제요구권을 부여하고 있다. 먼저 정보주체는 개인정보처리자에 대해 자신의 개인정보를 열람하는 것을 요구할 수 있다(제35조 제1항). 이 경우 개인정보처리자는 정보주체에 의한 개인정보의 열람을 제한하거나 거절할 수 있는 경우가 아니라면,[186] 정보주체가 자신의 개인정보를 열람할 수 있도록 해야 한다(제35조 제3항 제1문). 이와 같은 열람요구권을 행사하여 자신의 개인정보를 열람한 정보주체는 개인정보처리자에 대해 그와 같은 개인정보의 정정 또는, 다른 법령이 명시적으로 그와 같은 개인정보를 수집 대상으로 규정하고 있지 않는 한, 삭제를 요구할 수 있다(제36조 제1항). 만약 정보주체가 다른 법령에서 수집 대상으로 명시하고 있는 개인정보의 삭제를 요구한다면, 개인정보처리자는 정보주체에 대해 지체 없이 그와 같은 내용에 대해 알려야 한다(제36조 제3항). 그렇지 않은 경우라면 개인정보처리자는 정보주체가 요구하는 바에 따라 개인정보를 정정하거나 삭제해야 하며(제36조 제2항), 특히 개인정보를 삭제하는 경우에는 그 개인정보가 다시 복구 또는 재생되지 않도록 하는 조치를 취해야 한다(제36조 제3항).

---

185. 황태정, "통합 개인정보보호법안의 입법체계 검토", 『형사정책연구』 제20권 제1호(2009. 봄호), 637쪽.

186. 개인정보처리자가 정보주체에 의한 개인정보의 열람을 제한하거나 거절할 수 있는 사유에 대해서는 개인정보보호법 제25조 제4항 참고.

• 정보주체의 개인정보 처리정지요구권 •

이뿐만 아니라, 정보주체는 개인정보처리자에 대해 자신의 개인정보에 대한 '처리'의 정지를 요구할 수도 있다(제37조 제1항).[187] 이 경우 개인정보처리자는 ① "법률의 특별규정이나 법령상의 의무로 인해 불가피한 경우", ② "타인의 생명·신체·재산 등을 보호할 필요가 있는 경우", ③ "개인정보를 처리하지 않고는 공공기관이 법률에서 정하는 소관 업무를 수행할 수 없는 경우", ④ "개인정보처리자가 개인정보를 처리하지 않고는 정보주체와 맺은 계약을 이행하기가 곤란한 경우로서 정보주체가 그 계약의 해지의사를 명백히 밝히지 않은 경우와 같이 예외적으로 정보주체의 요구를 거절할 수 있는 경우"가 아니라면, 지체 없이 개인정보 처리의 전부 또는 일부를 정지해야 한다(제37조 제2항). 개인정보처리자가 정보주체의 요구에 따라 개인정보에 대한 처리를 정지하는 경우에는, 그 개인정보를 파기하는 등과 같은 필요한 조치를 지체 없이 취해야 한다(제37조 제4항).

개인정보의 수집 및 이용제한

개인정보보호법은 개인정보처리자로 하여금 개인정보의 처리 목적에 필요한 범위에서 최소한의 개인정보만을 수집할 것을 요구함으로써 개인정보의 수집을 제한한다(제3조 제1항, 제16조 제1항). 이와 같은 최소수집의 원칙을 실질화하기 위해 개인정보보호법은 개인정보의 수집을 위해 개인정보처리자가 정보주체로부터 동의를 받는 경우에도, 개인정보처리자로 하여금 정보주체에 대해 필요최소한의 정보 이외의 개인정보 수집에 대해서는 동의하지 않을 수도 있다는 사실을 구체적으로 알려야 한다고 규정한다

187. 개인정보보호법상 '처리'란 "개인정보의 수집, 생성, 연계, 연동, 기록, 저장, 보유, 가공, 편집, 검색, 출력, 정정(訂正), 복구, 이용, 제공, 공개, 파기(破棄), 그 밖에 이와 유사한 행위"(제2조 제2호)를 망라하는 매우 광범위한 개념으로 사용된다.

(제16조 제2항). 이뿐만 아니라, 개인정보처리자는 정보주체가 필요최소한의 정보 이외의 개인정보 수집에 동의하지 않았다는 것을 이유로 하여 그 정보주체에게 재화나 서비스를 제공하는 것을 거부할 수 없다(제16조 제3항).

더 나아가 개인정보처리자는 이처럼 수집한 개인정보를 그 수집의 목적 범위 내에서만 이용할 수 있다(제3조 제2항, 제18조 제1항). 따라서 개인정보처리자가 개인정보를 그 수집의 목적을 초과하여 이용하는 것은 원칙적으로 금지된다. 다만 개인정보보호법은 개인정보처리자가 예외적으로 개인정보를 그 수집목적 외의 용도로 이용하는 것을 허용한다(제18조 제2항). 개인정보보호법에 따르면, 공공부문과 민간부문에 공통으로 인정되는 예외사유로는 ① "정보주체에 의한 별도의 동의가 있는 경우"(제1호), ② "다른 법률에 특별한 규정이 있는 경우"(제2호), ③ "정보주체로부터 사전에 동의를 받을 수 없는 사정이 존재하고, 정보주체나 제3자의 급박한 생명·신체·재산상의 이익을 위해 필요하다고 인정되는 경우"(제3호), ④ "통계작성 및 학술연구 등의 목적을 위하여 필요한 경우로서 특정 개인을 알아볼 수 없는 형태로 개인정보가 제공되는 경우"(제4호)를 들 수 있다.

개인정보처리자의 개인정보 파기의무

개인정보보호법은 일정한 경우에 개인정보처리에 대해 개인정보를 파기할 것을 요구한다. 달리 말해, 정보의 객관적 유효기간을 설정하고 있는 것이다. 이는 우리 개인정보보호법이 객관적 잊혀질 권리를 규정하고 있는 것이라도 볼 수 있다.[188] 이에 따르면, 개인정보처리자는 개인정보의 보유기간이 경과하거나, 개인정보를 처리한 목적을 달성하는 등으로 더 이상 개인정보가 불필요하게 된 경우에는, 다른 법령에서 그 보존을 요구하고 있는 않는 한, 해당 개인정보를 지체 없이 파기해야 한다(제21조 제1항).

---

188. '객관적 잊혀질 권리'에 관해서는 아래 IV.2.(6)2) 참고.

특정 개인정보의 처리제한

개인정보보호법은 개인정보 중에서도 특히 보호의 필요성이 큰 개인정보의 처리에 대해 특별한 제한을 가하고 있다. 이처럼 특히 그 보호의 필요성이 큰 나머지 개인정보보호법에 의해 그 처리에 특별한 제한이 가해지고 있는 개인정보로는 민감정보와 고유식별정보를 언급할 수 있다. 민감정보란 개인정보 중에서도 "사상·신념, 노동조합·정당의 가입·탈퇴, 정치적 견해, 건강, 성생활 등에 관한 정보, 그 밖에 정보주체의 사생활을 현저히 침해할 우려가 있는 개인정보로서 대통령령으로 정하는 정보"를 의미한다(제23조).[189] 그런가 하면 고유식별정보란 "법령에 따라 개인을 고유하게 구별하기 위하여 부여된 식별정보로서 대통령령으로 정하는 정보"를 일컫는다(제24조). 주민등록번호, 여권번호, 운전면허의 면허번호, 외국인등록번호가 이에 해당한다(개인정보보호법시행령 제19조).

개인정보처리자는 원칙적으로 민감정보나 고유식별정보를 처리할 수 없다. 다만 ① "개인정보처리자가 개인정보의 수집이나 개인정보의 제3자 제공을 위해 정보주체로부터 동의를 받는 경우에 그 정보주체에게 고지해야 할 사항들에 대해 정보주체에게 고지하고, 그 정보주체로부터 다른 개인정보의 처리에 대한 동의와 별도로 민감정보 또는 고유식별정보의 처리에 대한 동의를 받은 경우"이거나, ② "법령에서 이와 같은 민감정보 또는 고유식별정보의 처리를 요구하거나 허용하는 경우"에는 민감정보나 고유식별정보를 처리하는 것이 예외적으로 가능하다(제23조, 제24조). 하지만 개인정보보호법 제24조의2는 고유식별번호 중에서도 주민등록번호의 처리에 대해서는 별도의 규정을 두고 있다. 이에 따르면 개인정보처리자

189. "개인정보보호법 시행령"(이하 "개인정보보호법 시행령") 제18조는 유전자검사 등의 결과로 얻은 유전정보와 "형의 실효 등에 관한 법률" 제2조 제5호에 따른 범죄경력자료에 해당하는 정보를 민감정보로 규정하고 있다.

는 법령에서 특별히 주민등록번호의 처리를 요구하거나 허용하는 경우가 아니라면 주민등록번호를 처리할 수 없다(제24조의2 제1항).

제5장

빅데이터 과학에 대한 개인정보인권의 보장방안

지금까지 유럽연합과 미국 및 우리나라가 개인정보보호를 위해 어떤 법적 규제체계를 동원하고 있는지를 간략하게 검토하였다. 이를 통해 확인할 수 있는 것처럼, 기존에 존재하는 법적 규제체계는 크게 세 가지 방안을 사용함으로써 개인정보를 보호하고자 한다. 개인정보의 개념설정, 정보자기결정권의 입법화, 개인정보에 대한 열람·정정·삭제요구권이 그것이다. 첫째, 개인정보의 개념적 범위를 가능한 한 넓게 설정함으로써 개인정보를 보호하고자 한다. 이는 유럽연합의 1995년 개인정보보호지침 및 우리 개인정보보호법에서 확인할 수 있다. 둘째, 정보자기결정권을 제도화함으로써 정보처리자에 의해 이루어지는 개인정보 수집 및 처리를 통제하고자 한다. 셋째, 최근 이슈가 되는 '잊혀질 권리'의 원형이라고 할 수 있는 개인정보에 대한 열람·정정·삭제요구권을 인정함으로써 망각을 상실한 디지털 감옥에서 망각의 세계로 탈출할 수 있는 길을 열어놓고 있다. 그러나 이러한 방안은 기본적으로 빅데이터 과학 및 환경이 본격적으로 대두하기 이전에 설계가 된 것이다. 그 때문에 빅데이터 환경에서 등장하고 있는 개인정보인권에 관한 문제를 충분히 고려하지 못하고 있다. 이러한 근거에서는 유럽연합이나 미국 그리고 우리나라에서도 빅데이터 환경에 대응할 수 있는 새로운 개인정보보호정책에 관해 논의를 하고 있고 그 결과가 법적 규범의 형식으로 도출되고 있다. 이 제6장에서는 이를 살펴보고, 이러한 상황에서 개인정보인권을 어떻게 보장해야 하는지에 대한 필자의 견해를 정리해 보도록 한다.

I. 개인정보인권 보장에 대한 인권철학적 기초

1. 논의 필요성

빅데이터 과학으로부터 개인정보인권을 어떻게 보장할 것인지를 본격적으로 다루기에 앞서 개인정보인권 보장에 대한 인권철학적 기초를 살펴보도록 한다. 이러한 논의가 필요한 이유는 아래와 같이 말할 수 있다. 개인정보인권을 보장하기 위한 법적 규제체계는 일정한 인권철학적 기초 혹은 관점을 필요로 할 수밖에 없다. 어떤 인권철학적 기초 위에서 개인정보인권을 바라보는가에 따라 이에 대한 법적 보장의 방향이나 강도가 달라지기 때문이다. 이를테면 사회의 공리증진을 최우선의 목표로 설정하는 공리주의의 관점에서 개인정보 문제를 바라보면, 개인정보 역시 사회적 공리의 한 부분을 구성하므로, 다른 사회적 공리를 증진시킬 필요가 있다는 요청이 더욱 강력하게 제기되는 경우에는 개인정보인권 역시 상당 부분 제한될 수 있다. 이와 달리 공리주의에 대항하여 권리 또는 인권 그 자체를 처분할 수 없는 가치로 파악하는 의무론적 자유주의의 시각에서 보면, 개인정보인권은 다른 사회적 공리에 의해 처분될 수 없는 우선적 가치가 되고, 그 만큼 개인정보인권을 제한하는 것은 어렵게 된다.[190] 그러면

190. '이른바 '처분할 수 없는 가치', 즉 '처분불가능성'에 관해서는 양천수, "현대 사회에서

어떤 인권철학적 기초에 기반을 두어 개인정보인권에 접근해야 하는가?

2. 공리주의가 아닌 자유주의

공리주의의 문제점

필자는 가장 우선적으로 공리주의가 아닌 자유주의를 개인정보인권에 대한 인권철학적 기초로 삼아야 한다고 생각한다. 빅데이터 과학과 개인정보보호법의 관계를 다룬 국내 연구문헌을 보면,[191] 대부분 현행 개인정보보호법이 빅데이터 과학과 환경에 대응하기에는 너무 엄격하게 개인정보 수집 및 이용을 통제하고 있다고 진단한다. 그러면서 현재 전 세계적인 화두로 떠오르고 있는 빅데이터 환경에 적절하게 대응할 수 있도록 개인정보에 대한 엄격한 규제를 풀어야 한다고 말한다. 인권철학적으로 보면, 이러한 주장들은 대부분 공리주의에 바탕을 두고 있다. 왜냐하면 빅데이

'처분불가능성'의 새로운 논증 가능성", 『법학논총』(국민대) 제25권 제3호(2013. 2), 35-74쪽 참고.

191. 이에 관해서는 구태언, "현행 개인정보보호 법제상 '개인정보' 정의의 문제점", 『개인정보보호법제 개선을 위한 정책연구보고서』(프라이버시 정책연구 포럼, 2013); 이인호, "개인정보처리(수집이용제공)의 법적 기준에 대한 타당성 분석", 『개인정보보호법제 개선을 위한 정책연구보고서』(프라이버시 정책연구 포럼, 2013); 김기창, "개인정보 주체의 '동의': 동의의 허구성과 해결방안", 『개인정보보호법제 개선을 위한 정책연구보고서』(프라이버시 정책연구 포럼, 2013); 박경신, "'개인정보'의 정의와 위치정보보호법의 개선 방안", 『개인정보보호법제 개선을 위한 정책연구보고서』(프라이버시 정책 연구 포럼, 2013); 권영준, "개인정보 손해배상소송에 있어서 과실 및 손해 판단기준", 『개인정보보호법제 개선을 위한 정책연구보고서』(프라이버시 정책연구 포럼, 2013); 전응준, "개인정보침해행위에 대한 형사처벌의 적절성", 『개인정보보호법제 개선을 위한 정책연구보고서』(프라이버시 정책연구 포럼, 2013); 박병주, "개인정보보호법이 의학 및 보건학 연구에 미치는 영향", 『개인정보보호법제 개선을 위한 정책연구보고서』(프라이버시 정책연구 포럼, 2013) 참조.

터 과학 및 환경에 적절하게 대응함으로써 획득하게 될 '공리'(utility)를 위해 개인정보인권이라는 개인적 주체의 이익을 희생시키려 하기 때문이다. 이러한 사고방식은 현실적으로 강한 설득력을 갖기 십상이다. 그러나 바로 이 지점에서 우리는 공리주의가 안고 있는 근원적인 위험성, 즉 사회적 공리를 위해 각 개인을 수단으로 전락시킬 수 있다는 위험을 직시할 필요가 있다.[192] 특히 오늘날과 같이 전체 사회가 위험사회, 더 나아가 안전사회로 접어들고 있는 상황에서는 안전보장이라는 사회적 공리를 위해 개인정보인권을 전적으로 희생시킬 수 있는 위험이 상존한다.[193] 안전이라는 명목 아래 조지 오웰이 두려워한 '빅브라더'가 빅데이터 과학을 통해 현실화될 수 있는 것이다. 바로 이 같은 이유에서 필자는 개인정보인권 문제에 관해서는 공리주의가 아니라, 각 개인이 갖는 권리 그 자체를 '옳음'(the right)으로서 중시하는 자유주의(liberalism)가 인권철학적 기초가 되어야 한다고 생각한다. 물론 이러한 자유주의에서도 가장 핵심이 되는 부분은, 칸트가 논증한 것처럼, '자율'(Autonomie)이 되어야 한다.

자기소유로서 개인정보

자유주의가 개인정보인권의 인권철학적 토대가 되어야 한다는 주장은 자유주의의 또 다른 철학적 토대인 '자기소유이론'을 통해서도 논증할 수 있다. 철학자 로크(John Locke)로 거슬러 올라가는 자기소유이론은 왜 각 개인의 생명(life), 자유(liberty), 재산(property)이 자연권이자 인권으로서 각 개인에게 귀속되어야 하는지를 설득력 있게 해명한다. 자기소유이론에 따르면, 각 개인의 정신과 육체는 그 자신의 소유가 된다. 우리 각각의 주체는

192. 공리주의의 문제점에 관해서는 마이클 샌델, 이창신 (옮김), 『정의란 무엇인가』(김영사, 2010), 제2강; 롤스, 정의론 등 참고.

193. 이를 지적하는 토비아스 징엘슈타인·피어 슈톨레, 윤재왕 (역), 『안전사회: 21세기의 사회통제』(한국형사정책연구원, 2012) 참고.

정신과 육체의 통합체로서 독립성을 유지하면서 서로에 대해 구별 및 분리되고 있다는 경험적 사실에 비추어 볼 때, 이러한 주장은 아주 자명한 것으로 보인다.[194] 이렇게 정신과 육체가 자기 자신의 소유가 됨으로써 생명과 자유라는 인권 역시 자연스럽게 자신의 소유가 된다. 더 나아가 재산 역시 일정한 주체가 자신의 노동력을 행사하여 획득한 것이므로, 자연스럽게 자기소유의 범위에 포함된다. 이러한 논증과정을 통해 자기소유이론은 인권주체에게 귀속되는 인권의 목록을 확장한다.

이러한 자기소유이론은 개인정보에도 원칙적으로 적용할 수 있다. 이에 따르면, 개인정보 역시 각 개인의 자기소유영역에 속한다. 그러므로 각 개인이 자신의 개인정보를 소유하고 자율적으로 결정할 수 있는 것은 아주 당연한 결론이다. 물론 필자는 개인정보에 대해 자기소유이론을 전적으로 적용하는 것에 대해서는 반대한다. 왜냐하면, 필자가 볼 때, 개인정보는 전적으로 자기소유에 속하는 것도 있지만, 이와 달리 타인과 공유하기 위해 존재하는 것도 있기 때문이다.[195] 예를 들어, 각 개인의 이름은 그 자신을 위해서도 필요하지만, 타인을 위해서도 필요하다. 각자가 갖고 있는 이름은 타인이 불러주지 않는다면 무용지물에 불과하기 때문이다. 바로 이러한 근거에서 필자는 상업적으로 이용이 불가능한 프라이버시권과 상업적 이용이 가능한 퍼블리시티권으로 개인정보인권이 분화된다고 생각한다. 그렇다 하더라도 개인정보에 대해서는 원칙적으로 자기소유이론이 적용될 수 있다. 그러한 이유에서 자유주의는 개인정보인권에 대한 인권철학적 기초가 될 수 있다.

다만 이렇게 자기소유이론을 개인정보인권에 적용할 때 주의해야 할

---

194. 이와 달리 마이클 샌델은 자신의 몸은 전적으로 자신의 것이 아니라, 자신에게 잠시 위탁된 선물이라고 이해한다. Michael J. Sandel, *The Case against Perfection: Ethics in the Age of Genetic Engineering* (Cambridge, Massachusetts: Harvard University Press, 2007) 참고.

195. 이에 관한 상세한 논증은 양천수, 『민사법질서와 인권』(집문당, 2013), 252쪽 아래.

점이 한 가지 있다. 자기소유이론을 극단적으로 추종하는 자유지상주의자들은 자기소유에 해당하는 그 모든 것은 전적으로 소유주체가 자율적으로 처분할 수 있다고 말한다. 이러한 맥락에서 자유지상주의자들은 생명 역시 생명의 소유자가 자율적으로 처분할 수 있다고 한다. 이른바 안락사를 허용하는 것이다. 이러한 사고방식을 개인정보인권에 적용하면, 개인정보를 소유하는 정보주체가 자율적으로 결정하는 한 모든 개인정보를 처분할 수 있다는 결론이 나온다. 즉 정보자기결정권을 문제없이 행사하기만 하면, 아무리 내밀한 개인정보라 할지라도 처분대상으로 삼을 수 있다는 것이다. 이는 정보자기결정권에 만능의 권한을 인정하는 것이라고 말할 수 있다. 정보주체의 자기결정만 있으면 모든 것이 정당화될 수 있다는 것이다. 그러나 필자는 이러한 사고방식에는 문제가 있다고 생각한다.[196] 아무리 정보주체의 자율적인 결정이 있다 하더라도 개인정보 중에서 정보주체의 내밀한 영역에 속하거나 핵심적인 부분, 기본권 도그마틱의 용어로 달리 말하면, 개인정보인권의 본질내용은 처분할 수 없다고 보아야 한다. 이 점에서 자기소유이론과 여기에 연결되어 있는 정보자기결정권은 일정한 내재적 한계를 가질 수밖에 없다.

3. 의무론적 자유주의가 아닌 목적론적 자유주의

이렇게 자유주의를 개인정보인권에 대한 인권철학적 기초로 삼는 경우에도 다시 검토해야 할 쟁점이 있다. 왜냐하면 자유주의 자체가 다시 의무론적 자유주의와 목적론적 자유주의로 구분되기 때문이다.[197] '의무론적

196. 이에 관해서는 전현욱, 『개인정보 보호에 관한 형법정책』(고려대 법학박사 학위논문, 2010) 참고.

197. 이에 관해서는 Michael J. Sandel, *Liberalism and the Limits of Justice*, second edition (Cambridge: Cambridge University Press, 1998) 참고.

자유주의'(deontological liberalism)는 자유로 대변되는 개인적 권리들이 사회적 공리보다 우선한다고 보면서도 왜 그런지에 대한 명확한 이유를 제시하지는 않는다. 다시 말해, 자유가 공리보다 우선하는 이유는 특정한 이유나 조건 때문이 아니라 '무조건적'(categorical)이라고 한다. 이에 따르면, 자유를 공리보다 우선시키는 것은 일종의 의무에 해당한다. 바로 이 때문에 '의무론적' 자유주의라고 부른다. 칸트나 롤스(John Rawls)가 주장한 자유주의가 의무론적 자유주의에 해당한다. 이러한 의무론적 자유주의는 일체의 '형량'(Abwägung: balancing)을 거부한다.

이와 달리 '목적론적 자유주의'(teleological liberalism)는 한편으로는 자유가 사회적 공리보다 우선한다고 보면서도, 다른 한편으로는 그 이유를 다시 사회적 공리에서 찾는다. 자유가 다른 사회적 공리보다 우선하는 이유는, 그렇게 하는 것이 장기적인 관점에서 볼 때 사회의 전체 공리를 증진시키기 때문이라는 것이다. 이러한 점에서 볼 때, 목적론적 자유주의는 무조건적인 자유주의가 아니라, 특정한 목적에 구속되는 자유주의인 셈이다. 그 점에서 '목적론적' 자유주의인 것이다. 영국의 질적 공리주의자인 밀(John Stuart Mill)이 이러한 목적론적 자유주의를 제창하였다.[198] 이러한 목적론적 자유주의는 자유의 우선성을 침해하지 않는 한에서 형량을 인정한다.

이러한 두 가지 자유주의 중에서 필자는 목적론적 자유주의가 빅데이터 과학과 개인정보인권의 관계를 해명하는 데 더욱 적절하다고 생각한다. 그 이유는 빅데이터 과학이 새로운 사회적 이슈이자 성장동력으로 각광을 받고 있는 오늘날 개인정보인권을 무조건적으로 다른 그 무엇보다 우선시키고자 하는 것은 현실의 요청을 정확하게 읽지 않은 맹목적인 것이라고 판단하기 때문이다. 경우에 따라서는 개인정보인권 역시 일정한 형량과정에 놓여야 한다. 이는 오늘날 대부분의 인권이 형량과정에서 자

198. 존 스튜어트 밀, 서병훈 (옮김),『자유론』(책세상, 2005) 참고.

유롭지 않다는 점을 고려할 때도 타당하다.[199]

4. 빅데이터 과학의 유용성과 개인정보인권 사이의 실제적 조화

이러한 목적론적 자유주의에 따르면, 개인정보인권은 원칙적으로 다른 사회적 공리보다 우선적인 지위를 누리지만, 경우에 따라서는 엄격한 형량 대상이 될 수 있다. 빅데이터 과학이 창출하는 새로운 예측이나 가치는 이러한 예외적인 경우에 해당한다. 빅데이터 과학이 사회 전체적으로 안겨줄 수 있는 가치나 유용성, 즉 사회적 공리를 고려하면, 이를 활용하기 위해 개인정보인권을 어느 정도 형량 대상에 포함시킬 필요가 있다. 이를 헌법 도그마틱의 용어로 바꿔 말하면, 빅데이터 과학의 유용성과 개인정보인권 사이의 '실제적 조화'(praktische Konkordanz)를 모색하는 것이라고 말할 수 있다.[200] 이는 구체적으로는 헌법상 비례성 원칙을 통해 실현된다. 독일의 공법학자 알렉시(Robert Alexy)가 강조한 '최적화요청'은 여기에도 적용할 수 있다.

5. 의심스러울 때는 개인정보인권의 이익으로

그러나 아무리 실제적 조화를 강조한다 하더라도 현실적으로 서로 충

---

199. 이에 관해서는 Peter Lerche, *Übermaß und Verfassungsrecht: Zur Bindung des Gesetzgebers an die Grundsätze der Verhältnismäßigkeit und der Erforderlichkeit* (Köln, 1961); Walter Leisner, *Der Abwägungsstaat: Verhältnismäßigkeit als Gerechtigkeit* (Berlin, 1997) 등 참고; 국내문헌으로는 윤지영·이천현·최민영·윤재왕·전지연, 『법과학을 적용한 형사사법의 선진화 방안(IV)』(한국형사정책연구원, 2014), 75-76쪽(윤재왕 집필) 참고.

200. 이에 관해서는 Konrad Hess, *Grundzüge des Verfassungsrechts der Bundesrepublik Deutschland*, 20. Auflage (Heidelberg, 1999) 참고.

돌하는 이익을 형량하다 보면, 어느 한 쪽으로 편향될 가능성이 존재한다. 실제적 조화의 정확한 지점을 발견하는 게 힘들기 때문이다. 철학적으로 보면, '인지주의'(Kognitivismus)가 아닌 '결정주의'(Dezisionismus)는 실제적 조화의 정확한 지점은 존재하지 않는다고 말한다.[201] 이의 연장선상에서 보면, 비례성 원칙 역시 정답을 말해주는 장치는 아니다. 바로 이러한 근거에서 다시금 개인정보인권의 우선적 지위를 확보하기 위해 또 다른 원칙을 고려할 필요가 있다. 이에 대해서는 우리 헌법 제37조 제2항이 규정하는 것처럼, 기본권의 본질적 내용을 설정함으로써 해결할 수도 있을지 모른다.[202] 그렇지만 기본권의 본질적 내용 자체도 명확한 것만은 아니라는 점에서 한계가 있다.[203] 이러한 연유에서 필자는 '의심스러울 때는 개인정보인권의 이익으로'라는 원칙을 제안하고자 한다. '의심스러울 때는 자유의 이익으로'(in dubio pro libertate) 원칙을 응용한 이 원칙에 따르면, 빅데이터 과학의 유용성과 개인정보인권을 형량할 때 이에 대한 실제적 조화의 지점이 명확하지 않는 경우에는 개인정보인권을 우선해야 한다. 이렇게 함으로써 개인정보인권의 원칙적 우선성을 보장할 수 있다.

---

201. Carl Schmitt, *Politische Theologie: Vier Kapitel zur Lehre von der Souveränität*, Achte Aufl. (Berlin, 2004), 13쪽 아래.

202. 기본권의 본질적 내용에 관해서는 김대환, 『기본권의 본질적 내용 침해금지에 관한 연구』(서울대 법학박사 학위논문, 1998) 참고.

203. 이는 모든 법적 개념이 언어로 구성되어 있다는 점에서 불거지는 근원적 한계라고 말할 수 있다. 이는 특히 형법상 허용되는 해석과 금지되는 유추를 구별하는 기준으로 통용되는 '법문언의 가능한 의미'에서 찾아볼 수 있다. 이에 관해서는 양천수, "형법해석의 한계: 해석논쟁을 중심으로 하여", 『인권과 정의』 제379호(2008. 3), 144-158쪽 참고.

II. 비교법적 고찰

그러면 오늘날 등장하고 있는 빅데이터 과학 및 빅데이터 환경에 대응하기 위해 유럽과 미국은 어떤 법적 대응을 마련하고 있는가? 아래에서는 핵심적인 내용을 중심으로 하여 이를 개관해 보도록 한다.

1. 유럽연합

유럽연합이 마련하고 있는 개인정보보호법은 한편으로는 빅데이터 과학에 대해 개인정보인권의 우선성을 강조하고 있지만, 다른 한편으로는 빅데이터를 활용하는 것과 개인정보인권을 보장하는 것을 비교적 균형 있게 조화시키고자 노력하기도 한다.[204] 이를테면 통계처리, 과학연구, 역사기술 등을 목적으로 하는 경우에는 비교적 자유롭게 개인정보를 수집·이용하는 것을 허용한다. 하지만 이와 동시에 개인정보인권을 보장하기 위해 여러 다양한 제도적 장치를 마련하고 있다. 이를 아래에서 간략하게 살펴보도록 한다.[205]

2012년 일반정보보호규칙(안)

1995년에 제정된 '개인정보보호지침'(Data Protection Directive)을 전문 개정한 것으로서 지난 2012년 1월 25일 유럽연합집행위원회(European Commission)가 유럽의회에 제안한 '일반정보보호규칙(안)'(General Data Protection Regulation)

---

204. 이창범, "개인정보보호법제 관점에서 본 빅데이터의 활용과 보호방안", 『법학논총』제37권 제1호(2013. 3), 524쪽.

205. 아래의 내용은 이창범, 524쪽 아래를 주로 참고하였다. 그밖에 유럽연합 일반정보보호규칙(안)을 소개하는 문헌으로는 함인선, "EU 개인정보보호법제에 관한 연구: '2012년 개인정보보호규칙안'을 중심으로 하여", 『저스티스』제133호(2012. 12), 4쪽 아래 참고.

은 다음과 같은 제도를 통해 개인정보인권을 보장하고자 한다.[206]

•사전동의(opt-in) 원칙 채택•

첫째, 명시적인 사전동의 원칙을 채택하고 있다. 개인정보처리자가 개인정보를 수집·이용하기 위해서는 구체적인 목적을 정해 정보주체로부터 사전에 명시적인 동의를 받아야 한다(제6조 제1항 (a)). 이는 정보자기결정권을 명문화한 것으로서, 1995년 개인정보보호지침이 규정하고 있던 내용을 이어받은 것이다.

•프로파일링 거부권•

둘째, 프로파일링 거부권을 규정한다. 즉 정보주체는 자신에 대해 법적 효과를 발생시키거나 중대한 영향을 미칠 목적으로 자동화된 개인정보 수집·처리 수단을 이용하여 개인정보를 수집·활용함으로써, 해당 정보주체의 개인적 특성을 평가하거나 업무능력, 경제적 상태, 개인적 선호, 건강, 위치, 신뢰도, 품행 등을 분석·예측하는 것을 거부할 수 있다. 이러한 프로파일링 거부권은 빅데이터 환경에서 개인정보를 보장하는 데 매우 유용한 의미를 지닌다.

•잊혀질 권리•

셋째, 최근 논란의 초점이 되고 있는 '잊혀질 권리'(right to be forgotten)를 정면에서 규정한다(제17조).[207] 구체적으로는 부정확한 정보의 정정요구권, 개

206. '일반정보보호규칙(안)'의 정식명칭은 "Proposal for a REGULATION OF THE EUROPEAN PARLIAMENT AND OF THE COUNCIL on the protection of individual with regard to the processing of personal data and on the free movement of such data"이다.

207. 물론 1995년 개인정보보호지침에도 이와 유사한 권리가 규정되어 있었지만, 2012년

인정보 삭제요구권, 삭제대상 정보의 확산방지 요구권, 개인정보 처리정지 요구권, 삭제를 대신하는 개인정보의 처리 제한, 링크·복제·복사의 중단·삭제 통지의무를 규정한다. 더욱 구체적으로 말하면, 정보주체는 (a) 수집되거나 기타 방법으로 처리된 정보가 목적과 관련하여 더 이상 필요하지 않은 경우, (b) 정보주체가 정보처리에 대한 동의를 철회하거나 동의한 저장기간이 만료한 경우 또는 정보처리에 대한 법적 근거가 없는 경우, (c) 정보주체가 정보처리를 거부한 경우, (d) 정보를 처리하는 것이 일반정보보호규칙(안)에 합치하지 않는 경우에는 정보처리자에 대해 정보 삭제나 배포금지를 요구할 수 있다.

• 프라이버시 친화적 설계 •

넷째, '프라이버시 친화적 설계'(Privacy by Design)를 채택한다(제23조 제1항). 여기서 프라이버시 친화적 설계란 정보처리시스템, 가령 컴퓨터 등의 프로그램을 설정할 때 가능한 한 정보주체의 프라이버시를 보장할 수 있도록 설계하라는 것을 말한다.[208] 이는 일종의 물리적·기술적 규제, 즉 아키텍쳐 규제에 해당한다.[209]

일반정보보호규칙(안)은 제17조에서 '잊혀질 권리'라는 표제 아래 잊혀질 권리의 구체적인 내용을 본격적으로 규정한다는 점에서 차이가 있다.

208. 프라이버시 친화적 설계는 달리 '설계 프라이버시' 또는 원어 그대로 '프라이버시 바이 디자인'이라고 번역된다. 전자의 경우에는 이창범, "개인정보보호법제 관점에서 본 빅데이터의 활용과 보호방안", 『법학논총』제37권 제1호(2013. 3), 525쪽; 후자의 경우에는 차상육, "빅데이터(Big Data) 환경과 프라이버시의 보호", 『IT와 법연구』제8집(2014. 2) 참고.

209. 이에 관해서는 아래 제5장 Ⅳ. 3. 참고.

•프라이버시 친화적 초기값 설정•

다섯째, '프라이버시 친화적 초기값 설정'(Privacy by Default)을 규정한다(제23조 제2항). 여기서 프라이버시 친화적 초기값 설정이란 특정한 목적에 필요한 개인정보만을 최소한의 범위에서 처리할 수 있도록 정보처리시스템의 초기값을 설정해야 하는 것을 말한다. 이는 독자적인 원칙이라고 말할 수 있기보다는 프라이버시 친화적 설계의 한 유형이라고 볼 수 있다.

•다이렉트 마케팅 구분고지 의무•

여섯째, 다이렉트 마케팅(direct marketing) 구분고지 의무를 부과한다. 이에 따르면, 정보주체의 개인정보가 다이렉트 마케팅을 위해 수집·사용되는 경우에 정보주체는 자신의 정보가 아무런 비용부담 없이 다이렉트 마케팅을 위해 처리되는 것을 반대할 수 있는 권리를 갖는다. 이러한 권리는 정보주체에게 명확하고 분명하게 그리고 다른 정보와 뚜렷하게 구별되어 제시되어야 한다(제19조 제2항).

•개인정보보호 영향평가•

일곱째, 개인정보보호 영향평가 제도를 규정한다. 이에 따르면, 개인정보를 수집·이용하는 정보처리자는 개인정보 처리의 특성, 범위, 목적 등을 원인으로 하여 개인정보를 처리하는 과정에서 정보주체의 권리와 자유를 위협할 만한 특별한 위험이 있는 경우에는, 개인정보 처리 과정이 개인정보보호에 미칠 것으로 예상되는 영향을 평가해야 한다. 특히 다음과 같은 경우에는 개인정보보호 영향평가가 의무화된다. 첫째, "개인의 특성, 경제적 상황, 위치, 건강, 개인적 선호, 신뢰도, 품행 등을 자동적으로 분석·예측하기 위하여 체계적이고 광범위한 평가체계를 구축한 경우", 둘째, "특정 개인에 대한 조치나 결정을 내리기 위해 대규모로 민감정보, 이를테면 성생활, 건강, 인종, 민족에 관한 정보 및 건강보험, 전염병 또는 정신병

연구를 위해 제공되는 정보를 수집·이용하는 경우", 셋째, "대규모 비디오 감시 시스템 등을 이용하여 공개된 장소의 모니터링을 실시하는 경우", 넷째, "대규모 파일링 시스템(filing system) 안에 어린이에 관한 정보, 유전자 정보, 바이오 인식정보 등이 저장된 경우"가 그것이다.[210]

• 통계목적 등을 위한 개인정보처리의 예외 •

다만 유럽연합 일반정보보호규칙(안)은 엄격한 정보자기결정권에 대해 일정한 범위에서 예외를 인정한다. 즉 개인정보처리자가 역사, 통계, 과학연구를 위해 필요한 범위 안에서 개인정보를 수집·이용·분석할 때는 정보주체의 사전동의를 받지 않고도 이를 행할 수 있다(제6조 제2항). 이 경우에는 개인정보를 즉시 삭제하지 않아도 된다(제17조 제3항 (c)). 이러한 예외는 민감정보에 대해서도 적용된다(제9조 제2항 (i)).

2009년 개정 E-Privacy Directive

지난 2009년에 개정된 유럽연합의 E-Privacy Directive도 빅데이터 환경에서 개인정보인권을 보장하는 데 중요한 의미를 갖는다.[211] 이는 2002년에 제정된 E-Privacy Directive를 전면적으로 개정한 것이다. E-Privacy Directive는 빅데이터 환경에서 개인정보인권을 보장하기 위한 방안으로서 두 가지 중요한 제도적 장치를 마련한다. 첫째는 쿠키(cookie)정보 수집

210. 위의 내용은 이창범, "개인정보보호법제 관점에서 본 빅데이터의 활용과 보호방안", 『법학논총』제37권 제1호(2013. 3), 527-528쪽 참고.

211. 정식명칭은 "Directive 2002/58/EC of the European Parliament and of the Council of 12 July 2002 concerning the processing of personal data and the protection of privacy in the electronic communications sector" (Directive on privacy and electronic communications)이다. 이를 소개하는 이창범, "개인정보보호법제 관점에서 본 빅데이터의 활용과 보호방안", 『법학논총』제37권 제1호(2013. 3), 529-530쪽 참고.

제한이고, 둘째는 온라인 추적차단 기능(Do-Not-Track)이다. 첫째, 2009년에 개정된 E-Privacy Directive는 쿠키정보를 수집하는 것을 명시적으로 제한한다. 여기서 쿠키정보란 인터넷 사용자가 웹사이트 등을 방문한 기록에 대한 정보로서 컴퓨터 단말기 등에 저장되는 것을 말한다. 쿠키정보는 인터넷 사용자가 해당 웹사이트를 다시 찾아갈 때 신속하게 이를 수행할 수 있도록 도움을 준다. 그러나 쿠키정보가 누적되면, 해당 인터넷 사용자가 누구이고, 그가 어떤 특성을 지니고 있는지 알려주는 개인정보가 될 수 있다. 쿠키정보는 그 자체로는 개인정보에 해당하지는 않지만, 빅데이터로 축적되면 데이터 마이닝을 통해 해당 사용자가 누구인지 파악할 수 있기에, 쿠키정보가 개인정보에 해당하는지 논란이 되고 있다. 이러한 문제를 유럽연합은 입법적으로 해결한 것이다. 이에 따르면, 쿠키정보 수집자는 해당 정보주체로부터 명시적인 사전동의(opt-in)를 받아야 한다. 하지만 이는 빅데이터 과학에 대해서는 중대한 걸림돌이 될 것이다. 이러한 입법적 결단이 과연 타당한 것인지에 대해서는 좀 더 음미할 필요가 없지 않다.

둘째, E-Privacy Directive는 온라인 추적차단 기능을 도입한다. 물론 이를 명시적으로 규정한 것은 아니다. 다만 E-Privacy Directive가 쿠키정보 수집을 제한하고 있다는 점에 비추어볼 때 해석론적으로 이러한 기능을 도출할 수 있다.[212] 왜냐하면 온라인 추적은 통상 쿠키정보 등 컴퓨터 단말기에 자동적으로 저장되는 정보를 활용하기 때문이다. 그런데 E-Privacy Directive는 쿠키정보 수집을 제한하고 있으므로, 온라인 사업자 등은 정보주체의 명시적 사전동의를 받지 않으면 이러한 정보를 수집할 수 없고, 따라서 결과적으로 온라인 추적도 할 수 없게 된다.

---

212. 이창범, "개인정보보호법제 관점에서 본 빅데이터의 활용과 보호방안", 『법학논총』제37권 제1호(2013. 3), 530쪽.

유럽사법재판소의 잊혀질 권리 판결

• 의의 •

빅데이터 과학에 대한 개인정보인권 보장과 관련하여 최근 주목할 만한 사건으로서 지난 2014년 5월 13일 유럽사법재판소(European Court of Justice)가 잊혀질 권리에 관해 내린 판결이다.[213] 이 판결은 1995년에 제정된 유럽연합 개인정보보호지침 제2조 및 제6조 해석과 관련을 맺는다. 이 판결을 통해 유럽사법재판소는 그 동안 논란이 되었던 잊혀질 권리를 명시적으로 인정하였다.

• 사실관계 및 경과 •

이 판결의 대상이 된 사실관계는 다음과 같다.[214] 제1심 판결의 원고인 스페인 변호사 곤잘레스(Mario Costeja González)는 1998년 연금부담금을 체납하여 자신이 소유하는 부동산을 강제경매 당하였다. 이러한 내용은 스페인 일간지인 라 반가르디아(La Vanguardia)에 상세하게 보도되었다. 그 후 12년의 세월이 지나면서 곤잘레스는 체납했던 연금부담금을 모두 납부하였다. 그런데도 검색엔진 구글에 곤잘레스라는 이름을 입력하면 이미 종료한 12년 전의 사건이 검색되었다. 이에 곤잘레스는 일간지 라 반가르디아에게 자신에 관한 기사를 삭제해 줄 것을 요청하고, 구글 스페인과 구글 본사에 대해서는 자신의 사건에 대한 검색결과를 삭제해 줄 것을 요청하였지만, 이는 모두 거부되었다. 그러자 곤잘레스는 이미 자신이 해결한 12년 전의 사건에 대한 기사와 검색으로 자신에 대한 사회적 평가가 지속적으로 손상되고 있고 재기에도 어려움이 있다는 이유로 2010년 3월 5일

213. Urteil des EuGH, C-131/12, 13.05.2014.

214. 이를 소개하는 국내문헌으로는 윤종수, "[칼럼]잊혀질 권리", 『네이버레터』(2014. 5. 29); 법무법인 세종, "'잊혀질 권리'에 관한 소고: 최근 유럽 최고법원의 판결과 그 파급", 『Legal Update』(2014. 6. 20) 등 참고.

일간지 라 반가르디아와 구글 스페인 및 구글 본사를 피고로 하여 스페인 정보보호기구에 자신에 관한 기사와 검색결과를 삭제해줄 것을 신청하였다. 이에 스페인 정보보호기구는 라 반가르디아에 대한 신청은 언론의 자유를 이유로 하여 기각하였지만, 구글에 대한 신청은 인용하였다. 이에 구글이 불복하여 유럽사법재판소에 제소를 한 것이다. 그러나 구글의 기대와는 달리 유럽사법재판소는 구글에 대해 곤잘레스에 관한 검색결과를 삭제할 것을 명령하였다. 요컨대, 일간지인 라 반가르디아에 대해서는 잊혀질 권리를 인정하지 않았지만, 검색엔진 구글에 대해서는 잊혀질 권리를 인정한 것이다.

•쟁점 및 판결의 의미•

이 판결에서는 크게 두 가지가 쟁점이 되었다. 첫째는 구글이 사용하는 검색엔진에 의해 자동적으로 이루어지는 정보수집 및 인덱싱(indexing)이 1994년 개인정보보호지침 제2조 (b)가 규정하는 '개인정보처리'(processing of personal data)에 해당하는지 그리고 구글이 제2조 (d)가 규정하는 '정보처리자'(controller)에 해당하는지 여부이다. 둘째는 12년 전의 체납사건으로서 현재는 이미 해결된 것을 여전히 검색결과에 반영하는 것이 개인정보보호지침 제6조가 규정하는 "개인정보는 처리목적에 비추어볼 때 적절하고, 관련성이 있으며, 과도하지 않아야 하고, 정보의 정확성과 최신성이 유지되어야 하며, 수집 및 처리목적에 비추어볼 때 필요한 기간을 초과하여 식별성 있는 상태로 보관해서는 안 된다."는 원칙을 위반하는가 여부이다. 이에 대해 유럽사법재판소는 이를 모두 긍정하였고, 이를 통해 곤잘레스는 개인정보보호지침 제12조가 규정하는 '정보보호지침에 합치하지 않는 정보처리에 대한 정보의 수정·삭제·차단청구권'에 의거하여 자신에 관한 검색결과에 대한 삭제를 권리로서 요청할 수 있다고 판시하였다.

이 판결은 유럽사법재판소가 논쟁의 한 복판에 서 있는 잊혀질 권리를 정면에서 인정했다는 점에서 그 의미가 있다. 물론 그렇다고 유럽사법재판소가 이를 전면적으로 인정한 것은 아니라는 점에 주의해야 한다. 왜냐하면 표현의 자유를 이유로 하여 일간지 라 반가르디아에 대한 청구는 기각하였기 때문이다. 이러한 유럽사법재판소 판결에 대해서는 찬반양론이 격렬하게 진행되고 있는데, 이는 잊혀질 권리가 오늘날의 정보화 사회에서 전적으로 긍정적인 기능만을 수행하는 것은 아니라는 점을 시사한다.[215]

2. 미국

이미 앞에서 언급한 것처럼, 미국은 개인정보처리에 관해 기본적으로 사후승인(opt-out) 방식을 취하기 때문에 개인정보인권을 보장하는 것보다는 빅데이터 과학에 더욱 유리하다. 그러나 최근 들어 미국에서도 빅데이터 과학에 대응해 정보주체의 개인정보인권을 보장하려는 시도를 전개하고 있다. 아래에서는 이에 관한 두 가지 제도적 장치를 간략하게 소개하도록 한다.[216]

오바마 정부의 소비자 프라이버시 권리장전

우선 오바마 정부가 최근 마련한 소비자 프라이버시 권리장전(Consumer Privacy Bill of Rights: CPBR)을 언급할 필요가 있다. 소비자 프라이버시 권리장전은 오바마 정부가 지난 2010년 상무부 소속 인터넷정책 TF가 발표한 그린페이퍼(Green Paper)를 기초로 하여 2012년 2월 23일에 발표한 "온라인

215. 이를 보여주는 마냐, "잊혀질 권리, 우리는 이미 충분하지 않나요?", 『Slow News』(2014. 6. 19) 참고(이 기사는 http://slownews.kr/26728에서 검색할 수 있음)(방문일자: 2014. 10. 19. 16:43).

216. 이창범, "개인정보보호법제 관점에서 본 빅데이터의 활용과 보호방안", 『법학논총』제37권 제1호(2013. 3), 531-534쪽 참고.

프라이버시 프레임워크"에 담겨 있다.[217] 온라인 프라이버시 프레임워크는 크게 네 가지 내용을 담고 있다. 첫째는 프라이버시 권리를 규율하는 프라이버시 권리장전이고, 둘째는 이러한 프라이버시 권리를 개별적으로 구체화하여 실행하기 위한 개별지침(code of conduct)에 관한 것이며, 셋째는 이러한 프라이버시 권리를 집행하는 데 필요한 개인정보보호와 관련된 개별 법률의 정비 및 개인정보보호법의 제정 그리고 이를 통일적으로 집행하는 기구로서 연방거래위원회(FTC)에 관한 것이고, 넷째는 국가 사이의 정보흐름을 원활하도록 하기 위한 국제적 협력에 관한 것이다. 여기서 알 수 있듯이, 소비자 프라이버시 권리장전은 온라인 프라이버시 프레임워크의 첫 번째 내용을 구성한다.

소비자 프라이버시 권리장전은 소비자 프라이버시를 보장하기 위한 7가지 원칙을 천명한다. 첫째는 '개인적 통제(Individual Control)에 관한 원칙'으로서, 이에 따르면 정보주체는 자신의 정보처리에 대해 선택권, 동의철회권 등을 행사할 수 있다. 이는 유럽연합 일반정보보호규칙(안)이 규정하는 정보자기결정권에 상응한다. 둘째는 '투명성(Transparency) 원칙'으로서 정보처리자는 정보처리항목, 처리이유, 처리목적, 이용방법, 보전·삭제시기, 제3자 제공목적 등을 공개해야 한다. 셋째는 '목적존중(Respect for Context) 원칙'으로서 정보처리자는 수집한 개인정보를 목적 이외에 이용하거나 제공할 수 없다. 넷째는 '정보보안(Security)에 관한 원칙'으로서, 이에 따르면 정보처리자는 개인정보 영향평가 및 정보보안을 위한 기술적 조치를 유지하고 관리해야 한다. 다섯째는 '정보접근 및 정확성(Access and Accuracy)에 관한 원칙'으로서, 이에 따르면 정보처리자는 정보주체의 정보

---

217. The White House, *Consumer Data Privacy in a Networked World: A Framework for Protecting Privacy and Promoting Innovation in the Global Digital Economy* (2012. 1). 이 원본은 http://www.whitehouse.gov/sites/default/files/email-files/privacy_white_paper.pdf에서 찾아볼 수 있다(방문일자: 2014. 10. 19. 17:52).

에 대한 접근을 보장해야 하고, 수집하는 정보의 정확성을 기해야 한다. 여섯째는 '최소수집(Focused Collection) 원칙'으로서 정보처리자는 목적에 필요한 최소한 정보를 수집하고 보관해야 하며, 목적을 다한 정보는 파기 또는 삭제해야 한다. 마지막 일곱째는 '책임준수(Accountability) 원칙'으로서, 정보처리자는 개인정보를 보장하기 위한 자율규제 및 정보주체가 입은 피해에 대해 책임을 져야 한다.

소비자 프라이버시 권리장전은 빅데이터 환경에 대응하여 소비자의 정보인권을 보장하기 위한 원칙을 천명하고 있다는 점에서 그 의미가 있다. 다만 이 권리장전은 아직 강제력을 갖춘 법규범으로 제도화되지는 않았다는 점에서 그리고 여전히 사후승인(opt-out)을 허용하고 있다는 점에서 완전하지는 않다.

미국 연방거래위원회의 소비자 프라이버시 권고

나아가 미국 연방거래위원회(FTC)가 지난 2012년 3월 26일에 발표한 '소비자 프라이버시 권고'를 언급할 수 있다.[218] 소비자 프라이버시 권고는 크게 네 가지 주목할 만한 점을 담고 있다. 첫째, 소비자 프라이버시 권고는 소비자 프라이버시 권리장전처럼 개인정보처리에 대한 소비자의 정보자기결정권을 인정한다. 둘째, 온라인 추적차단(Do-Not-Track) 기능을 의무화하고 있다. 셋째, 모바일 서비스 사업자의 프라이버시 보호 관행을 개선하고자 한다. 이에 따르면, 모바일 사업자는 모바일 서비스를 제공할 때 단말기의 특성을 고려하여 소비자의 프라이버시를 보호할 수 있도록

---

218. FTC, *Protecting Consumer Privacy in an Era of Rapid Change: Recommendations For Businesses and Policymakers*, FTC Report (2012. 3). 이 자료의 원본은 http://www.ftc.gov/sites/default/files/documents/reports/federal-trade-commission-report-protecting-consumer-privacy-era-rapid-change-recommendations/120326privacyreport.pdf에서 확인할 수 있다(방문일자: 2014. 10. 19. 18:21).

"간단하고 효과적이면서 소비자의 접근이 가능한"(Short, Effective and Accessible to consumers) 모바일 프라이버시 보호방침을 갖추어야 한다. 넷째, 인터넷 서비스 제공자(ISP), 운용체계(OS), 브라우저(Browser), SNS와 같은 대형 플랫폼 사업자의 개인정보 보호의무를 권고한다.

III. 빅데이터 과학과 개인정보인권에 관한 국내의 논의상황

그러면 우리의 경우에는 빅데이터 과학 및 환경에 대응하여 개인정보인권을 어떻게 보장하고자 하는지, 빅데이터 과학 및 개인정보인권의 관계를 어떻게 설정하고자 하는지 살펴보도록 한다. 이를 위해 우선 우리 개인정보보호법이 빅데이터 환경에서 볼 때 어떤 문제점이 있을 수 있는지를 분석해 보도록 한다. 아래에서는 일단 국내 다수의견의 시각을 많이 반영하여 논의를 전개하도록 한다.

1. 빅데이터 환경에서 개인정보보호법의 한계

개인정보보호법을 통해 개인정보를 보호할 필요성은 빅데이터가 새로운 화두로 떠오르고 있는 현 상황에서도 예외는 아니다. 오히려 빅데이터 과학이 발전하면 할수록 개인정보를 보호할 필요성은 그에 비례하여 강조될 것이다.[219] 이는 빅데이터 과학으로 인해 개인에 관한 모든 정보를 남김없이 수집·분석하는 것이 가능해지면서, 개인의 사적 공간에서 자유가

219. 특히 빅데이터 환경에서 개인정보보호의 중요성이 강조되는 이유로, 기업이 보유하는 개인정보의 양 자체가 방대할 뿐 아니라, 이러한 개인정보를 위탁 관리하는 경우가 증가한다는 점을 제시하는 견해로는 성준호, "빅데이터 환경에서 개인정보보호에 관한 법적 검토", 『법학연구』제21권 제2호(2013. 4), 317쪽.

점점 사라져가고 있기 때문이다. 하지만 그렇다고 하여 개인정보의 보호를 위해 빅데이터 과학을 맹목적으로 규제하는 것 또한 바람직하다고 할 수도 그렇다고 정당화될 수도 없다. 왜냐하면 개인의 사적 자유를 제한할지 모를 바로 그 빅데이터 과학이 우리 삶에 가져다주는 유용성 또한 무시할 수 없기 때문이다. 예를 들어, 빅데이터 과학은 검색어만으로도 언제 어느 지역에서 독감이 유행할지 예측하는 것을 가능하도록 하고 있다. 따라서 빅데이터 환경에서 개인정보보호법은 빅데이터 과학이 가져다주는 유용성을 충분히 살리면서도, 빅데이터 과학으로 인해 침해될지 모를 개인의 사적 자유를 적정하게 보장할 수 있어야 한다. 하지만 현행 개인정보보호법은 오늘날 대두하고 있는 빅데이터 환경에 비추어볼 때 다음과 같은 한계를 드러내 보이고 있다.

개인식별가능성의 모호성으로 인한 과잉 또는 과소규제 우려

앞에서 살펴본 바와 같이 개인정보보호법의 보호대상이 되는 개인정보가 되기 위해서는 "정보 그 자체로부터 개인을 알아볼 수 있거나 또는 정보 그 자체로부터는 개인을 알아볼 수 없더라도 다른 정보와 쉽게 결합하여 개인을 알아볼 수 있는 경우"여야 한다(제2조 제1호). 이처럼 '개인식별가능성'을 개인정보의 핵심적인 개념표지로 하는 개인정보보호법은 특히 매우 다양하고 이질적인 데이터들을 그 대상으로 하는 빅데이터 과학에 대한 과잉규제 아니면 과소규제가 될 위험성을 안고 있다.

•다양하고 이질적인 데이터의 개인식별가능성 문제•

빅데이터는 흔히 3Vs, 즉 방대한 데이터의 양(Volume), 매우 빠른 데이터 생성속도(Velocity), 그리고 데이터의 다양성(Variety)으로 정의된다. 이처럼 수집·저장·분석의 대상이 되는 데이터의 다양성은 빅데이터 과학을 특징짓는 하나의 요소가 된다. 따라서 빅데이터 과학에서는 인터넷 접속정보파일, SNS에서 이루어지는 소통에 대한 기록 등 훨씬 더 다양하고 이질적인 데이터들이 활용되는 만큼, 그 데이터들이 과연 '개인식별가능성'을 가져 개인정보보호법상의 개인정보에 해당하는 것인지가 문제될 수 있다. 예를 들어, 상품구매내역, IP주소 등의 정보를 담고 있는 인터넷 접속정보파일, 즉 쿠키(cookie) 정보를 활용하여 이용자의 성향을 파악해내고 이를 맞춤형 배너광고에 이용하는 경우, 쿠키정보가 과연 '개인식별가능성'을 갖는 정보에 해당하여 개인정보보호법에 의한 보호의 대상이 되고,[220] 이러한 쿠키정보를 수집·저장·분석하는 경우에 개인정보보호법이 적용되는 것이지가 문제된다.[221]

•빅데이터 환경에서 과잉규제 또는 과소규제의 위험성•

그러나 이처럼 '개인식별가능성'을 기준으로 하여 특정 정보가 개인정보에 해당하는지를 판단하는 개인정보보호법은 빅데이터 환경에서 특히 과잉규제 또는 과소규제의 문제를 낳기 쉽다. 개인정보보호법이 빅데이터 환경에서 과잉규제로 귀결될지 아니면 과소규제로 귀결될 지의 문제는, 개인정보의 개념표지로서 '개인식별가능성'을 통시적(diachronic) 관점에서 파악할지 아니면 공시적(synchronic) 관점에서 파악할지와 관련을 맺는다. 빅데이터 과학은 가능한 한 많은 정보를 수집하여 이를 데이터화하고, 이와 같이 데이터화된 정보를 분석함으로써 새로운 통찰이나 가치를 창출해내는 일련의 과정을 거치게 된다. 이러한 일련의 과정 중에서도 특히 데이터화된 정보의 분석단계에서는 데이터화된 다양한 정보들이 가공되거

220. 쿠키정보가 '개인식별가능성'을 갖는 것인지가 불분명하다는 입장으로 이창범, "개인정보보호법제 관점에서 본 빅데이터의 활용과 보호방안", 『법학논총』제37권 제1호 (2013. 3), 538쪽.

221. 그러나 위에서 지적한 것처럼, 유럽연합이 2012년에 제안한 일반정보보호규칙(안)은 쿠키정보를 개인정보 개념에 포함시키고 있다.

나 다른 정보들과 결합하게 된다. 따라서 수집단계에서는 무의미해 보일 정도로 '개인식별가능성'이 없던 정보들도 이러한 일련의 과정들을 거치면서 '개인식별가능성'을 갖게 될 수 있다.[222]

그러므로 '개인식별가능성'을 통시적 관점, 즉, 빅데이터 과학의 일련의 과정 속에서 파악하게 된다면, 빅데이터 과학에 활용되는 거의 대부분의 데이터들은 개인정보에 해당하게 되어 개인정보보호법의 보호범위 내에 놓이게 될 것이다. 그렇게 되면 개인정보보호법은 빅데이터 과학에 대한 과잉규제가 될 위험성을 갖는다. 반면에, '개인식별가능성'을 정보수집 단계를 기준으로 하는 공시적 관점에서 파악하면 개인정보보호법은 빅데이터 과학에 대한 과소규제로 귀결될 수 있다. 빅데이터 과학은 대개의 경우 그 수집 당시에는 무의미해 보일 만큼 '개인식별가능성'이 없는 정보들을 대상으로 하므로, 빅데이터 과학의 일련의 과정을 고려하지 않고 '개인식별가능성'을 파악하게 된다면, 빅데이터 과학에 활용되는 대부분의 데이터들은 개인정보에 해당하지 않게 되어 개인정보보호법의 규제범위 밖에 놓이게 되기 때문이다.

사전동의요구에 따른 빅데이터 과학의 침체가능성 및 정보보호에 대한 역기능성

개인정보보호법은 개인정보처리자가 개인정보를 수집하는 경우에는 원칙적으로 그와 같은 수집에 앞서 정보주체로부터 동의를 받도록 요구하고 있다(제15조 제1항 제1호). 하지만 이처럼 정보주체에 의한 사전동의를 엄격하게 요구하는 개인정보보호법은 빅데이터 과학의 침체를 가져올 수도 있고, 그게 아니면 사전동의를 요구함으로써 도모하고자 하는 개인정보의 보호에서 오히려 역기능을 발휘하게 될 수도 있다.

222. 빅데이터의 분석과정에서 다양한 정보들이 서로 결합되면서 원래는 익명성을 가졌던 정보들도 개인식별가능성을 갖게 될 가능성이 있다는 분석으로 심우민, "스마트 시대의 개인정보보호 입법전략", 『언론과 법』제12권 제2호(2013. 12), 163쪽.

• 빅데이터 과학의 침체가능성 •

이러한 점은 특히 통시적 관점에서 빅데이터 과학에 활용되는 데이터가 개인식별가능성을 갖는 개인정보에 해당하는지를 파악하는 경우에 극대화된다. 앞에서 살펴본 바와 같이, 통시적 관점에서 개인정보 여부를 파악하게 되면, 빅데이터 과학에 활용되는 거의 대부분의 데이터들은 개인정보에 해당하게 된다. 따라서 빅데이터 과학에 활용되는 데이터를 수집하기 위해서는 정보주체로부터 사전에 동의를 받을 것이 요구된다. 그런데 빅데이터 과학은 활용할 수 있는 데이터가 많으면 많을수록 그 유용성이 커지므로 가능한 한 많은 데이터들을 수집하고자 할 것이고, 그만큼 정보주체들로부터 사전동의를 받아야 하는 부담은 증가하게 된다. 이처럼 정보주체로부터 사전동의를 받는 과정에서 부담이 증가하게 되면, 이는 결국 빅데이터 과학의 침체로 이어질 수밖에 없다.

• 개인정보보호에 대한 역기능성 •

하지만 개인정보보호법상 사전동의의 요구가 지금까지 현실에서 관철되어 온 모습을 보면, 빅데이터 과학에 활용될 데이터의 정보주체로부터 사전동의를 받는 부담은 빅데이터 과학의 침체를 가져올 만큼 크지 않을 수도 있다. 왜냐하면 현실에서 대부분의 정보주체들은 자신의 개인정보 수집에 대한 동의를 하기에 앞서, 개인정보처리자가 고지하는 내용들에 대해 숙지하지 않고, 동의절차를 회원가입이나 서비스이용을 위한 하나의 형식적 절차인양 치부해버리는 경우가 많기 때문이다. 요컨대, 우리 현실에서 보면 정보주체의 사전동의절차는 형식적인 과정으로 형해화되고 있는 것이다. 이처럼 정보주체에 의해 이루어지는 사전동의가 형식적인 동의에 머무르게 된다면, 아무리 많은 데이터의 수집이 요구되는 빅데이터 환경이라고 하더라도, 개인정보처리자가 정보주체의 동의를 얻는 것이 그리 부담이 되는 일은 아니게 된다. 정보주체의 동의가 계속해서 이러한 형식적 동의로만 머무르게 된다면, 개인정보처리자가 개인정보 수집의 목적, 수집하려는 개인정보의 항목 등을 아무리 다양하게 고지하더라도, 정보주체는 그와 같은 개인정보 수집에 대해 동의할 것이기 때문이다. 그러므로 개인정보보호법이 개인정보를 더욱 강력하게 보호하기 위해 개인정보를 수집하기에 앞서 정보주체에 의한 사전동의를 법적으로 요구한다 할지라도, 이러한 사전동의가 이른바 '형식적 동의'에 머무르고 만다면, 결국 개인정보를 효과적으로 보호하는 데 실패하고 말 것이다. 요컨대, 개인정보보호법이 일방적·형식적으로 사전동의원칙을 관철함으로써 오히려 이를 통해 도모하고자 하는 개인정보보호를 실현하지 못하는 역설이 발생하는 것이다.

개인정보 수집 및 이용제한과 빅데이터 과학의 부정합성

개인정보보호법은 개인정보를 보호하고자 개인정보에 대한 최소수집의 원칙(제3조 제1항, 제16조 제1항), 목적외 이용금지의 원칙(제3조 제2항, 제18조 제1항) 등을 규정하고 있는데, 이는 빅데이터 과학에 대한 관계에서 볼 때 정합적이지 않다.

• 개인정보 수집제한과 빅데이터 과학의 부정합성 •

이는 먼저 빅데이터 과학이 '최대한'의 정보수집을 요구한다는 점으로부터 근거지어질 수 있다. 빅데이터 과학은 정보를 수집하고 수집한 정보를 데이터화한 후, 이를 분석하여 새로운 통찰이나 가치를 창출해낸다. 여기서 빅데이터 과학을 통해 새롭게 창출되는 통찰이나 가치는 주로 상관성에 기반을 둔 예측을 의미하는데, 이러한 예측은 수집·데이터화·분석의 대상이 되는 정보의 양에 비례하여 그 정확성이 보장되는 측면이 있다. 예를 들어, 특정한 책을 구입한 사람은 이와 연관된 다른 책도 구입하게 될 것이라는 아마존의 예측은, 가능한 한 많은 도서구매자들로부터 가능한 한 많은 도서구매 데이터를 수집할수록 정확해진다. 이런 점에서 빅데이터 과학은, 개인정보에 대한 최소수집의 원칙을 규정하고 있는 개인정보보호법과는 달리, 개인정보에 대한 최대수집의 원칙을 지향한다고 이야기할 수 있을 것이다.[223]

• 개인정보 이용제한과 빅데이터 과학의 부정합성 •

다음으로 빅데이터 과학은 이처럼 정보의 수집단계뿐 아니라, 정보의 이용단계에서도 '최대한'의 이용을 지향한다. 빅데이터 과학에서 데이터의 분석과정, 즉 데이터 마이닝은 정보처리자가 수집하여 데이터화한 정보를 분석함으로써 새로운 통찰이나 가치를 발견해내는 과정이다. 데이터 마이닝에서는 한 번 사용된 데이터라 하여 폐기처분하는 것이 아니라, 얼마든지 다른 관점이나 다른 목적에서 여러 번 다시 사용될 수 있고, 이러한 과정을 통해 더욱 유의미한 통찰이나 가치를 이끌어 내는 것이 가능해진다. 하지만 개인정보보호법은, 일정한 예외사유가 존재하지 않는 한,[224] 개인정보를 그 수집의 목적범위 안에서만 이용할 수 있도록 한다. 개인정보보호법상의 이와 같은 이용제한 원칙은 한번 수집한 정보를 다양한 관점 및 목적에서 사용하는 것을 그 핵심으로 하는 데이터 마이닝을 위축시킬 우려가 있다. 이러한 점에서 개인정보보호법이 규정하는 이용제한 원칙은 빅데이터 과학과 부정합적이라고 말할 수 있다.

정보자기결정권의 불완전한 보장

개인정보보호법은 정보주체의 정보자기결정권을 실현하기 위해, 정보

223. 이를 이유로 개인정보보호법상의 최소수집의 원칙을 빅데이터 과학의 특성과 조화시키는 방향으로 축소해석할 필요가 있다는 견해로는 최혜민, "빅데이터 시대와 현행 개인정보보호법제의 부정합성 문제 및 그 해결방안에 대한 연구", 『IT와 법연구』제8집 (2014. 2), 370쪽 참고.

224. 개인정보보호법 제18조 제2항 참고.

주체에 대해 개인정보 열람요구권, 정정·삭제요구권 및 처리정지요구권을 부여하고 있다(제35조-제37조). 하지만 빅데이터 환경에서는 다음과 같은 이유들로 인해 이러한 권리들이 실질적으로 보장되기가 어렵다. 먼저 빅데이터 과학에서는 개인정보를 제3자에게 제공하는 것이 본질적인 역할을 하는 것인데도, 정보주체의 개인정보 열람요구권, 정정·삭제요구권 및 처리정지요구권은 개인정보처리자에 대해서만 행사될 수 있다. 빅데이터 과학에서는 개인정보처리자에 의해 수집·저장·관리되고 있는 개인정보가 그 분석을 위해 빅데이터 전문가에게 제공되는 과정이 요구된다. 이러한 과정을 거쳐야만 빅데이터 과학의 종착점이라 할 수 있는 새로운 통찰 및 가치의 창출이 가능해지기 때문이다. 그러므로 빅데이터 환경에서는 정보주체의 개인정보 열람요구권, 정정·삭제요구권 및 처리정지요구권이 개인정보처리자로부터 개인정보를 제공받은 제3자에 해당하는 빅데이터 전문가에 대해서도 행사될 수 있도록 해야 한다. 그렇게 하지 않으면 이러한 권리들이 실질적으로 보장될 수는 없는 것이다.

뿐만 아니라, 정보주체는 개인정보처리자에 대해 개인정보의 열람, 정정, 삭제, 처리정지를 요구할 수 있을 뿐이고, 개인정보의 열람, 정정, 삭제, 처리정지를 위해서는 여전히 개인정보처리자의 조치를 기다려야 한다. 이러한 점은 특히 처리정지요구권과 관련하여 문제될 수 있다. 왜냐하면 개인정보의 처리정지와 관련해서는 정보주체에게 요구권만을 부여하는 것만으로는 정보자기결정권을 실질적으로 보장할 수 없기 때문이다. 이를 넘어서 정보주체가 직접 개인정보처리자가 정보주체의 개인정보를 처리하는 것을 단절시킬 수 있도록 해야만 비로소 정보자기결정권을 더욱 실질적으로 보장하는 것이 가능해진다.[225] 결국 정보주체의 개인정보 열람요

225. 이러한 점을 근거로 개인정보보호법상 정보주체가 스스로 개인정보에 대한 처리를 단절하거나 차단할 수 있도록 하는 권리를 부여할 필요가 있다는 견해로 이창범, "개인정

구권, 정정·삭제요구권, 처리정지요구권을 개인정보처리자에 대해서만 행사할 수 있도록 하고, 개인정보에 대한 처리정지와 관련하여 정보주체에게 요구권만을 부여하고 있는 개인정보보호법은 빅데이터 환경에서 정보자기결정권의 실질적 보장을 도모하는 데에는 한계를 지닐 수밖에 없다.

2. 빅데이터 환경에 대한 대응방안에 관한 논의

이처럼 현재 도래하고 있는 빅데이터 환경에 비추어볼 때 현행 개인정보보호법은 여러 가지 한계를 노정하고 있다. 이러한 이유에서 빅데이터 환경에서 개인정보보호법을 어떻게 운용해야 할지에 관해 논쟁이 진행되고 있다. 크게 두 가지 견해가 있다.

빅데이터 과학 옹호론

첫 번째 견해는 현행 개인정보보호법이 빅데이터 환경에 대응하기에는 너무 규제중심적이라고 진단하면서 이러한 규제를 풀어야 한다고 주장한다.[226] 이 견해는 크게 두 가지 지점에 주목한다. 첫째, 현행 개인정보보호법이 규정하고 있는 개인정보의 범위가 너무 넓다는 것이다. 개인정보보호법은 해당 정보 그 자체만으로는 개인을 식별할 수 없다 하더라도, "다른 정보와 결합해 특정 개인을 식별할 수 있는 경우"에는 개인정보 개념에 포함시킨다(개인정보보호법 제2조 제1호). 문제는 개인정보와 관련된 빅데이터가 대부분이 이러한 정보에 속한다는 것이다. 그 자체만으로는 특정한 개인

보보호법제 관점에서 본 빅데이터의 활용과 보호방안", 『법학논총』제37권 제1호(2013. 3), 546쪽.

226. 이에 관해서는 오길영, "빅데이터 환경과 개인정보의 보호방안: 정보주체의 관점에서 바라본 비판적 검토를 중심으로", 『일감법학』제27호(2014. 2), 166쪽 아래 참고; 이러한 견해를 대변하는 문헌에 관해서는 오길영, 같은 논문, 163-164쪽에 소개된 문헌 참고.

을 식별할 수 없는 정보이지만, 이러한 정보가 대규모로 집적되고 이에 대해 데이터 마이닝이 이루어지게 되면 해당 개인을 식별할 수 있는 정보가 바로 빅데이터 과학이 염두에 두는 정보인 것이다. 현행 개인정보보호법에 따르면, 이러한 정보들 모두 개인정보보호법의 규제를 받아야 한다. 이는 빅데이터 과학이 성장하는 데 큰 걸림돌이 될 수 있다고 한다.

둘째, 이 견해는 현행 개인정보보호법이 개인정보규제에 관해 원칙적으로 사전동의(opt-in) 방식을 채택하고 있다는 점을 문제 삼는다. 이러한 방식은 각 개인의 정보자기결정권을 최대한 실현하는 데 도움은 되지만, 빅데이터 과학에 대해서는 큰 걸림돌이 된다고 한다. 왜냐하면 빅데이터 과학이 관심을 갖는 정보는 대부분 수집 당시에는 개인을 특정할 수 없어 사전동의를 받기 어려울 뿐만 아니라, 현실적으로 불가능하다고 한다. 이는 곧 빅데이터 과학을 포기하라는 것과 다름없다고 비판한다. 이러한 근거에서 이 주장은 현행 개인정보보호법이 취하는 규제방식을 빅데이터 환경에 적합하게 풀어야 한다고 말한다. 물론 이 주장도 현행 개인정보보호법을 과감하게 개정해야 한다고 주장하는 급진론과 좀 더 신중하게 대처해야 한다는 신중론으로 구별된다. 현재로서는 이 견해가 다수 견해에 속한다.

개인정보인권 옹호론

이와 달리 개인정보인권 옹호론은 개인정보보호법의 가치를 강조하면서 현행 규제체계 및 태도를 유지해야 한다고 말한다.[227] 이 견해는 빅데이터 과학에 대한 개인정보보호를 강화하고 있는 유럽연합의 일반정보보호규칙(안)을 원용하면서, 현행 개인정보보호법을 개선해야 한다는 빅데이터 과학 옹호론의 주장을 반박한다. 다만 이 견해도 빅데이터 과학 및

---

227. 이에 관해서는 오길영, "빅데이터 환경과 개인정보의 보호방안: 정보주체의 관점에서 바라본 비판적 검토를 중심으로", 『일감법학』 제27호(2014. 2), 178쪽 아래 참고.

환경에 비추어볼 때 현행 개인정보보호법이 한계를 지니고 있다는 점은 인정한다. 그것은 우리 개인정보보호법이 개인정보의 '수집'에만 초점을 맞추고 있어, 이렇게 수집한 개인정보를 분석해서 새로운 정보를 생산하거나 사용하는 것에 관해서는 관심을 소홀히 하고 있다는 것이다. 그러나 그렇다고 해서 현행 개인정보보호법이 원칙으로 삼고 있는 동의제도 등을 섣불리 바꾸는 것은 타당하지 않다고 말한다. 이를테면 빅데이터 환경에서 개인정보보호를 강력하게 옹호하는 오길영 교수는 다음과 같이 말한다.[228]

> "한편 필자는 이 논지와 관련하여 반드시 적시하고 싶은 한 가지가 있다. 만약 이러한 부조화를 이유로 진정 개인정보보호의 패러다임이 변해야 한다면, 그것은 바로 개인데이터의 '수집'을 통제하는 것에 많은 배려를 하고 있는 현재의 개인정보보호법 체제가 데이터의 '생산'이나 '사용'에 더 많은 초점을 맞추도록 조율하는 작업이 되어야 한다는 점이다. 현행의 규정은 어디까지나 정보주체와 이를 수집하는 기업 간의 관계를 설정하고자 하는 1차원적 접근을 토대로 하고 있고, 그 수집된 정보가 유통되거나 새로이 가공되는 등의 다차원적 시각에서는 상대적으로 부족한 배려에 그치고 있는 것이 사실이다. 특히 빅데이터 환경의 속성상 수집된 정보의 이동과 변모는 가히 극한에 달할 것이 자명하게 예상되는 바이므로, 데이터의 흐름을 다면적·다층적 견지에서 바라본 규정의 신설이 필요할 것이다. 다만 이러한 수정작업이 현행의 동의제도나 수집단계에 대한 원칙을 부정하면서 진행돼서는 곤란하다. 왜냐하면 아무리 급속한 기술발전이 발생한다고 하여도, 정보주체와 그의

---

228. 오길영, "빅데이터 환경과 개인정보의 보호방안: 정보주체의 관점에서 바라본 비판적 검토를 중심으로", 『일감법학』제27호(2014. 2), 180-181쪽.

데이터를 최초로 수집하는 주체는 항상 존재해야 하기 때문이다. 즉 현재의 규정 내용은 말 그대로 기본이자 원칙이기 때문에, 필요에 의한 부정이 있을 수 없다. 요컨대 개인데이터 자체에 대해 주력하고 있는 현재의 초점에 더하여, 앞으로는 개인데이터의 가공과 활용에도 더 많은 주목을 해야 한다는 것이다."

3. 중간결론

그러면 이러한 논쟁을 어떻게 평가할 것인가? 필자는 두 견해 모두 각기 나름대로 장점과 단점을 지니고 있다고 생각한다. 그래서 어느 쪽이 낫다고 섣불리 판단하는 것은 타당하지 않다고 본다. 다만 이미 앞에서 필자는 빅데이터 과학과 개인정보인권의 관계를 어떻게 규율해야 할지에 관해 몇 가지 원칙을 제안하였다. 이에 따르면, 원칙적으로 개인정보인권이 빅데이터 과학의 유용성보다 우선적인 지위를 누려야 한다. 그 점에서 필자는 기본적으로 개인정보인권 옹호론에 더욱 호감이 간다. 그러나 그렇다고 해서 빅데이터 과학의 유용성을 전적으로 무시해서도 안 된다고 생각한다. 그 점에서 빅데이터 과학의 유용성과 개인정보인권이 서로 실제적 조화를 실현할 수 있도록 개인정보 보호정책을 마련해야 한다. 이러한 맥락에서 볼 때, 정보자기결정권의 실현방식으로서 사전동의에 맹목적으로 집착하는 것은 바람직하지 않다고 생각한다. 빅데이터 사업자 같은 정보처리자가 포괄적 동의방식을 무분별하게 사용하면, 비록 외형적으로는 사전동의 방식을 준수하고 있다 하더라도, 실질적으로는 형해화되고 있는 셈이기 때문이다. 겉으로는 과잉규제이지만, 속으로는 과소규제인 '과잉규제와 과소규제의 역설'이 나타나는 것이다. 이러한 상황을 고려해서 좀 더 실제적으로 개인정보인권을 보장할 수 있는 방안을 모색해야 한다.

IV. 빅데이터 환경에서 개인정보인권 보장방안

그러면 어떻게 개인정보인권을 보장하는 것이 빅데이터 과학의 유용성과 개인정보인권을 실제적으로 조화시키면서 보장하는 것일까? 아래에서는 이에 대한 필자의 생각을 제안해 보도록 한다.

1. 방법적 기초

개인정보 보호원칙

모든 법적 규제는 기본적인 규범원칙을 존중하는 것에서 출발해야 한다. 그렇게 해야만 체계적이고 일관성 있는, 법적 개념으로 바꿔 말하면, '법적 안정성'을 추구할 수 있는 법정책을 추진할 수 있다. 이는 개인정보인권 법정책에 대해서도 그대로 적용된다. 빅데이터 과학으로부터 개인정보인권을 보장하기 위해서는 개인정보 보호원칙을 확인하고 이를 존중하는 것에서 법정책적 논의를 시작해야 한다. 그러면 개인정보 보호원칙이란 무엇인가? 이에 대해서는 OECD 가이드라인의 8대 원칙이나 UN 가이드라인의 6대 원칙을 언급할 수 있다. 우리 개인정보보호법 역시 제3조에서 다음과 같이 개인정보 보호원칙을 규정한다.

> ① 개인정보처리자는 개인정보의 처리 목적을 명확하게 하여야 하고 그 목적에 필요한 범위에서 최소한의 개인정보만을 적법하고 정당하게 수집하여야 한다.
> ② 개인정보처리자는 개인정보의 처리 목적에 필요한 범위에서 적합하게 개인정보를 처리하여야 하며, 그 목적 외의 용도로 활용하여서는 아니 된다.
> ③ 개인정보처리자는 개인정보의 처리 목적에 필요한 범위에서 개인정보의 정확성, 완전성 및 최신성이 보장되도록 하여야 한다.
> ④ 개인정보처리자는 개인정보의 처리 방법 및 종류 등에 따라 정보주체의 권리가 침해받을 가능성과 그 위험 정도를 고려하여 개인정보를 안전하게 관리하여야 한다.

⑤ 개인정보처리자는 개인정보 처리방침 등 개인정보의 처리에 관한 사항을 공개하여야 하며, 열람청구권 등 정보주체의 권리를 보장하여야 한다.
⑥ 개인정보처리자는 정보주체의 사생활 침해를 최소화하는 방법으로 개인정보를 처리하여야 한다.
⑦ 개인정보처리자는 개인정보의 익명처리가 가능한 경우에는 익명에 의하여 처리될 수 있도록 하여야 한다.
⑧ 개인정보처리자는 이 법 및 관계 법령에서 규정하고 있는 책임과 의무를 준수하고 실천함으로써 정보주체의 신뢰를 얻기 위하여 노력하여야 한다.

이러한 규정을 면밀하게 분석하면, 그 핵심적인 내용은 바로 정보처리 목적의 명확성 원칙, 목적구속성 원칙, 비례성 원칙, 정보익명성의 원칙 등이라고 말할 수 있다. 우리 개인정보보호법이 규정하고 있는 개인정보 보호원칙과 UN 가이드라인의 6대 원칙 그리고 OECD 가이드라인의 8대 원칙을 비교해 〈표〉로 정리하면 아래와 같다.[229]

〈표〉 UN과 OECD 그리고 우리의 개인정보 보호원칙

UN 가이드라인의 6대 원칙	OECD 가이드라인의 8대 원칙	우리의 개인정보 보호원칙(제3조)
합법성과 공정성의 원칙	수집제한의 원칙	- 목적에 필요한 최소정보의 수집(제1항) - 사생활 침해를 최소화하는 방법으로 처리(제6항) - 익명처리의 원칙(제7항)
정확성의 원칙	정보정확성의 원칙	- 처리목적 안에서 정확성, 완전성, 최신성 보장(제3항)
목적 명확성의 원칙	목적명확성의 원칙	- 처리목적의 명확화(제1항)
정보주체 접근의 원칙	이용제한의 원칙	- 목적범위 안에서 적법하게 처리, 목적 외 활용금지(제2항)

229. 아래 〈표〉는 박민영, "빅 데이터(Big Data)의 공법적 재조명", 『성균관법학』제26권 제1호(2014. 3), 69쪽에 게재된 것을 부분적으로 수용하여 원용한 것이다.

UN 가이드라인의 6대 원칙	OECD 가이드라인의 8대 원칙	우리의 개인정보 보호원칙(제3조)
차별금지의 원칙	안전보호의 원칙	– 관리침해 가능성 등을 고려하여 안전하게 관리(제4항)
보안의 원칙	공개의 원칙	– 개인정보 처리방침 등 공개(제5항)
	개인참가의 원칙	– 개인정보 처리방침 등 정보주체의 권리 보장(제5항)
	책임의 원칙	– 개인정보처리자의 책임준수 · 신뢰확보 노력(제8항)

위에서 언급하는 개인정보 보호원칙은 개인정보인권을 보장하기 위해 투입되는 법정책의 기본토대가 되어야 한다. 더불어 필자는 개인정보 보호원칙이 다음과 같은 의미도 갖는다고 생각한다. 객관적인 규범인 개인정보 보호원칙으로부터 주관적인 규범인 개인정보인권을 이끌어낼 수 있다는 것이다. 이를테면 개인정보보호법 제3조 제1항이 규정하는 '목적에 필요한 최소정보의 수집원칙'에서 '최소한의 정보사용 요청권'이라는 규범적 빅데이터 인권을 이끌어낼 수 있다. 또한 같은 법 제3조 제7항이 규정하는 '개인정보 익명처리의 원칙'에서 '개인정보 익명처리 요청권'이라는 빅데이터 인권을 도출할 수 있다고 생각한다. 이처럼 우리 개인정보보호법이 규정하는 개인정보 보호원칙은 명문상으로는 객관적 원칙을 규정하고 있지만, 이는 동시에 개인정보인권에 대한 규범적 근거도 될 수 있다. 이를 통해 빅데이터 환경에 대응할 수 있는 새롭고도 다양한 빅데이터 인권을 이끌어낼 수 있다.

빅데이터 주권과 빅데이터 인권 개념의 가능성

이러한 개인정보 보호원칙을 토대로 하여, 필자는 빅데이터 환경에서 어떻게 개인정보인권을 보장할 것인가에 관해 또 다른 방법적 기초로서 새로운 개념을 제안하고자 한다. '빅데이터 주권'과 '빅데이터 인권'이 바로 그것이다.

•빅데이터 주권 개념의 가능성•

먼저 빅데이터 주권 개념부터 살펴본다. 빅데이터 주권은 말 그대로 빅데이터와 주권을 합성한 것이다. 그리고 그 의미는 빅데이터에 대한 주권을 뜻한다. 여기서 빅데이터 주권을 제안한다는 것은, 일단 이러한 개념이 존재할 수 있고, 또한 이러한 빅데이터 주권은 현대 정보화 사회를 살아가는 모든 개인적 정보주체에게 귀속된다는 것을 의미한다. 그러나 이에 대해서는 크게 세 가지 의문을 던질 수 있다. 첫째, 주권 개념은 본래 정치적 영역에서 주로 국가와 관련하여 등장한 개념인데 이를 어떻게 빅데이터와 연관지울 수 있는가 하는 점이다. 이러한 의문에 따르면, 주권 개념은 체계이론의 용어를 빌어 말하면 '정치체계'(Politiksystem)와 관련을 맺는 용어이므로 빅데이터와 같은 정보영역 또는 소통매체 영역에서는 사용할 수 없다. 둘째, 설사 빅데이터 주권을 개념적으로 인정한다 하더라도 그 의미가 구체적으로 무엇인지를 명확하지 않다는 점이다. 셋째, 이러한 개념을 굳이 인정할 필요가 있는가 하는 점이다. 필자는 이에 대해 다음과 같이 답변할 수 있다고 생각한다.

(a) 빅데이터 주권 개념의 가능성 먼저 빅데이터 주권이 개념적으로 성립할 수 있는지를 살펴본다. 익히 알려져 있는 것처럼, '주권'(sovereignty) 개념은 정치체계에서 등장한 개념이다. 이는 칼 슈미트의 주권 개념에서 명확하게 드러난다. 칼 슈미트에 따르면, 주권이란 비상사태를 결단할 수 있는 힘이다.[230] 여기서 비상사태는 민주적 법치국가 시스템이 정상적으

230. "Souverän ist, wer über den Ausnahmenzustand entscheidet." C. Schmitt, *Politische Theologie: Vier Kapitel zur Lehre von der Souveränität*, Achte Aufl. (Berlin 2004), 13쪽.

로 작동하지 못하는 정치적 한계상황을 말한다. 이러한 주권 개념은 원래 왕권신수설을 정당화하는 동시에 절대군주가 지닌 권력의 절대적 힘을 논증하기 위한 것으로서 등장하였다. 그러나 사회구조가 변화하고 근대 계몽주의 및 이에 터 잡은 민주주의 이념이 출현하면서, 주권 개념의 의미론 역시 바뀌게 된다. 일단 기존의 군주주권 개념을 대신해 국민주권 개념이 자리 잡는다. 하지만 국민주권 개념이 자리매김하면서, 주권 개념의 의미는 변화를 맞게 된다. 군주주권 당시 주권 개념은 군주라는 인격체에게 귀속되는 절대적이고 분할할 수 없는 권력을 뜻하였다. 그러나 국민주권 개념이 정착하면서, 주권은 더 이상 절대적이고 분할할 수 없는 권력이라는 의미론을 유지할 수 없게 되었다. 국민 자체가 단일한 인격체가 아니기 때문이다. 이러한 근거에서 켈젠(Hans Kelsen) 같은 법실증주의자들은 아예 주권 개념을 해체하고자 하였다. 또는 일각에서는 주권 개념을 정당성 개념으로 대체하기도 하였다.[231] 이에 따르면, 국민주권이란 모든 국가권력의 정당성 원천이 국민에게 있다는 것을 보여주는 개념에 불과할 뿐이다.

이와 달리 필자는 하버마스의 주장을 원용하여 주권을 소통적 권력이자 집단적 권력으로 파악한다.[232] 이렇게 주권 개념을 설정하면, 두 가지 이론적 장점을 얻을 수 있다. 첫째는 국민주권을 단순히 추상적인 권력이나 정당성 개념으로 환원할 필요 없이, 이를 구체적이고 실질적인 권력을 새길 수 있다는 것이다. 둘째는 주권 개념을 집단적·소통적 권력으로 재해석하면, 이를 반드시 정치적 권력으로만 한정시킬 필요가 없다는 것이다. 오늘날 주권 개념은 단순히 정치체계의 개념으로만 한정할 것이 아니라, 사회의 기능적 분화에 맞게 각 사회적 기능체계에도 적용할 수 있는

231. 한스 켈젠, 민준기 (옮김), 『일반 국가학』(민음사, 1990), 160쪽.

232. 이에 관해서는 양천수, "오늘날 우리에게 필요한 주권 개념 모색: 결단과 토론 사이에 선 주권 개념", 『법과 사회』제46호(2014. 6), 67-106쪽 참고.

개념으로 탈바꿈될 수 있는 것이다. 이를테면 이미 통용되고 있는 것처럼, 경제영역에서는 '소비자주권'을 말할 수 있고, 학문영역에서 '학문적 주권'을 그리고 교육영역에서는 '교육주권'을 언급할 수 있다. 필자의 이러한 맥락에서 정보영역에서 통용될 수 있는 '빅데이터 주권'을 언급할 수 있다고 생각한다.

(b) 빅데이터 주권의 의미 이렇게 빅데이터 주권이 개념적으로 성립할 수 있다면, 그것의 의미는 무엇인가? 빅데이터 주권이란 빅데이터 수집·저장·관리·이용에 대한 집단적·소통적 권력을 말한다. 다시 말해, 빅데이터를 수집하고 저장하며 관리하고 이용하는 것을 집단적·소통적으로 결정할 수 있는 권력이 바로 빅데이터 주권인 셈이다. 필자는 이러한 빅데이터 주권은 원칙적으로 각 정보주체 집단적으로 귀속된다고 생각한다. 물론 빅데이터 가운데는 인간주체와 관련되지 않은 것들도 많이 있으므로, 모든 빅데이터에 대한 주권이 각 정보주체에게 귀속된다고는 말할 수 없을 것이다. 그러나 이 연구에서 문제가 되는 개인정보 빅데이터에 대한 주권은 이러한 데이터의 원천인 각 정보주체에게 집단적으로 귀속된다고 볼 수 있다. 이렇게 모든 정보주체가 개인정보 빅데이터에 대한 주권을 집단적으로 보유한다는 것은 개인정보인권이 빅데이터 과학의 유용성보다 우위에 있다는 것을 보여줄 뿐만 아니라, 전체 사회에서 빅데이터를 어떻게 처리해야 할지 역시 각 정보주체가 집단적·소통적으로 결정할 수 있는 대상이라는 점을 시사한다.

(c) 빅데이터 주권의 필요성 그러면 이러한 빅데이터 주권이 필요한 이유는 무엇인가? 사실 위에서 말한 빅데이터 주권의 내용을 살펴보면, 이는 실질적으로는 개인정보인권의 우선성을 달리 표현한 것이라고도 볼 수 있다. 더군다나 아래처럼 빅데이터 인권을 독자적인 인권으로 인정하

고자 한다면, 이와 별도로 빅데이터 주권을 인정할 필요가 있을지 의문이 제기될 수 있다. 그러나 필자는 주권 개념이 갖고 있는 상징성에 비추어볼 때, 빅데이터 주권을 개념적으로 인정하는 것이 유용하다고 판단한다. 이미 잘 알려져 있듯이, 주권 개념은 가장 강력한 권력을 의미한다. 오늘날 이러한 주권은 국민주권으로서 작동하고 있는데, 앞에서 주장한 것처럼, 필자는 현대사회의 기능적 분화에 맞게 주권도 각 기능영역에 맞게 개념적으로 분화된다고 생각한다. 기능적으로 분화된 주권은 각 영역에서 가장 강력한 권력을 상징한다.[233] 이러한 맥락에서 보면, 빅데이터 영역에서 가장 강력한 권력은 빅데이터 주권이라고 말할 수 있다. 현대 정보민주주의 사회에서 이러한 빅데이터 주권은 모든 개인적 정보주체에게 있다고 보아야 한다.

• 빅데이터 인권 개념의 가능성 •

필자는 빅데이터 주권과 더불어 빅데이터 인권 역시 개념적으로 가능하다고 판단한다. 물론 빅데이터 주권의 경우처럼, 빅데이터 인권에 대해서도 세 가지 의문을 던질 수 있다. 첫째, 빅데이터 인권이 개념적으로 가능한가? 둘째, 빅데이터 인권을 개념적으로 인정할 필요가 있는가? 셋째, 만약 가능하다면 빅데이터 인권의 내용은 무엇인가?

(a) 빅데이터 인권 개념의 가능성 첫째, 새로운 인권 개념으로서 빅데이터 인권을 개념적으로 인정하는 것은 이론적으로 어려운 일은 아니라고 생각한다. 왜냐하면 인권의 형성 메커니즘에서 살펴본 것처럼, 인권은 고정적 실체 개념이 아니라 구성적·가변적 개념이고, 따라서 사회에서 인권

233. 물론 이러한 상황에서도 전통적인 주권 개념에 상응하는 정치적 주권은 다른 주권들보다 우위에 선다고 말할 수 있다.

에 관해 이루어지는 소통이 새로운 인권 개념을 요청하는 경우에는 빅데이터 인권과 같은 새로운 인권 역시 인정할 수 있다. 정보자기결정권 등과 같은 정보인권 자체가 19세기 이전에는 존재하지 않았다는 점을 기억할 필요가 있다.

(b) 빅데이터 인권 개념의 필요성 둘째, 기존에 존재하던 정보인권이 아닌 빅데이터 인권을 새롭게 인정해야 할 필요가 있는가? 빅데이터를 연구한 다수의 과학자들이 인정하는 것처럼, 빅데이터는 지금까지는 다른 새로운 패러다임을 창출한다.[234] 그리고 다수의 법학자들이 지적하는 것처럼, 기존의 정보자기결정권은 빅데이터 환경에 성공적으로 대응할 수 없다. 이러한 점에서 잊혀질 권리와 같은 새로운 정보인권이 논의되고 있는 상황이다. 이러한 상황을 고려할 때, 필자는 빅데이터 환경에 적절하게 대응할 수 있는 빅데이터 인권을 새롭게 모색해야 할 필요가 있다고 생각한다.

(c) 빅데이터 인권 개념의 내용 셋째, 그렇다면 빅데이터 인권이 담고 있는 규범적 내용이란 무엇인가? 그러나 사실 빅데이터 인권이 완전히 새로운 규범적 내용을 담고 있는 것은 아니다. 오히려 필자가 모색하는 빅데이터 인권은 기존에 제도적으로 정착되거나 새롭게 논의되고 있는 정보인권의 유형들을 한 데 아우르는 것이다. 빅데이터 과학과 환경에 적절하게 대응할 수 있는 정보인권이라면 빅데이터 인권에 포함시킬 수 있다. 가령 정보자기결정권이나 잊혀질 권리, 더 나아가 최근 새롭게 논의되고 있는 IT-기본권 역시 빅데이터 인권의 규범적 내용에 포섭시킬 수 있다고 생각한다. 이렇게 보면 빅데이터 주권과 마찬가지로 빅데이터 인권 역시 실

---

234. 이를 설득력 있게 논증하는 빅토르 마이어 쇤베르거·케네스 쿠키어, 이지연 (옮김), 『빅데이터가 만드는 세상』(21세기북스, 2013), 19쪽 아래 참고.

질적인 내용을 담고 있기보다는 상징적인 의미를 갖는다고 보는 것이 더욱 정확할 것이다.[235] 일종의 강한 상징성을 갖는 집합적 인권이 바로 빅데이터 인권인 것이다.[236]

(d) 빅데이터 인권 개념의 유형 한편 이러한 빅데이터 인권은 크게 두 가지 유형으로 구별할 수 있다. '규범적 빅데이터 인권'과 '물리적·기술적 빅데이터 인권'이 그것이다. 규범적 빅데이터 인권이란 종래의 인권처럼 규범적 제도화 방법을 통해 빅데이터 과학으로부터 개인정보를 보장해 줄 것을 요청할 수 있는 인권을 말한다. 정보자기결정권이나 잊혀질 권리가 대표적인 경우에 해당한다. 이에 반해 물리적·기술적 빅데이터 인권이란 규범적 제도화 방법이 아니라, 프라이버시 친화적 설계와 같은 물리적·기술적 규제방법을 사용하여 개인정보를 보장해 줄 것을 요청할 수 있는 인권을 말한다. 물리적·기술적 빅데이터 인권은 기존의 인권논의에서 볼 때 완전히 새로운 차원의 인권이라고 말할 수 있다.

개인정보인권 보장방법 및 수단의 다원화

세 번째 방법적 기초로 언급할 만한 것으로서 개인정보인권 보장방법 및 수단을 다원화하라는 요청을 들 수 있다. 사실 빅데이터 주권이나 빅데이터 인권을 주장한다고 해서 빅데이터 과학에 대항하여 개인정보인권을 성공적으로 보장할 수 있는 것은 아니다. 특히 빅데이터 인권의 규범적 내용에 속하는 다양한 정보인권을 주장하는 것만으로는 개인정보인권을 효과적으로 보장할 수는 없다. 개인정보인권을 성공적으로 보장할 수 있

235. 물론 빅데이터 인권 중에서 물리적·기술적 빅데이터 인권은 기존에 논의되지 않았던 새로운 내용의 인권이라고 말할 수 있다.

236. 빅데이터 인권의 구체적인 내용은 아래 제5장 III. 참고.

으려면, 정보인권의 차원뿐만 아니라 다른 차원들, 예를 들어 책임법적 차원이나 조직법적 차원을 종합적으로 고려해야 한다. 말하자면, 개인정보인권의 보장방법과 수단을 다층적으로 다원화해야 한다. 그렇게 해야만 비로소 개인정보인권을 효과적으로 보장할 수 있다.

2. 규범적 빅데이터 인권에 의한 개인정보인권 보장방안

그러면 본격적으로 어떻게 개인정보인권을 보장할 수 있는지 살펴보도록 한다. 이에 대해서는 가장 먼저 빅데이터 인권을 통해 개인정보인권을 보장하는 방안을 생각할 수 있다.[237] 그런데 위에서 시사를 한 것처럼, 빅데이터 인권은 규범적 빅데이터 인권과 물리적·기술적 빅데이터 인권으로 유형화할 수 있다. 그렇다면 우선적으로 규범적 빅데이터 인권을 통해 개인정보인권을 보장하는 방안을 모색할 수 있을 것이다. 이와 관련하여 참고적으로 개인정보가 어떤 형태로 침해될 수 있는지를 〈표〉로 정리하여 제시해 보도록 한다.[238]

237. 물론 더욱 정확하게 말하면, 빅데이터 인권을 통해 개인정보를 보장하는 것이라고 말해야 한다. 그러나 개인정보뿐만 아니라 개인정보'인권' 그 자체도 보호대상이 된다는 점에 주목해야 한다. 이러한 맥락에서 빅데이터 인권이라는 개념을 사용하면, 빅데이터 인권이 대상으로 하는 개인정보를 보장할 수 있을 뿐만 아니라, 빅데이터 인권이 규범적으로 포함하는 개인정보인권 그 자체도 보장할 수 있다. 개념 그 자체를 강조함으로써 개념 그 자체를 보호할 수 있는 것이다.

238. 아래 〈표〉는 박민영, "빅 데이터(Big Data)의 공법적 재조명", 『성균관법학』제26권 제1호(2014. 3), 59쪽에 게재된 것을 부분적으로 수용하여 원용한 것이다.

〈표〉 개인정보의 침해유형

단 계	침해유형	개인정보 침해위협 및 요인
수 집	부적절한 개인정보 수집	– 사용자가 인지하지 못하는 소프트웨어 등을 이용하여 개인정보 수집 – 개인정보가 포함된 콘텐츠를 크롤링하여 개인정보 수집
	동의 없는 사생활 모니터링	– 개인정보 소유자의 접속정보를 지속적으로 수집 및 분석 – 허가 없이 개인 위치정보 수집
	불필요한 개인정보 수집	– 상업적 목적 혹은 관리 편의성을 이유로 하여 불필요한 개인정보 수집 – 정당한 목적 없이 민감정보 수집
저장 및 관리	데이터베이스 · 시스템 미보호	– 개인정보가 저장된 데이터 베이스 · 시스템의 관리 소홀
	부주의로 인한 개인정보 노출	– 시스템 불법침입 및 실수로 개인정보 유출 – 권한 오류로 개인정보 유출
이용 및 제공	부적절한 분석	– 사용자의 동의 없이 구매내역 등을 분석하여 맞춤형 서비스에 이용 – 사용자 이동경로를 분석하여 악의적 목적에 사용
	동의 없는 광고성 정보 제공	– 사전동의를 거치지 않고 상품광고나 광고성 정보를 제공 – 사용자 동의 없는 개인정보 제3자 제공으로 광고성 스팸메일, SMS문자, 전화 발송
파 기	보유기간 이후에도 미파기	– 보유기간 경과 후에도 개인정보 및 위치정보 미파기 – 개인정보가 저장된 하드디스크의 저장 정보를 삭제하지 않고 방치
	불법적 개인정보 파기	– 파기권한을 가지지 않은 자가 개인정보를 임의로 파기 – 관리자의 실수로 개인정보 파기

정보자기결정권

• 의의 •

빅데이터 환경에서도 정보자기결정권은 가장 중요한 정보인권이자 빅데이터 인권의 핵심적 내용을 이룬다. 빅데이터 과학으로부터 개인정보를 보장하기 위해서는 가장 우선적으로 정보자기결정권이 제대로 작동해야 한다. 따라서 빅데이터 환경에서 정보자기결정권의 규범적 의미를 폄훼하고자 하는 시도는 타당하지 않다. 이러한 점에서 현행 개인정보보호법의 기본태도는 유지해야 한다고 생각한다.

• 개인정보의 범위 •

같은 맥락에서 개인정보의 범위 역시 기본적으로 현행 태도를 유지하는 것이 타당하다.[239] 이를 시사하듯 유럽연합의 2012년 일반정보보호규칙(안) 역시 빅데이터 환경에 대응하기 위해 개인정보의 범위를 축소하고 있지는 않다. 빅데이터 과학 및 환경에 적정하게 대응하기 위해서는 개인정보의 개념을 축소하기보다는 오히려 개인정보사용에 대한 동의방식을 수정하는 것이 더욱 바람직하다. 다만 현행 개인정보보호법이 규정하는 개인정보의 개념 중에서 '결합가능성' 표지에 관해서는 신중하게 고려해야 할 점이 없지 않다. 빅데이터에 관한 유력한 견해가 주장하는 것처럼, 쿠키정보처럼 인터넷 웹페이지를 방문했을 때 자동적으로 생성되는 정보 등을 개인정보의 범주에 포함시킬 수 있는지 문제될 수 있다. 왜냐하면 이 정보들은 그 자체만으로는 특정 개인을 식별할 수 없지만, 빅데이터화되어 데이터 마이닝을 거치게 되면 자연스럽게 어느 누구의 쿠키정보인지 식별할 수 있게 해주기 때문이다. 빅데이터 과학을 활성화시키는 것을 더욱 중요하게 여기는 진영에서는 이 같은 쿠키정보 등을 개인정보의 범주에서 제외시키고자 하지만, 필자는 오히려 빅데이터 과학의 힘을 고려할 때 이러한 정보들은 개인정보 범주에 포함시켜야 한다고 판단한다. 그 점에서 현행 개인정보보호법의 태도는 타당하다.

---

239. 오길영, "빅데이터 환경과 개인정보의 보호방안: 정보주체의 관점에서 바라본 비판적 검토를 중심으로", 『일감법학』제27호(2014. 2), 170쪽 아래.

• 사전동의 방식의 완화 •

이미 분석한 것처럼, 현행 개인정보보호법은 개인정보 수집 및 사용 등에 관해 엄격한 사전동의(opt-in) 방식을 취하고 있다. 이는 미국보다는 유럽의 입법태도를 수용한 것이다. 이를 통해 개인정보를 수집·사용함으로써 얻게 되는 사회적 공리보다 개인정보인권 그 자체를 우선시키고 있다. 그러나 이러한 방식은 개인정보인권과 빅데이터 과학을 통해 획득하는 사회적 공리 사이의 실제적 조화를 실현하는 데 장애가 된다. 위에서 언급한 것처럼, 쿠키정보 등은 빅데이터 환경에서 볼 때 개인정보라고 말할 수 있는데, 그렇다면 이에 대해서도 엄격한 사전동의를 받아야 한다. 하지만 이러한 정보들에 대해 사전동의를 엄격하게 관철하는 것은 아주 번잡하고 비효율적인 일이다. 물론 이것이 기술적으로 불가능한 것은 아니다. 인터넷 사용자가 매번 웹페이지에 들어갈 때마다 개별적으로 사전동의를 받는 것도 기술적으로는 가능하다. 그러나 이는 일종의 과잉규제에 해당한다. 그렇게 되면 인터넷을 사용하는 것이 아주 번거로워지고 인터넷이 갖고 있는 효율성도 아주 감소할 것이다. 이와 달리 아예 인터넷 익스플로러 등과 같은 웹브라우저 등을 사용할 때 처음부터 사전동의를 받는 것도 고려할 수 있다. 그러나 이는 일종의 과소규제에 해당한다. 이렇게 포괄적 동의를 받게 하면, 사전동의 방식이 갖는 규범적 의미가 퇴색하기 때문이다. 그러므로 이러한 문제에 대처하기 위해서는 이러한 정보들에 대해서는 사후승인(opt-out) 방식의 정보자기결정권을 채택하는 것이 바람직하다. 미국처럼 쿠키정보 등을 빅데이터화하여 개인을 식별할 수 있는 개인정보로 만든 경우에는 이러한 정보의 관리·사용 등에 대해 각 이용자에게 사후승인을 받는 것을 고려할 수 있다.

• 정보자기결정권의 한계 •

그러나 오늘날 정보자기결정권은 개인정보이익을 보장하기 위한 방안으로서 큰 실효성을 거두지는 못하고 있다. 왜냐하면 오늘날 빅데이터 사업자들은 포괄적 사전동의 방식을 채택함으로써 사실상 정보자기결정권을 형해화하고 있기 때문이다. 이를 막기 위해서는 포괄적 사전동의방식을 남용하지 못하도록 규제해야 한다. 사전동의는 가능한 한 명확하고 구체적인 방식으로 이루어질 수 있도록 해야 한다. 이에 대해서도 정보보호위원회와 공정거래위원회가 규제할 수 있어야 한다.

이뿐만 아니라, 정보자기결정권은 다른 측면에서도 내재적 한계를 지닌다. 이미 앞에서도 지적한 것처럼, 정보자기결정권은 만능의 해결사가 되어서는 안 된다. 달리 말해, 정보자기결정권을 행사했다고 해서, 정보주체가 자신의 모든 개인정보를 처분할 수 있는 것은 아니다. 제 아무리 정보자기결정권을 자율적으로 행사했다 하더라도, 정보주체가 자신의 개인정보를 처리하도록 하는 데는 일정한 내재적 한계가 있다고 해야 한다. 이에 관해서는 독일에서 성장한 인격영역이론이 좋은 참고가 될 수 있다.[240]

인격영역이론은 인격권이 보호하고자 하는 인격의 보호영역을 다양하게 유형화한다. 그리고 각 영역이 지닌 특성을 고려하여 인격권에 대한 제한 여부 및 보호강도를 판단한다. 일종의 유형론적 사고방식에 해당한다. 이러한 인격영역이론에 따르면, 인격의 보호영역은 다음과 같이 유형화할 수 있다. "내밀영역"(Intimsphäre), "비밀영역"(Geheimnisphäre), "사적영역"(Privatsphäre), "사회적 영역"(Sozialsphäre), "공개적 영역"(Öffentlichkeitsphäre)이 그것이다.[241] 인격영역이론은 이렇게 인격의 보호영역을 유형화하여 인격권의 보호정도를 차등화하려 한다. 가령 내밀영역에서는 인격권을 절대적으로 보호하고자 하는 반면, 공개적 영역에서는 인격권에 대한 보호를 최

240. 아래 내용은 양천수, 『민사법질서와 인권』(집문당, 2013), 249-250쪽에서 원용한 것이다.

241. 이에 관해서는 김재형, "언론의 사실보도로 인한 인격권의 침해", 『서울대학교 법학』제39권 제1호(1998. 5), 196-199쪽 참고. 독일어 원어에 대한 번역도 김재형 교수의 번역을 따랐다.

대한 완화하고자 한다. 이러한 인격영역이론에 따르면, 인격권은 내밀영역〉비밀영역〉사적영역〉사회적 영역〉공개적 영역 순으로 차등화되어 보장된다.

〈도식〉 인격영역이론에 따른 인격권의 보호정도

내밀영역 > 비밀영역 > 사적영역 > 사회적 영역 > 공개적 영역

이러한 인격영역이론을 원용하면, 제 아무리 정보자기결정권을 행사한다 하더라도 인격의 핵심영역에 속하는 내밀영역은 정보주체가 함부로 처분할 수 없다고 보아야 한다. 이러한 맥락에서 정보자기결정권은 내재적 한계를 지닐 수밖에 없다.

최소한의 정보사용 요청권

두 번째로 최소한의 정보사용 요청권을 빅데이터 인권으로 고려할 수 있다. 이는 개인정보보호법 제3조 제1항이 규정하는 '최소한의 개인정보 사용원칙'에서 도출한 것이다.[242] 이에 따라 각 정보주체는 개인정보처리자가 명확하게 설정한 처리목적의 범위 안에서 최소한의 개인정보만을 처리할 것을 요청할 수 있다.

개인정보 익명처리 요청권

세 번째로 개인정보 익명처리 요청권을 빅데이터 인권을 제시할 수 있다. 위에서 언급한 최소한의 정보사용 요청권처럼, 개인정보 익명처리 요

242. 법이론적 견지에서 보면, 인권 역시 원칙적 규범이라고 할 수 있으므로, 개인정보 보호 원칙에서 주관적인 인권규범을 이끌어낼 수 있다.

청권 역시 개인정보보호법 제3조 제7항이 규정하는 '개인정보 익명처리의 원칙'에서 이끌어낸 빅데이터 인권이다. 객관적인 성질을 갖는 '개인정보 익명처리의 원칙'에서 주관적인 성질을 갖는 '개인정보 익명처리 요청권'을 도출해낸 것이다. 이에 따르면, 정보주체는 정보처리자가 가능한 한 수집한 개인정보를 익명화하여 처리할 것을 요청할 수 있다. 이러한 개인정보 익명처리 요청권은 빅데이터 과학에 대응하여 개인정보인권을 보장하는 데 중요한 역할을 한다.

자기프로파일링 결정권

• 의의 •

네 번째 빅데이터 인권으로서 자기프로파일링 결정권을 생각해 볼 수 있다. 정보자기결정권이 주로 자기정보에 대한 수집 및 저장을 통제하는 빅데이터 인권이라면, 자기프로파일링 결정권은 이렇게 정보자기결정권을 통해 수집·저장된 개인정보를 사용하는 방식을 통제하는 빅데이터 인권이다. 빅데이터 환경에서 개인정보에 대한 빅데이터는 주로 해당 개인을 프로파일링 하는 데 사용된다. 이를 통해 해당 개인의 성향이나 선호도, 취향 등을 알아내고, 더 나아가 해당 개인이 앞으로 어떻게 행동할 것인지를 예측한다. 기업 입장에서는 해당 개인이 앞으로 어떻게 행동할 것인지를 예측할 수 있다면, 새로운 마케팅 전략을 마련하고 이를 실행하는 데 큰 도움이 될 것이다. 뿐만 아니라, 타깃 마케팅을 전개함으로써 매출을 제고할 수 있다. 이 점에서 빅데이터 사업자들은 해당 빅데이터를 사용하여 모든 개인들을 프로파일링 하고자 할 것이다. 그러나 이는 동시에 심각한 정보인권 침해가 될 수 있다. 그 점에서 이러한 프로파일링에 대한 결정권을 일종의 빅데이터 인권으로서 해당 정보주체에게 부여할 필요가 있다.

• 금지되는 '포괄적 프로파일링'과 허용되는 '개별적 프로파일링' •

그러면 이렇게 개인을 프로파일링 하는 것을 어느 범위에서 허용할 것인가? 해당 개인이 허락하기만 하면, 해당 개인을 포괄적으로 프로파일링 하는 것도 허용할 수 있는가? 그러나 필자는 이에 대해 반대한다. 개인에 대한 프로파일링은 크게 두 가지로 구분할 수 있다. '포괄적 프로파일링'과 '개별적 프로파일링'이 그것이다. 포괄적 프로파일링은 해당 개인의 정보를 포괄적으로 수집하여 분석하는 것을 말한다. 포괄적 프로파일링이 이루어지면, 해당 개인에 대한 거의 모든 정보를 알 수 있다. 이에 대해 개별적 프로파일링은 해당 개인이 갖고 있는 여러 가지 성격이나 취향, 선호도 등과 같은 것들 중에서 어느 한 쪽만을 집중적으로 분석하는 것을 말한다. 예를 들어, 해당 개인이 어떤 책을 좋아하는지, 어떤 옷을 좋아하는지, 어떤 음식을 좋아하고 어떤 여행을 좋아하는지 등 어느 한 분야만을 분석하는 것이 개별적 프로파일링이다. 이러한 개별적 프로파일링은 해당 개인의 인격적 측면 중에서 어느 한 면만을 드러내는 것이라는 점에서 포괄적 프로파일링에 비해 덜 위험하다. 더불어 개별적 프로파일링은 해당 개인에게 이익을 제공한다. 예를 들어, 사업자는 개별적 프로파일링을 이용하여 해당 개인이 원하는 상품을 제 때에 제공할 수 있다. 맞춤형 마케팅을 제공함으로써 해당 개인은 거래 비용을 줄이면서 자신이 원하는 쇼핑을 할 수 있다. 이러한 근거에서 필자는 자기프로파일링 결정권은 개별적 프로파일링에만 적용될 수 있다고 생각한다. 만약 특정한 개인이 개별적 프로파일링에 동의하면, 사업자는 빅데이터 과학을 이용하여 해당 개인을 개별적으로 프로파일링 할 수 있다. 물론 이 경우에도 개인이 허락한 목적범위를 벗어나서는 안 된다. 그러나 포괄적 프로파일링은 절대적으로 금지해야 한다고 생각한다. 설사 자신이 동의한다 하더라도 포괄적 프로파일링은 허용할 수 없다고 보아야 한다. 이 점에서 자기프로파일링 결정권은 포괄적 프로파일링에 대해서는 적용되지 않는다.

•범죄수사를 목적으로 한 개별적 프로파일링의 가능성•

이와 관련하여 한 가지 짚고 넘어가야 할 쟁점이 있다. 사회통제, 특히 범죄수사를 목적으로 하여 개별적 프로파일링을 허용할 수 있는가 하는 문제가 그것이다. 이 문제는 그 자체가 독자적인 연구를 필요로 할 정도로 중요한 문제이므로, 이 연구에서는 정면에서 다룰 수 없다. 따라서 여기에서는 이 문제에 대한 필자의 생각을 간략하게 제시하는 데 그치고자 한다.

(a) 개별적 프로파일링으로서 범죄수사를 목적으로 한 프로파일링(?) 위에서 지적한 것처럼, 필자는 포괄적 프로파일링은 전면적으로 금지한다. 이 경우에는 정보주체의 자기결정이 있다 하더라도 허용할 수 없다. 정보자기결정권이 내재적 한계를 갖는 경우에 해당한다. 그러나 개별적 프로파일링의 경우에는 정보주체의 자율적인 동의만 있으면 허용할 수 있다고 생각한다. 이러한 논리에서 보면, 범죄수사의 목적으로 정보주체를 프로파일링 하는 것은 개별적 프로파일링이라고 할 수 있으므로, 정보주체의 자율적인 동의만 있으면 허용할 수 있는 것처럼 보인다. 하지만 여기에는 몇 가지 문제가 있다.

(b) 이론적 문제 첫째, 범죄수사를 목적으로 해당 정보주체의 자율적인 동의를 받아 개인정보를 수집한 다음 이를 프로파일링 하는 것은, 해당 정보주체에게 이익을 주기보다는 손해, 즉 위험을 안겨준다는 점이다. 이는 다른 개별적 프로파일링과는 차이가 있다. 이를테면 책을 추천해 주기 위해 도서구입자의 개인정보를 프로파일링 하는 것은 정보처리자뿐만 아니라 정보주체인 도서구입자에게도 이익이 된다. 말하자면, 이러한 경우에는 '상호적인 이익'을 창출하는 셈이다. 그러나 범죄수사를 목적으로 개별적 프로파일링을 하는 것은 수사기관에게는 이익이 되지만, 정보주체에게는 이익이 되지 않는다. 요컨대, 이 경우에는 '편면적인 이익'만을 창출

할 뿐이다. 이러한 근거에서 해당 정보주체가 범죄수사를 목적으로 하는 개별적 프로파일링에 동의하지 않을 가능성이 높다.

둘째, 범죄수사를 목적으로 정보주체를 프로파일링 하는 것은 개별적 프로파일링에만 머물지 않을 가능성이 높다는 것이다. 왜냐하면 특정한 정보주체가 장차 범죄를 저지를 것인지를 예측하기 위해서는 해당 정보주체가 갖고 있는 개인정보를 총체적으로 분석할 필요가 있기 때문이다. 범죄 자체가 다양한 원인이 복합적으로 작용하여 발생하는 경우가 많기 때문에, 범죄수사를 목적으로 하는 프로파일링 역시 그 속성상 포괄적으로 이루어질 가능성이 높다. 이러한 근거에서 범죄수사를 목적으로 하는 프로파일링에는 개별적 프로파일링의 논리가 적용되기 어렵다.

(c) 해결책 그러면 범죄수사를 목적으로 개인정보를 프로파일링 하는 것은 불가능한 것일까? 이에 대해 필자는 두 가지 방안을 제안할 수 있다고 생각한다. 첫 번째 방안은 특별법을 제정함으로써 문제를 해결하는 것이다. 이 문제는 아래에서 상세하게 다루도록 한다. 두 번째 방안은 다음과 같은 해석론으로 문제를 해결하는 것이다. 우리 개인정보보호법은 모든 개인정보 수집 및 활용에 대해 정보주체의 동의를 얻도록 하고 있으므로, 범죄수사를 목적으로 프로파일링을 하고자 하는 경우에는 정보주체로부터 정보자기결정권에 따른 사전동의를 명확하게 받아야 한다. 이 경우에 정보처리자는 자신이 수집하는 정보가 범죄수사를 목적으로 프로파일링 될 수 있다는 점을 명확하고 구체적으로 사전에 고지한 후 정보주체로부터 동의를 받아야 한다. 나아가 이렇게 사전동의를 받아 수집한 개인정보를 프로파일링 하는 경우에는 가능한 한 개인정보를 익명화하여 처리해야 한다. 이뿐만 아니라, 가능한 한 포괄적 프로파일링이 이루어지지 않도록 데이터 마이닝 자체를 통제할 수 있어야 한다. 이는 개인정보보호법에 포괄적 데이터 마이닝 금지규정을 신설하고, 이를 위반한 경우 강

력한 형벌이나 과징금 또는 징벌적 손해배상을 마련하면 어느 정도 가능할 수 있을 것이다.

정확한 데이터 마이닝 요청권

더불어 자기프로파일링 결정권에는 개별적 프로파일링을 할 때 빅데이터를 정확하게 분석할 것을 요청할 수 있는 권리가 포함된다. 이를테면 데이터 마이닝을 할 때 가능한 한 정확한 알고리즘을 사용하여 개인정보를 분석할 것을 요청할 수 있다.[243] 데이터 마이닝을 잘못하게 되면 개별적 프로파일링 역시 부정확하게 이루어지기 때문이다. 정확한 데이터 마이닝 요청권은 개인정보보호법 제3조 제3항이 규정하는 '개인정보의 정확성' 원칙에 기초를 둔 빅데이터 인권이다. 한편 이러한 정확한 데이터 마이닝 요청권을 현실화하기 위해서는 데이너 마이닝을 전문적으로 수행하는 새로운 전문가집단인 '알고리즈미스트'(algorithmist)의 역할이 중요하다. 이러한 맥락에서 쇤베르거와 쿠키어는 앞으로 새로운 전문직 종사자로서 알고리즈미스트가 부상할 것이라고 예측한다. 알고리즈미스트는 수학적 알고리즘을 활용하여 데이터 마이닝을 수행하는 전문가로서 주로 컴퓨터 과학, 수학, 통계학의 전공자들이 이러한 역할을 수행할 것이라고 한다.[244]

잊혀질 권리

• 의의 •

최근에 여러 모로 각광을 받고 있는 잊혀질 권리 역시 당연히 빅데이터 인권에 포함된다. 정보자기결정권이나 최소한의 정보사용 요청권이 개인

243. 이에 관해서는 빅토르 마이어 쇤베르거·케네스 쿠키어, 이지연 (옮김), 『빅데이터가 만드는 세상』(21세기북스, 2013), 327쪽 아래 참고.

244. 빅토르 마이어 쇤베르거·케네스 쿠키어, 이지연 (옮김), 『빅데이터가 만드는 세상』(21세기북스, 2013), 328쪽 아래 참고.

정보의 수집 및 저장 등을 통제하는 권리이고, 자기프로파일링 결정권이나 정확한 데이터마이닝 요청권이 개인정보 사용을 통제하는 것이라면, 잊혀질 권리는 이미 정보로서 그 가치가 끝난 개인정보를 망각의 세계로 이전시키도록 하는 권리이다. 디지털 시대가 도래하기 이전에는 오랜 기간 동안 인류는 망각보다는 기억을 더욱 소중한 미덕으로 여겨왔다. 이러한 경향은 지금도 살아남아 예를 들어 각종 시험 등에서 우리는 무엇인가를 잘 기억하는 능력을 우수한 인재의 징표로 여긴다. 그러나 쇤베르거가 설득력 있게 분석한 것처럼,[245] 거의 모든 정보가 디지털화되고 있는 오늘날에는 그 무엇인가를 영원히 기억할 수 있게 되면서 오히려 더 골치 아픈 문제들이 발생하고 있다. 그 때문에 인간의 불완전한 기억능력을 대신할 수 있는 디지털 장치가 여기저기에 널려 있는 오늘날의 디지털 시대에는 이제 기억보다는 망각이 더욱 소중한 미덕으로 자리 잡고 있다.[246] 잊혀질 권리는 이러한 맥락에서 등장한 권리로서 디지털 기억장치가 할 수 없는 망각의 미덕을 가능하게 하는 빅데이터 인권이라고 말할 수 있다.

•'주관적 잊혀질 권리'와 '객관적 잊혀질 권리'•

이러한 잊혀질 권리는 크게 '주관적 잊혀질 권리'와 '객관적 잊혀질 권리'로 나눌 수 있다. 여기서 주관적 잊혀질 권리는 통상 잊혀질 권리로 지칭되는 권리를 말한다. 정보인권주체가 빅데이터 사업자 등에 대해 자신의 정보를 삭제해 줄 것을 적극적으로 요청할 수 있는 권리가 바로 주관적 잊혀질 권리이다. 정보주체의 주체적·적극적 삭제요청을 필요로 하기 때문에 '주관적' 잊혀질 권리라고 말한다. 이에 대해 객관적 잊혀질 권리는 정보

245. 빅토르 마이어 쇤베르거·케네스 쿠키어, 이지연 (옮김), 『빅데이터가 만드는 세상』(21세기북스, 2013), 잊혀질 권리 참고.

246. 이와 달리 최근에 개봉한 영화 "기억전달자"(The Giver)(감독: 필립 노이스)는 여전히 인간 기억이 갖고 있는 미덕을 강조한다.

주체가 적극적으로 정보를 삭제할 것을 요청하지 않아도 해당 정보가 일정한 기간이 지나면 삭제되도록 하는 것을 말한다. 구체적으로 말하면, 정보 자체에 기술적으로 '정보만료일'(expiration date for information)을 설정함으로써 이러한 정보만료일이 도과하면 자동적으로 정보가 망각의 세계로 이전하도록 하는 것을 말한다.[247] 객관적 잊혀질 권리는 주로 기술적 규제의 차원에서 이루어진다. 이러한 점에서 객관적 잊혀질 권리는 규범적 빅데이터 인권이 아닌, 물리적·기술적 빅데이터 인권에 속한다고 말할 수 있다.

•잊혀질 권리의 한계•

이러한 잊혀질 권리는 정보주체가 원치 않는 정보가 망각의 세계로 넘어갈 수 있도록 도와준다. 그 점에서 잊혀질 권리는 빅데이터 시대의 인권으로서 꼭 필요하다고 말할 수 있다. 그러나 이러한 잊혀질 권리를 절대적으로 무한정 보장하는 것은 적절하지 않다. 잊혀질 권리는 그 자체 이율배반적인 속성을 지니고 있기 때문이다. 한편으로 잊혀질 권리는 망각을 상실한 현대 디지털사회에서 정보가 망각되는 것을 가능하게 한다. 그러나 다른 한편으로 잊혀질 권리는 우리가 잊지 말아야 하는, 즉 기억해야 하는 역사적 사실이나 정보주체의 범죄적 정보 등을 지우거나 세탁하는 데 오용될 수 있다. 같은 맥락에서 잊혀질 권리는 현대 민주주의 사회에서 필수적인 인권인 의사소통적 자유를 자의적으로 침해할 수도 있다. 이러한 이유에서 잊혀질 권리는 엄격한 요건 아래에서 제한적으로만 사용되어야 한다. 이 때 비례성원칙이 잊혀질 권리의 인정범위를 결정하는 데 중요한 기여를 할 수 있다.[248]

---

247. 정보만료일 규제에 관해서는 빅토르 마이어 쇤베르거, 구본권 (옮김), 『잊혀질 권리』(지식의 날개, 2013), 246쪽 아래 참고.

248. 전현욱, 『개인정보 보호에 관한 형법정책』(고려대학교 박사학위논문, 2011) 참고.

개인정보 영향평가 요청권

• 의의 •

개인정보 영향평가 요청권도 빅데이터 인권으로서 고려할 수 있다. 개인정보 영향평가 요청권은 빅데이터 사업자 등이 빅데이터를 수집함으로써 각 정보주체의 개인정보이익에 어떤 영향을 미치는지를 평가하도록 요청하는 권리를 말한다. 관련 정보주체가 이러한 권리에 따라 개인정보 영향평가를 요청하면, 데이터 수집주체는 개인정보 영향평가를 실시해야 한다. 이러한 개인정보 영향평가 제도는 이미 우리 개인정보보호법이 규정하고 있다. 이를테면 개인정보보호법 제33조는 "개인정보 영향평가"라는 표제 아래 제1항에서 다음과 같이 규정한다. 즉 "공공기관의 장은 대통령령으로 정하는 기준에 해당하는 개인정보파일의 운용으로 인하여 정보주체의 개인정보 침해가 우려되는 경우에는 그 위험요인의 분석과 개선 사항 도출을 위한 평가(이하 "영향평가"라 한다)를 하고 그 결과를 안전행정부장관에게 제출하여야 한다. 이 경우 공공기관의 장은 영향평가를 안전행정부장관이 지정하는 기관(이하 "평가기관"이라 한다) 중에서 의뢰하여야 한다."

• 생태적 인권으로서 개인정보 영향평가 요청권 •

필자는 이러한 개인정보 영향평가 요청권은 인권철학의 관점에서 볼 때 가장 대표적인 생태적 인권에 해당한다고 생각한다. 이러한 생태적 인권은 독일의 법사회학자인 군터 토이브너(Gunther Teubner)가 제안한 것이다. 아래에서 이를 간략하게 소개하도록 한다.[249]

그 누구보다도 선구적으로 법영역에서 루만의 체계이론을 수용한 토

---

249. 아래 내용은 양천수, "인권경영을 둘러싼 이론적 쟁점", 『법철학연구』제17권 제1호 (2014. 4), 159-188쪽에서 소개한 내용을 부분적으로 원용한 것이다.

이브너는 인권 역시 체계이론의 토대 위에서 새롭게 재구성한다.[250] 여기서 인권을 체계이론의 바탕 위에서 재구성한다는 것은, 행위모델이 아닌 소통모델의 바탕 위에서 인권을 재해석한다는 것을 의미한다. 토이브너는 체계이론의 토대 위에서 "분할적 기본권 개념"(divisionale Grundrechtskonzepte)과 "생태적 기본권 개념"(ökologische Grundrechtskonzepte)을 구별한다.[251] 여기서 "분할적 기본권 개념"이란 "〈전체와 부분〉이라는 도식에 바탕을 둔 것으로서, 전체 사회를 개별적인 주체로 분할하고 이렇게 분할된 주체를 기본권 주체로 설정하여 기본권을 파악하는 것"을 말한다. 지금까지 제시된 기본권·인권이론이 대부분 이러한 분할적 기본권 개념에 속한다. 분할적 기본권 개념에 따르면, 각각의 기본권 주체는 소통으로 연결되지 않는 분할된 그래서 개별적이고 고립된 주체이다. 각각의 기본권 주체는 소통이 아닌 행위를 통해 연결된다. 이러한 측면에서 분할적 기본권 개념은 〈전체와 부분〉이라는 도식뿐만 아니라, 〈주체-객체 모델〉 및 〈행위모델〉과 관련을 맺는다. 여기에서는 주체와 행위가 전면에 등장한다. 이러한 분할적 기본권 개념은 전체에 해당하는 국가와 개별 분할체에 해당하는 기본권 주체 사이의 대립과 충돌을 염두에 두면서, 기본권을 국가에 대항하는 수

---

250. 아래에서 소개하는 토이브너의 인권이론에 관해서는 우선 G. Teubner, "Die anonyme Matrix: Zu Menschenrechtsverletzungen durch 'private' transnationale Akteure", in: *Der Staat* 44 (2006), 165쪽 아래; 이에 대한 우리말 번역으로는 G. Teubner, 홍성수 (역), "익명의 매트릭스: '사적' 초국적 행위자에 의한 인권침해", 『인권이론과 실천』제6호(2009. 12), 45-70쪽; 토이브너의 인권이론을 소개하는 문헌으로서 홍성수, "인간이 없는 인권이론?: 루만의 체계이론과 인권", 『법철학연구』제13권 제3호(2010. 12), 268쪽 아래 참고.

251. 토이브너는 기본권과 인권을 개념적으로 구분한다. 토이브너에 따르면, 각 사회적 체계 안에서 인정되는 권리가 기본권에 해당하고, 사회적 체계 밖에 존재하는, 다시 말해 사회적 체계로부터 배제된 인간 그 자체에 대한 권리가 인권에 해당한다. 이러한 인권은 사회적 체계가 그 경계를 넘는 것에 대한 소극적 한계로서 기능을 수행한다.

단으로 이해한다. 따라서 기본권은 한편으로는 소송을, 다른 한편으로는 폭력을 정당화하는 수단이 된다. 또한 기본권은 사회 전체의 자원인 권력, 자본, 지식 등을 균형 있게 배분하는 데 기여한다.

이와 달리 생태적 기본권 개념은 사회 전체가 각각의 기능적 부분체계로 구성되고, 이러한 사회의 기능적 부분체계들은 소통으로 구성된다는 주장을 수용하여 행위가 아닌 소통을 기본권의 중심 개념으로 설정한다. 행위를 수행하는 행위주체가 기본권의 주체가 아니라, 각각 독자적인 소통을 생산하는 사회의 기능적 부분체계들, 즉 "집단으로 인격화되지 않은 자립화된 소통절차"가, 만약 이 경우에 주체라는 개념을 쓸 수 있다면, 기본권의 주체와 같은 기능을 수행한다. 이러한 생태적 기본권 개념에 따르면, "기본권은 일차적으로 각각의 자립화된 소통절차들이 고유한 기능을 수행할 수 있도록 그 경계를 명확하게 획정하는 기능"을 수행한다. 기본권은 각각의 소통절차들이 기능적 경계를 넘어 무한정 팽창하는 것을 막아야 한다. 더불어 기본권은 "자립화된 소통절차" 안으로 포함된 인격체들(Personen)이 각각의 소통절차에 원활하게 참여하여 소통을 생산하는 데 기여한다.

필자는 이렇게 토이브너가 제안한 생태적 기본권 또는 생태적 인권을 전형적으로 보여주는 권리가 바로 개인정보 영향평가 요청권이라고 생각한다. 왜냐하면 개인정보 영향평가 요청권은 빅데이터 과학을 매개로 하여 이루어지는 다양한 정치적·경제적·법적 소통절차가 개인정보인권을 매개로 하여 이루어지는 정보적 소통절차를 자의적으로 침해하는 것을 막고자 하기 때문이다.

•현행 개인정보 영향평가 제도의 한계•

현행 개인정보보호법 제33조가 개인정보 영향평가 제도를 규율하고 있다는 점에서 볼 때, 개인정보 영향평가 제도를 독자적인 법적 인권으로 인정할 가능성도 없지 않다. 그러나 크게 두 가지 측면에서 개인정보 영향평가 제도를 법적 인권으로 인정하는 것은 현재로서는 어렵다.[252] 첫째, 개인정보보호법 제33조는 개인정보 영향평가를 정보주체의 권리가 아닌 관련 공공기관의 의무로 설정하고 있다. 이에 따르면, 개인정보 영향평가 제도는 주관적 권리가 아닌 객관적 의무인 것이다. 둘째, 개인정보보호법은 개인정보 영향평가의 대상정보를 공공부문의 정보로 한정하고 있다는 점이다. 민간부문에 대해서는 아직 개인정보 영향평가 제도를 제도화하고 있지 않다.[253] 따라서 개인정보 영향평가 요청권을 실질적인 빅데이터 인권으로 활용하기 위해서는 이러한 두 가지 한계를 보완해야 한다.

3. 물리적 · 기술적 빅데이터 인권에 의한 개인정보인권 보장방안

빅데이터 인권의 내적 분화

• 새로운 규제형식으로서 물리적·기술적 규제 •

현대 정보화 사회에서는 정보통신기술이 비약적으로 발전하면서 과거에는 존재하지 않았던 새로운 규제형식이 등장하고 있다. 이른바 '아키텍처 규제'(architectural regulation)라고 하는 '물리적·기술적 규제'가 바로 그것이다.[254] 이는 현대 정보화 사회에서 '사회'(Gesellschaft)라는 사회적 체계와 정

---

252. 물론 개인정보 영향평가 요청권을 법적 인권으로 인정하기 어렵다는 것이지, 이를 도덕적 인권으로 인정하기 어렵다는 것은 아니다. 필자는 개인정보 영향평가 요청권은 이미 도덕적 인권으로 인정할 수 있다고 생각한다.

253. 이를 지적하는 이창범, "개인정보보호법제 관점에서 본 빅데이터의 활용과 보호 방안", 『법학논총』제37권 제1호(2013. 3), 552쪽.

254. 이에 관해서는 심우민, "사업장 전자감시 규제입법의 성격", 『인권법평론』제12호(2014. 2); 심우민, "정보통신법제의 최근 동향: 정부의 규제 개선방안과 제19대 국회 전반기 법률안 중심으로", 『언론과 법』제13권 제1호(2014. 6), 88쪽 아래 등 참고.

보통신기술이라는 기계적 체계가 상호진화를 함으로써 등장한 규제적 진화의 산물이다. 인간행위나 인간행위로 구성되는 사회적 구조나 체계를 직접적인 규제대상으로 삼는 법적 규제와는 달리, 물리적·기술적 규제는 컴퓨터 프로그램과 같은 기술적 언어나 건축공간 또는 도시구조 같은 물리적 구조를 규제함으로써 법적 규제와 동일한 효과를 거두고자 한다. 아니 규제의 강도나 실효성이라는 측면에서 보면, 물리적·기술적 규제가 법적 규제보다 더욱 강력한 힘을 발휘한다. 이를테면 형법상 주거침입죄라는 규범적 규제를 통해 주거침입을 막는 것보다는, 주거침입을 방지하기 위한 강력한 기술적 보안장치를 마련함으로써 더욱 효과적으로 주거침입을 막을 수 있다.

•법적 규제와 물리적·기술적 규제의 차이•

이러한 물리적·기술적 규제는 기존의 법적 규제와 비교할 때 다음과 같은 차이점이 있다고 언급된다.[255] 우선 법적 규제는 행위자가 이를 받아들일 것인가, 말 것인가에 대한 선택의 자유가 있지만, 물리적·기술적 규제에 대해서는 행위자에게 이러한 선택의 자유가 없다. 행위자는 물리적·기술적 규제를 받아들일 수밖에 없다. 예를 들어, 일정한 웹사이트가 기술적 규제를 사용해 미성년자는 사이트에 입장할 수 없도록 프로그램을 설정하면, 미성년자는 그렇게 할 수밖에 없다. 다음으로 법적 규제, 그 중에서는 형법적 규제는 현재의 행위뿐만 아니라 과거에 발생한 행위를 규제대상으로 삼는 반면, 물리적·기술적 규제는 지금 현재의 행위와 미래의 행위를 규제대상으로 삼는다. 말하자면, 물리적·기술적 규제는 현재적·미래

---

255 이에 관해서는 심우민, "정보통신법제의 최근 동향: 정부의 규제 개선방안과 제19대 국회 전반기 법률안 중심으로", 『언론과 법』제13권 제1호(2014. 6), 90쪽; Lee Tein, "Architectural Regulation and the Evolution of Social Norms", *Yale Journal of Law and Technology* 7 (1) (2005) 등 참고.

지향적 규제인 것이다. 나아가 법적 규제의 경우에는 법치국가 원리에 따라 이에 대한 절차적 정당화가 필요한데, 기술적·물리적 규제의 경우에는 이러한 절차적 정당화 과정이 필요하지 않다고 한다.[256] 마지막으로 기술적·물리적 규제는 매우 다양한 방식으로 이루어진다는 것이다.

• 규범적 빅데이터 인권과 물리적·기술적 빅데이터 인권 •

이러한 물리적·기술적 규제는 라이덴버그(Joel Reidenberg)나 레식(Lawrence Lessig)과 같은 정보법학자들이 강조한 것처럼 정보영역에서 전형적으로 발견할 수 있다.[257] 이는 이러한 새로운 규제방식을 빅데이터 인권에도 적용할 수 있다는 것을 뜻한다. 예를 들어, 정보자기결정권을 통해 불법적인 개인정보 수집을 통제하는 것보다 개인정보 수집을 불가능하게 만드는 기술적인 장치를 마련하는 것이 개인정보인권을 보장하는 데 더욱 효과적일 수 있다. 이를테면 법적 권리보다 기술적인 코드가 개인정보인권을 보장하는 데 더욱 실효적일 수 있는 것이다. 이러한 측면에서 필자는 빅데이터 인권을 두 가지로 구분하고자 한다. 규범적 빅데이터 인권과 물리적·기술적 빅데이터 인권이 그것이다. 여기서 물리적·기술적 빅데이터 인권은 물리적·기술적 규제수단을 이용하여 빅데이터 과학으로부터 개인정보인권을 보장할 것을 요청하는 인권을 말한다.

---

256. 그러나 이러한 주장에 대해서는 더욱 정확하게 검토할 필요가 있다. 필자는 물리적·기술적 규제가 사회 전반으로 확장되면, 이에 대한 절차적 정당화 과정이 요청될 것이라고 예상한다.

257. Joel Reidenberg, "Lex Informatics: The Formulation of Information Policy Rules through Technology", *Texas Law Review 76* (1998); Lawrence Lessig, *Code: And Other Laws of Cyberspace*, Version 2.0 (Basic Books, 2006).

프라이버시 친화적 설계 요청권

•의의•

그러면 물리적·기술적 빅데이터 인권으로서 무엇을 언급할 수 있는가? 이에 대해 필자는 프라이버시 친화적 설계 요청권을 제안할 수 있다고 생각한다. 이는 개인적 정보주체가 빅데이터 사업자들에 대해 정보통신시스템을 프라이버시 친화적으로 설계할 것을 요청할 수 있는 권리를 뜻한다. 여기서 프라이버시 친화적 설계란 '프라이버시 바이 디자인'(privacy by design)이라고도 하는데, '논리적 레이어의 차원'에서 가능한 한 정보주체의 프라이버시를 보호할 수 있도록 정보통신시스템을 설계하는 것을 말한다.[258] 정보통신시스템에 정보인권을 보호할 수 있도록 물리적·기술적 규제를 설정하라는 권리에 해당한다. 이러한 예로서 정보통신시스템에 객관적 정보만료일을 설정하는 것 등을 들 수 있다.

•프라이버시 친화적 설계의 일곱 가지 원칙•

이와 관련하여 캐나다 온타리오(Ontario) 주의 '정보와 프라이버시 위원'(Information & Privacy Commissioner)인 앤 커보우키안(Ann Cavoukian) 박사는 프라이버시 친화적 설계에 관한 일곱 가지 원칙을 제시한 바 있는데, 흥미로운 부분을 담고 있어 아래에서 간략하게 소개하도록 한다.[259]

---

258. '논리적 레이어의 차원'에 관해서는 심우민, "정보통신법제의 최근 입법동향: 정부의 규제 개선방안과 제19대 국회 전반기 법률안 중심으로", 『언론과 법』제13권 제1호(2014. 6), 91쪽 아래 참고.

259. Ann Cavoukian, "Privacy by Design: 7 Foundational Principles." 이 자료는http://www.privacybydesign.ca/content/uploads/2009/08/7foundationalprinciples.pdf (방문일자: 2014. 10. 29. 22:02)에서 확인할 수 있다. 이를 소개하는 국내문헌으로는 차상육, "빅데이터(Big Data) 환경과 프라이버시의 보호", 『IT와 법연구』제8집(2014. 2), 233-234쪽 참고.

(a) 사후적인 구제가 아닌 사전적 예방 원칙(Proactive not Reactive; Preventative not Remedial) 이 원칙에 따르면, 프라이버시 친화적 설계는 사후적인 구제가 아닌 사전적인 예방을 추구한다. 즉 프라이버시 침해가 이루어지지 않도록 사전에 기술적 설계를 하라는 것이다.[260]

(b) 프라이버시의 초기값 설정 원칙(Privacy as Default Setting) 이 원칙에 따르면, 프라이버시를 보장할 수 있도록 애초에 시스템을 설계할 때 프라이버시 보호를 초기값으로 설정해야 한다.[261] 쿠키정보를 자동적으로 저장하지 않도록 시스템을 설계하는 것이 이러한 예에 해당한다.

(c) 프라이버시를 포함한 설계 원칙(Privacy Embedded into Design) 이 원칙에 따르면, 정보처리 시스템이나 비즈니스 프로세스 등을 설계할 때부터 프라이버시를 포함해야 한다. 그렇게 하면 프라이버시 친화적 설계를 실현할 수 있기 때문이다.[262]

---

260. "The Privacy by Design (PbD) approach is characterized by Proactive rather than reactive measures. It anticipates and privacy invasive events before they happen. PbD does not wait for privacy risks to materialize, nor does it offer remedies for resolving privacy infractions once they have occurred-it aims to prevent from occurring. In short, Privacy by Design codes before-the-fact, not after."
261. "We can all be certain of one thing-the default rules! Privacy by Design seeks to deliver the maximum degree of privacy by ensuring that personal data are automatically protected in any given IT system or business practice. If an individual does nothing, their privacy still remains intact. No action is required on the part of the individual to protect their privacy-it is built into the system, by default."
262. "Privacy by Design(PbD) is embedded into the design and architecture of IT system and business practices. It is not bolted on as an add-on, after the fact. The result is that privacy becomes an essential component of the core functionality being delivered. Privacy is integral to the system, without diminishing functionality."

(d) 완전한 기능성 원칙(Full Functionality) 이 원칙에 따르면, 프라이버시 친화적 설계는 제로섬이 아닌 포지티브 섬(Positivie-Sum), 즉 상호배제가 아닌 상호보완을 추구한다. 이 때 말하는 상호보완이란 프라이버시와 안보(security) 사이의 상호보완을 말한다. 종전에는 양자를 서로 대립하는 가치로 파악했지만, 프라이버시 친화적 설계는 프라이버시와 안보가 서로 양립할 수 있도록 도모하는 것이다.[263]

(e) 처음부터 끝까지 보안 원칙(End-to-End Security) 이 원칙에 따르면, 프라이버시 친화적 설계는 데이터가 생성되어 수집, 관리, 분석, 이용되는 전 과정에서 프라이버시를 보장할 수 있도록 정보보안설계를 해야 한다.[264]

(f) 공개성 및 투명성 원칙(Visibility and Transparency) 이 원칙에 따르면, 프라이버시 친화적 설계는 정보처리과정이 모든 이해관계인들에게 공개되고 투명할 수 있도록 이를 설계해야 한다는 것을 말한다.[265]

---

263. "Privacy by Design seeks to accommodate all legitimate interests and objectives in a positive-sum "win-win" manner, not through a dated, zero-sum approach, where unnecessary trade-offs are made. Privacy by Design avoids the pretense of false dichotomies, such as privacy vs. security, demonstrating that it is possible to have both."
264. "Privacy by Design, having been embedded into the system prior to the first element of information being collected, extends securely throughout the entire lifecycle of the data involved –strong security measures are essential to privacy, from start to finish. This ensures that all data are securely retained, and then securely destroyed at the end of the process, in a timely fashion. Thus, Privacy by Design ensures cradle to grave, secure lifecycle management of information, end-to-end."
265. "Privacy by Design seeks to assure all stakeholders that whatever the business practice or technology involved, it is in fact, operating according to the stated promises and objectives, subject to independent verification. Its component parts and

(g) 사용자 프라이버시 존중 원칙(Respect for User Privacy) 이 원칙에 따르면, 시스템이나 비즈니스 프로세스의 설계자, 관리자는 사용자의 프라이버시를 최대한 존중할 수 있도록 시스템을 설계해야 한다.[266] 즉 사용자 중심적으로 시스템을 설계해야 한다.

IT-기본권

지난 2008년 독일 연방헌법재판소가 새롭게 형성한 "정보기술시스템의 기밀성과 완전성의 보장에 대한 기본권"(Das Grundrecht auf Gewährleistung der Vertraulichkeit und Integrität informationstechnischer Systeme), 이른바 "IT-기본권"(IT-Grundrecht) 또는 "컴퓨터 기본권"(Computer-Grundrehct) 역시 물리적·기술적 빅데이터 인권에 포함시킬 수 있다.[267] 정보자기결정권과 같은 여타의 빅데이터 인권이 정보수집자로부터 정보주체의 개인정보를 보장하는 데 초점을 맞추고 있다면, IT-기본권은 정보수집자가 이용하는 정보기술시스템에 저장되어 있는 개인정보가 제3자, 이를테면 수사기관이나 해커, 그 밖의 정보유출자에 의해 무단으로 유출되거나 수집되는 것을 막는 기본권

---

operation visible and transparent, to users and providers alike, Remember, trust but verify."

266. "Above all, Privacy by Design requires architects and operators to keep the interests of the individual uppermost by offering such measures as strong privacy defaults, appropriate notice, and empowering user-friendly options, Keep it user-centric."

267. 이러한 'IT-기본권'에 관해서는 박희영, "정보기술시스템의 기밀성 및 무결성 보장에 관한 기본권(상)", 『법제』(2008. 10), 43쪽 아래; 박희영, "정보기술시스템의 기밀성 및 무결성 보장에 관한 기본권(하)", 『법제』(2008. 11), 31쪽 아래; 박희영, "독일 연방헌법재판소의 '정보기술 시스템의 기밀성 및 무결성 보장에 관한 기본권'", 『인터넷법률』제45호(2009. 1), 92쪽 아래; 조인성, "새로운 IT 기본권의 대상으로서 무선주파수 인식(RFID): 독일에서의 논의를 중심으로", 『홍익법학』제10권 제2호(2009. 6), 39쪽 아래; 계인국, "인터넷 검색엔진과 개인정보보호: 인적 관련 정보의 처리와 정보자기결정권 및 'IT-기본권'", 『법제연구』제46호(2014. 6), 166쪽 아래 등 참고.

이다.[268] 말하자면, IT-기본권은 정보기술시스템을 일종의 사적 공간으로 보장하는 셈이다. 이렇게 보면, IT-기본권은 일차적으로는 개인적 정보주체의 정보인권을 보장하는 것이 아니라, IT-기본권의 원래 명칭이 시사하는 것처럼, '정보기술시스템의 기밀성과 완전성'을 보장한다. 직접적인 보호객체는 정보인권이 아니라, 정보기술시스템의 기밀성과 완전성인 것이다. 그러나 IT-기본권은 이렇게 정보기술시스템의 기밀성과 완전성을 보장함으로써 결과적으로 정보주체의 정보인권을 보장하는 데 기여한다는 점에서 물리적·기술적 빅데이터 인권에 포함시킬 수 있다고 생각한다.

분리보관 요청권

분리보관 요청권도 물리적·기술적 빅데이터 인권으로 포섭시킬 수 있다.[269] 분리보관 요청권에 따르면, 정보주체는 정보처리자가 정보주체의 개인정보를 민감정보와 비민간정보로 구별하여, 민감정보는 별도로 보장하도록 요청할 수 있다. 물리적·기술적으로 안전성과 익명성이 더욱 보장될 수 있는 저장공간에 정보주체의 민감정보를 저장하도록 하는 것이다.

개인추적차단 요청권

---

268. IT-기본권을 독자적인 기본권으로 인정할 필요가 있는지에 관해서는 독일에서도 논란이 없지 않다. Gerrit Manssen, "Das 'Grundrecht auf Vertraulichkeit und Integrität informationstechnischer Systeme': Ein gelungener Beitrag zur Findung unbenannter Freiheitsrecht?", in: Uerpmann-Wittzack (Hrsg.), Das neue Computerrecht, 61쪽 아래; 반대의 주된 논거는 정보자기결정권으로 충분히 보호할 수 있다는 것이다. 계인국, "인터넷 검색엔진과 개인정보보호: 인적 관련 정보의 처리와 정보자기결정권 및 'IT-기본권'", 『법제연구』제46호(2014. 6), 168쪽.

269. 이러한 '분리보관 요청권'을 '분리보관의무'라는 의무의 차원에서 강조하는 최경진, "빅데이터와 개인정보", 『성균관법학』제25권 제2호(2013. 6), 215쪽 참고.

마지막으로 개인추적차단(Do-Not-Track) 요청권을 물리적·기술적 빅데이터 인권에 포함시킬 수 있다. 개인추적차단 요청권에 따르면, 정보주체는 정보처리자가 쿠키 등과 같은 인터넷 접속정보파일을 이용해 정보주체가 인터넷에서 어떤 행동패턴을 보이는지를 자동적으로 추적하는 행위를 기술적으로 막을 것을 요청할 수 있다.[270]

4. 책임법적 규제수단을 통한 개인정보 보장방안

필요성

그러나 빅데이터 인권에 바탕을 두어 개인정보를 보장하고자 하는 시도는 그 자체만으로는 불완전할 수밖에 없다. 왜냐하면 빅데이터 사업자 등이 빅데이터 인권을 침해했을 경우 이에 대한 적절한 책임법적 규제수단을 갖추고 있지 않으면, 빅데이터 인권은 이른바 살아 있는 규범으로서 실효성을 발휘하기 어렵기 때문이다. 이러한 이유에서 빅데이터 인권의 규범적 실효성을 확보할 수 있도록 책임법적 규제수단을 강구해야 한다.[271] 여기서 책임법적 규제수단이란 빅데이터 사업자 등이 정보주체의 빅데이터 인권을 침해하였을 경우 규제기관이 이에 대한 책임을 지우기 위해 선택하는 규제수단을 말한다.

책임법적 규제수단의 유형

책임법적 규제수단으로서는 대륙법의 체계가 그런 것처럼 크게 세 가지

270. 이를 '개인 추적차단기능 설치 의무화'의 측면에서 강조하는 이창범, "개인정보보호법제 관점에서 본 빅데이터의 활용과 보호 방안", 『법학논총』제37권 제1호(2013. 3), 546쪽 참고.

271. 이러한 책임법적 규제수단을 강조하는 빅토르 마이어 쇤베르거·케네스 쿠키어, 이지연(옮김), 『빅데이터가 만드는 세상』(21세기북스, 2013) 참고.

유형으로 구분할 수 있다. 민사법상 손해배상책임에 기반을 둔 규제수단과 형사법에 기반을 둔 규제수단 그리고 행정법에 기반을 둔 규제수단이 그것이다. 민사법상 손해배상책임에 기반을 둔 규제수단이란 빅데이터 인권에 대한 침해가 발생한 경우 이를 민법상 불법행위(민법 제750조)로 파악하여 이에 대해 손해배상책임을 부과하는 것을 말한다. 이에 대해 형사법에 기반을 둔 규제수단이란 빅데이터 인권에 대한 침해를 형법상 범죄로 파악하여 이에 대해 형벌을 부과하는 것을 말한다. 이는 현행 개인정보보호법이 채택하는 것이기도 하다. 마지막으로 행정법에 기반을 둔 규제방식이란 빅데이터 인권침해가 이루어진 경우 행정청과 같은 규제기관이 인권침해자에 대해 영업정지와 같은 행정조치를 취하는 것을 말한다.

집단소송과 징벌적 손해배상제도 도입 필요성

이 가운데서 정보주체가 직접 사용할 수 있는 규제수단은 손해배상법에 기반을 둔 규제수단이다. 우리 법체계상 형사법에 기반을 둔 규제수단은 검찰이 그리고 행정법에 기반을 둔 규제수단은 행정청이 주도권을 쥔다. 그러나 이러한 국가기관은 현실적으로 개인정보를 보장하는 데 관심이 있기보다는 개인정보에 대한 빅데이터를 확보하는 데 더 관심을 기울인다. 특히 수사기관과 같은 국가기관이 빅데이터에 관심을 기울이면, 자칫 형사법적 규제수단이나 행정법적 규제수단이 제대로 작동하지 못할 우려가 있다. 이러한 점을 고려하면, 현실적으로 정보주체에게 가장 유리한 규제수단은 민사법적 규제수단이라고 할 수 있다. 정보주체가 빅데이터 인권침해자에게 직접 손해배상청구를 함으로써 빅데이터 인권의 규범력을 확보할 수 있다. 그러나 여기서 고려해야 할 점이 한 가지 더 있다. 우리 민사법은 독일법의 손해배상원칙을 수용하여 발생한 손해에 대해서만 배상책임을 인정하고 있다는 것이다. 만약 손해가 미약하다면, 손해배상액 역시 미약할 수밖에 없다. 그런데 각 개인을 기준으로 할 때 개인정보를 침해함으로써 각 개인에게 발생하는 손해액은 상당히 미약한 경우가 많다. 이 때문에 개별 정보주체는 자신의 빅데이터 인권이 침해됨으로써 개인정보가 침해된 경우에도 실제로 발생한 손해가 크지 않아 손해배상책임을 구하는 경우가 많지 않다.[272] 이러한 문제를 보완하기 위해서는 크게 두 가지 제도적 방안을 고려해야 한다. 집단소송제도와 징벌적 손해배상제도가 그것이다. 이 두 방안을 도입하면, 각 정보주체들이 자신의 개인정보가 침해된 경우 더욱 실효적으로 손해배상책임을 구할 수 있을 것이다.[273]

5. 규제권한의 다원화를 통한 개인정보인권 보장

의의

개인정보인권은 규제권한을 다원화함으로써 실효성 있게 보장할 수 있다.[274] 여기서 규제권한을 다원화한다는 것은 규제권한을 전통적인 규제기관인 국가가 독점하는 것이 아니라, 경우에 따라 빅데이터 사업자 같은 민간주체에게 규제권한을 배분하는 것을 말한다. 규제권한의 다원화 구상에 따르면, 규제방식은 크게 세 가지로 나눌 수 있다. 직접규제와 자율규제 그리고 이를 협력적으로 혼합한 절차주의적 규제가 그것이다.

직접규제

우선 직접규제란 전통적인 국가 혹은 국가기관이 빅데이터 인권침해를 직접 규제하는 것을 말한다. 이를 달리 '타율규제'라고 부르기도 한다. 전

272. 쇤베르거의 분석에 따르면, 이는 일찍부터 개인정보보호법을 마련하여 시행하고 있는 독일에서도 마찬가지이다. 빅토르 마이어 쇤베르거, 구본권 (옮김), 『잊혀질 권리』(지식의날개, 2013), 203쪽.

273. 이 중에서 집단소송제도는 우리 개인정보보호법이 이미 규정하고 있다.

274. 이를 일본학자는 '조직법적 규제방식'이라고 부르기도 한다.

통적인 규제방식이 이러한 직접규제에 해당한다. 직접규제는 규제권한을 국가가 독점하는 경우에 해당한다. 정보인권을 보장하기 위해서는 오늘날에도 여전히 직접규제는 필요하다. 이러한 맥락에서 정보보호위원회에 직접규제권한을 인정하고 있지 않은 것은 문제이다. 그러나 직접규제는 신자유주의적 규제비판론자들이 말하는 규제의 역설에 취약하다. 이에 따르면, 규제기관은 규제대상이 안고 있는 상황논리를 적절하게 파악하지 못함으로써 규제가 본래 추구하는 목적을 달성하지 못하고, 오히려 규제의 외부효과, 즉 부작용을 낳을 수 있다. 이러한 이유에서 자율규제를 포함한 규제의 다원화가 제기된 것이다.

자율규제

자율규제는 직접규제가 안고 있는 문제를 해결하기 위해 제안된 것이다. 자율규제는 규제권한을 국가가 아닌 수범자 자신이 갖는 것을 말한다. 규제받는 자가 규제권한을 갖고 스스로를 규제하는 것을 말한다.[275] 즉 피규제자가 동시에 규제자가 되는 것이다. 이러한 자율규제는 신자유주의적 규제이론가들에 의해 지지를 받고 있다. 이들은 시장은 스스로를 조절할 수 있는 능력을 갖고 있으므로, 시장에 대한 국가적 규제는 철폐해야 하고, 그 대신 시장에 의한 자율규제로 규제방식을 바꾸어야 한다고

275. 우리 개인정보보호법 제13조 역시 이러한 자율규제를 규정한다. 이를테면 제13조는 "자율규제의 촉진 및 지원"이라는 표제 아래 다음과 같이 규정한다. "안전행정부장관은 개인정보처리자의 자율적인 개인정보 보호활동을 촉진하고 지원하기 위하여 다음 각 호의 필요한 시책을 마련하여야 한다.

1. 개인정보 보호에 관한 교육·홍보
2. 개인정보 보호와 관련된 기관·단체의 육성 및 지원
3. 개인정보 보호 인증마크의 도입·시행 지원
4. 개인정보처리자의 자율적인 규약의 제정·시행 지원
5. 그 밖에 개인정보처리자의 자율적 개인정보 보호활동을 지원하기 위하여 필요한 사항"

역설한다. 이러한 자율규제의 예로는 최근 유행을 탄 기업의 사회적 책임이나 윤리경영 혹은 자율규제 프로그램(complicance program) 등을 거론할 수 있다. 빅데이터 과학에 자율규제를 적용하면, 빅데이터 사업자가 빅데이터 인권을 보장할 수 있도록 스스로를 규제하는 방식을 생각할 수 있다.

절차주의적 규제

그러나 이러한 자율규제는 너무 이상적이라는 한계를 지닌다. 현실적으로 기업과 같은 빅데이터 사업자들은 경제논리에 사로잡혀 자율규제를 실효성 있게 하지 않을 가능성이 높다. 설사 자율규제를 실시한다 하더라도, 이는 보여주기 위한, 즉 무늬만 자율규제인 형식적인 것이 되기 십상이다. 이 때문에 직접규제와 자율규제의 한계를 보완할 수 있는 절차주의적 규제가 새로운 대안으로 제시되기도 한다.

절차주의 규제란 직접규제와 자율규제를 혼합한 형태이다. 절차주의적 규제는 직접규제와 자율규제의 상호협력을 추구한다. 그러면 어떻게 양자를 협력적으로 절충할 수 있는가? 이는 다음과 같이 이루어진다. 절차주의적 규제는 기본적으로 자율규제를 추구한다. 구체적으로 무엇을 어떻게 어느 강도에서 어떤 방식으로 규제할 것인지를 자율적으로 규제할 수 있도록 한다. 그러나 순수한 자율규제와는 달리, 자율규제에 대한 근거규범이 존재한다. 직접규제를 통해 자율규제에 대한 법적 근거와 대상 등을 일반적으로 마련한 후, 이를 구체화하는 것은 자율규제에게 맡기는 것이다. 말하자면 수범자를 직접적으로 규율하는 제1차적 규제는 자율규제 방식으로 실행하고, 이러한 자율규제를 규율하는 규제는 국가가 직접규제와 방식으로 실행하는 것이다. 이러한 규제방식을 '절차주의적' 규제라고 하는 이유는, 여기서 알 수 있듯이, 규제의 원칙적인 내용은 국가기관이 제공하되, 이러한 규제의 구체적인 내용은 각 관련자들이 자유롭고 평등하게 참여하는 자율적인 절차를 통해 마련하라고 요청하기 때

문이다. 이를 달리 '메타규제'라고 부르기도 한다.[276]

절차주의적 규제로서 인권경영

필자는 이러한 절차주의적 규제로서 빅데이터 과학과 정보인권에 적용할 만한 규제방식으로는 '인권경영'(business and human rights)을 거론할 수 있다고 생각한다. 인권경영이란 최근 새롭게 부각되고 있는 기업이슈로서 기업이 스스로 인권에 합치하도록 경영하도록 하는 것을 말한다. 말하자면, 기업에게 인권경영의무를 부과하는 것을 뜻한다. 최근 UN을 주축으로 한 국제기구는 기업의 인권경영의무에 많은 관심을 기울였고, 국내에서도 특히 국가인권위원회를 중심으로 하여 인권경영에 많은 관심과 노력을 기울였다.[277] 거시적인 측면에서 보면, 인권경영은 기업의 사회적 책임과 맞물려 또는 기업의 사회적 책임, 즉 사회적 책임경영에 속하는 한 범주로서 논의되기 시작하였다.[278] 그러나 최근에는 사회적 책임경영과 인권경영을 구분하면서, 논의의 초점이 사회적 책임경영에서 인권경영으로

---

276. 메타규제에 관해서는 이동승, "기업의 사회적 책임: 법적 규제의 한계와 과제를 중심으로", 『안암법학』 제29권(2009. 5), 313-314쪽 참고.

277. 이러한 노력은 국가인권위원회가 지난 2013년 2월에 발간한 『기업과 인권에 관한 보고서』를 통해 결실을 맺었다. 그 동안 국가인권위원회가 인권경영에 기울인 관심과 노력에 대한 평가로는 홍성수, "인권경영을 위한 인권위의 역할: 평가와 과제"(토론문), 『기업과 인권』(국가인권위원회 2013년 제2회 인권경영포럼 및 제68회 한국비교공법학회 학술대회 자료집』(2013. 7. 30), 144-149쪽 참고.

278. 이를 보여주는 예로서 김병준, "인권보호를 위한 기업의 사회적 책임(CSR) 규범화의 국제적 논의와 평가", 『국제법학회논총』 제58권 제2호(2013. 6), 183쪽 아래 등; 이를 시사하는 외국문헌으로는 Aurora Voiculescu/Helen Yanacopulos, *The Business of Human Rights: An Evolving Agenda for Corporate Responsibility* (London/New York, Zed Books, 2011); Adefolake O. Adeyeye, *Corporate Social Responsibility of Multinational Corporations in Developing Countries: Perspectives on Anti-Corruption* (Cambridge: Cambridge University Press, 2012) 등 참고.

옮겨가고 있다.

필자는 이러한 인권경영을 빅데이터 과학과 정보인권에 대해서도 적용할 수 있다고 생각한다. 그런데 언뜻 보기에 인권경영은 순수한 자율규제 방식으로 이루어질 수 있는 것처럼 보인다. 이를테면 빅데이터 사업자가 빅데이터 인권을 보장하기 위해 스스로 빅데이터 인권에 적합한 경영을 수행하는 것을 모색할 수 있다. 그러나 현실적으로 빅데이터 사업자 등과 같은 기업들은 경제논리에 휩쓸릴 가능성이 더 높기 때문에, 순수한 자율규제방식으로 인권경영을 실현하도록 하는 것은 너무 이상적이라고 말할 수 있다. 그 점에서 국가가 직접규제의 방식으로 인권경영에 대한 법적 근거를 마련하고, 이에 근거를 두어 빅데이터 사업자 등이 자율적으로 인권경영을 실현하도록 하는 것이 가장 바람직한 방식이라고 말할 수 있다.

6. 개인정보인권 보장을 위한 입법정책적 방향

논의의 마지막으로서 개인정보인권을 효과적으로 보장하기 위해서는 어떤 입법정책을 추진해야 하는가에 관해 간략하게 언급하도록 한다.

"빅데이터 개인정보보호 가이드라인(안)"에 대한 평가

먼저 빅데이터 환경에 적극적으로 대응하기 위해 방송통신위원회가 마련한 "빅데이터 개인정보보호 가이드라인(안)"(이하 '빅데이터 가이드라인'으로 약칭함)에 관해 간단하게 검토하도록 한다.[279] 빅데이터 가이드라인은 빅데이터 과학 및 환경에 적극적·능동적으로 대응하기 위해 개인정보보호법과

279. 이에 관해서는 심우민, "「빅데이터 개인정보보호 가이드라인」과 입법과제", 『이슈와 논점』제866호(2014. 6. 12.); 김지훈, "빅데이터와 개인정보보호", 『법제연구』제46호(2014. 6), 115쪽 아래 등 참고.

는 다른 개인정보 보호정책을 선택한다. 그것은 바로 "공개된 개인정보"에 관해서는 미국처럼 사후승인(opt-out) 방식의 개인정보수집 및 분석을 허용하는 것이다(제3조-제5조). 여기서 "공개된 개인정보"란 "정보주체 및 정당한 권한이 있는 자에 의해 제한 없이 일반 공중에게 공개된 부호·문자·음성·음향 및 영상 등의 정보로서 생존하는 개인을 식별할 수 있는 정보 및 다른 정보와 쉽게 결합하여 개인을 식별할 수 있는 정보"를 말한다(제2조).

그러나 이러한 입법정책은 개인정보보호법이 취하고 있는 입법적 결단을 무력화시키는 것이라고 말할 수밖에 없다.[280] 크게 두 가지 이유를 내놓을 수 있다. 첫째, 빅데이터 가이드라인이 규정하는 '공개된 정보' 개념은 그 의미내용이 명확하지 않다. 물론 정보주체에 의해 공개된 개인정보라는 개념은 비교적 명확하고 또한 개인정보보호법의 입법취지와도 상통하는 면이 있다. 그러나 "정당한 권한이 있는 자"라는 개념은 불명확하다. 이 개념은 상당히 포괄적이어서 남용될 우려가 있다. 또한 정당한 권한이 있는 자에 해당하기만 하면, 정보주체가 개인정보 수집 및 사용에 대해 동의하지 않는 경우에도 개인정보를 일반 공중에게 제한 없이 공개할 수 있는 것인지 의문이 없지 않다. 이 점에서 빅데이터 가이드라인은 문제가 있다. 둘째, 빅데이터 가이드라인은 개인정보보호법과는 달리 '공개된 정보'에 대해 사전동의가 아닌 사후승인 방식의 정보자기결정권을 수용한다. 그러나 이러한 입법적 결단은 개인정보보호법의 입법적 결단에 정면으로 반하는 것이다. 따라서 이러한 수준의 입법적 결단은 '가이드라인'이 아닌 '입법'의 형식으로 이루어져야 한다. 그런데도 빅데이터 가이드라인은 '가이드라인'이라는 형식을 빌어 새로운 입법에 해당하는 내용을 담고 있는 것이다. 이 점에서 빅데이터 가이드라인은 개인정보보호법을 무력화시킨

280. 이를 지적하는 김지훈, "빅데이터와 개인정보보호", 『법제연구』제46호(2014. 6), 135쪽 아래 참고.

다고 말할 수 있다. 이러한 근거에서 정보보호위원회는 지난 2014년 7월에 이러한 빅데이터 가이드라인이 개인정보보호법에 부합하지 않는 내용을 일부 담고 있다는 이유에서 이를 법률 차원에서 재검토하라고 방송통신위원회에 권고하였다.[281] 이를 통해 빅데이터 가이드라인은 현재 제정이 보류된 상태이다. 필자는 이러한 판단이 적절하다고 생각한다.

개인정보보호법 개정방향

필자는 현재 우리가 갖고 있는 개인정보보호법이 아주 수준 높은 법이라고 생각한다. 오랜 기간의 준비를 거쳐 제정된 만큼 법률의 완성도도 높고 개인정보인권을 충실하게 보장하기 위한 제도적 장치도 충분히 갖추고 있다. 다만 여러 연구자들이 지적하고 있는 것처럼, 현행 개인정보보호법은 빅데이터 과학의 효용성을 증진시키는 것보다는 개인정보인권을 보장하는 데 더욱 주안점을 둔다. 이 점에서 빅데이터 과학에 적극적·능동적으로 대응하는 데 한계가 있을 수밖에 없는 것이 사실이다. 그러므로 이 책에서 강조하는 것처럼, 한편으로는 개인정보인권의 우선성을 인정하면서도, 다른 한편으로는 개인정보인권과 빅데이터 과학의 유용성을 실제적으로 조화시킬 수 있도록 현행 개인정보보호법을 개정할 필요가 있다. 필자는 다음과 같이 개인정보보호법을 개정할 필요가 있다고 생각한다.

우선 앞에서 주장한 것처럼 쿠키로 대변되는 인터넷 접속정보파일을 자동적으로 수집하는 것에 대해서는 사전동의 방식이 아닌 사후승인 방식으로 정보자기결정권을 행사할 수 있도록 법을 개정할 필요가 있다. 인터넷 접속정보파일을 수집 및 처리하는 것까지 사전동의 방식의 정보자기결정권을 적용하도록 하면 현실적으로 빅데이터 과학을 운용하기 어려울

281. 김은경, "개인정보보호위 '빅데이터 가이드라인 재검토 권고'", 『연합뉴스』(2014. 8. 5. 10:38) 참고.

것이기 때문이다. 인터넷 접속정보파일은 비교적 익명화된 개인정보라는 점에서, 이에 대한 정보주체의 자율적 통제를 완화하는 것도 큰 무리는 아니라고 판단한다. 다만 이 경우에도 정보처리자는 정보주체에게 명확하게 고지를 해야 하고, 당연히 사후승인의 방식으로서 거부권도 분명하게 인정해야 한다.

다음으로 현행 개인정보보호법이 규정하는 정보자기결정권을 더욱 실질화해야 한다. 포괄적 정보동의방식을 금지해야 하고, 정보자기결정권의 내재적 한계도 규정할 필요가 있다.

나아가 자기프로파일링 결정권도 신설해야 할 필요가 있다. 이 경우 포괄적 프로파일링은 정보주체의 동의가 있다 하더라도 허용되지 않는다는 점을 명확히 규정해야 한다. 이는 데이터 마이닝의 절대적 금지영역에 속하는 것이다.

이뿐만 아니라, 현행 개인정보보호법이 다소 불분명하게 규정하고 있는 잊혀질 권리 역시 정면에서 규정해야 할 필요가 있다. 유럽연합이 2012년에 제안한 일반정보보호규칙(안)처럼 '잊혀질 권리' 또는 '삭제권'이라는 표제어를 마련하여, 여기에서 실질적으로 활용할 수 있는 잊혀질 권리의 요건, 유형, 효과 등을 명확하게 규정할 필요가 있다.

이밖에도 프라이버시 친화적 설계(Privacy by Design) 등과 같은 물리적·기술적 빅데이터 인권도 신설해야 한다. 징벌적 손해배상규정도 새로 규정해야 할 필요가 있다.

마지막으로 정보보호위원회의 권한을 강화해야 한다. 현행 개인정보보호법은 개인정보를 보호하는 데 필요한 실질적인 권한은 정보보호위원회가 아닌 안전행정부장관에게 귀속시키고 있다. 그러나 이렇게 하면 정보보호위원회는 개인정보보장에 관해 형식적이고 무력한 존재로 전락할 수밖에 없다. 개인정보보호법이 개인정보에 관한 문제를 관리하고 책임지는 정보보호위원회를 신설한 만큼, 정보보호위원회의 권한을 실질화할 필요가 있다. 개인정보영역이 갖고 있는 전문성에 비추어 보아도, 이를 안전행정부장관이 감독하도록 하는 것은 적절하지 않다고 생각한다.

이른바 '범죄수사 목적의 빅데이터 특별법' 제정방향

•문제점 및 필요성•

입법정책의 마지막 제안으로서 이른바 '범죄수사 목적의 빅데이터 특별법' 제정에 관해 간략하게 언급하도록 한다. 이미 여러 번 지적한 것처럼, 빅데이터 과학은 사회통제, 그 중에서도 범죄수사를 위해 매우 유용하게 활용될 수 있다. 빅데이터를 활용함으로써 우리는 앞으로 언제, 어디서, 어떤 유형의 범죄가 누구에 의해 발생할 것인지를 상당히 높은 확률적 수준에서 예측할 수 있을지 모른다. 그렇게 하면 다양한 범죄로부터 일반인들을 보호하는 사회보호적 임무를 더욱 성공적으로 수행할 수 있을 것이다. 그러나 이렇게 범죄수사를 위해 빅데이터 과학을 활용하는 경우에는 두 가지 관문을 거쳐야 한다. 첫째, 범죄수사를 목적으로 하는 빅데이터 분석을 위해 필요한 개인정보를 수집할 때 정보주체의 동의를 얻어야 한다는 것이다. 둘째, 범죄수사를 목적으로 이루어지는 프로파일링은 그 성격상 주로 포괄적 프로파일링이 되기 쉽다는 것이다. 물론 첫 번째 문제는 정보주체로서 개인정보 수집에 대한 사전동의를 받는 게 전혀 불가능한 것은 아니라는 점에서 큰 문제는 아니라고 판단한다. 다만 그 동안 수사기관이 여러 사정으로 이미 축적하고 있는 데이터들을 분석하고자 할 경우에는 이렇게 정보주체로부터 동의를 받는 것이 현실적으로 쉽지 않다. 그러나 이렇게 이미 수집한 정보를 데이터 마이닝을 통해 분석하면 아주 유용한 통찰이나 가치를 획득할 수 있다. 현행 개인정보보호법에 따르면, 이렇게 이미 축적된 개인정보를 범죄수사를 목적으로 분석하고자 할 때에도 정보주체로부터 별도의 동의를 얻어야 한다. 이뿐만 아니라, 범죄수사를 목적으로 정보주체를 포괄적으로 프로파일링 하는 것은 아주 위험한 일이다.

이는 자칫 자의적인 사회적 차별과 배제를 유발할 수 있다. 따라서 이 문제를 해결하기 위해서는 개인정보보호법을 개정하거나, 특별한 예외를 허용하는 특별법, 이른바 '범죄수사 목적의 빅데이터 특별법'을 제정해야 한다. 이렇게 하는 것만이 범죄수사를 목적으로 이루어지는 빅데이터 과학이 안고 있는 이론적·현실적 문제를 해결할 수 있는 유일한 해법이 될 수 있다.

• 제정방향 및 원칙 •

만약 이러한 이른바 '범죄수사 목적의 빅데이터 특별법'(이하 '특별법'으로 약칭함)을 제정하고자 한다면, 필자는 다음과 같은 제정방향과 원칙을 담아야 한다고 생각한다.

(a) 정보자기결정권 보장 가장 우선적으로 특별법에서도 정보자기결정권을 보장해야 한다. 이 때 정보자기결정권은 개인정보보호법에 맞게 사전동의(opt-in) 방식으로 보장해야 한다. 다만 쿠키 같은 인터넷 접속정보파일은 사후승인(opt-out) 방식으로 보장할 수 있도록 해야 한다. 다만 이러한 정보자기결정권은 이미 수사기관이 수집해 저장하고 있는 개인정보에 대해서는 적용되지 않는다고 볼 수 있다. 그렇게 해야만 이미 수집하고 있는 개인정보에 대한 빅데이터 분석을 할 수 있기 때문이다. 그러나 이 경우에도 수사기관은 자신들이 수집한 정보를 데이터 마이닝 하고 있다는 점을 공지하도록 해야 한다.

(b) 개인정보의 익명화처리 원칙 다음으로 특별법은 수사기관이 수집한 개인정보를 처리할 때 가능한 한 익명화처리를 해야 한다는 점을 규정해야 한다. 이렇게 함으로써 특별법은 수사기관이 수사목적을 위해 빅데이터 과학을 적용하는 경우에도 가능한 한 개인정보인권을 보장할 수 있도록 해야 한다.

(c) 인격의 핵심영역을 침해하지 않는 데이터 마이닝 원칙 나아가 특별법은 수사목적을 위해 수집한 빅데이터에 대한 데이터 마이닝을 시도할 때는 가능한 한 정보주체 인격의 핵심영역을 침해하지 않는 방식으로 데이터 마이닝을 할 것을 규정해야 한다. 이를테면 수사기관은 데이터 마이닝을 시도할 때 정보주체를 직접 분석하기보다는 행위나 패턴, 공간 등과 같이 정보주체와 직접적인 관련이 적은 부분을 분석할 수 있도록 해야 한다.

(d) 포괄적 프로파일링 금지원칙 더불어 특별법은 포괄적 프로파일링을 절대적으로 금지한다는 원칙을 규정해야 한다. 즉 특별법은 수사기관이 정보주체를 포괄적으로 프로파일링 하는 것을 못하게 해야 한다. 물론 이미 지적한 것처럼, 수사목적에서 이루어지는 프로파일링은 포괄적인 성격을 지니기 쉽다. 그러나 그렇다고 해서 특별법 자체에서 포괄적 프로파일링을 허용하는 것은 명확하게 금지해야 한다.

(e) 각 기관 간 정보공유 금지원칙 이뿐만 아니라, 특별법은 어느 한 수사기관이 빅데이터 분석을 통해 얻은 정보를 다른 기관과 공유하지 못하도록 해야 한다. 현대 헌법의 기본원리인 권력분립원칙에 따라 빅데이터에 대해서도 이른바 '빅데이터 분립원칙'을 적용해야 한다. 이를테면 경찰이 분석하여 획득한 빅데이터 결과를 검찰이나 국가정보원 등이 공유하지 못하도록 해야 한다.

(f) 빅데이터 분석 및 활용에 대한 정보보호위원회 통제원칙 마지막으로 수사기관이 수사목적으로 빅데이터를 분석하고 활용하는 모든 과정에 정보보호위원회가 개입하고 통제할 수 있도록 해야 한다. 이렇게 해야만 수사기관이 빅데이터를 남용하는 것을 어느 정도 막을 수 있다.

제6장 결론

지금까지 어떻게 하면 한편으로 개인정보인권의 우선성을 유지하면서도 다른 한편으로 빅데이터 과학의 유용성을 보장할 수 있는 법정책을 구현할 수 있는지에 관해 살펴보았다. 이제 마지막 결론으로서 지금까지 전개한 논의를 요약하도록 한다.

먼저 제1장 서론에서는 왜 지금 여기서 빅데이터 과학을 다루어야 하는지를 다루었다. 빅데이터 과학이 우리에게 가져다주는 효용이 무엇인지 그리고 여기에는 개인정보인권과 관련하여 어떤 문제가 있는지를 간략하게 지적하였다.

다음 제2장에서는 빅데이터 과학 일반론을 검토하였다. 먼저 현대사회에서 어떤 변화가 일어나고 있는지를 소개하고(I), 빅데이터 과학의 개념이 무엇이며 이것이 어떤 배경에서 등장하게 된 것인지 살펴보았다(II). 그리고 빅데이터 과학이 어떤 과정으로 이루어지는지(III), 빅데이터 과학의 관계구조가 어떻게 되어 있는지(IV), 빅데이터가 던지는 법철학적 문제가 무엇인지 다루었다(V). 이어서 빅데이터 과학이 어떤 분야에서 활용되는지 간략하게 소개한 후(VI), 제2장의 마지막으로서 빅데이터 과학이 형사사법영역에서 어떤 의미와 한계를 지니는지 중점적으로 검토하였다(VII).

나아가 제3장에서는 이 책에서 빅데이터 과학에 대응하는 정보인권의 이론적 논의를 다루었다. 여기에서는 일반론으로서 인권의 개념과 규범적 특성을 살펴보고(II), 새로운 인권에 속하는 정보인권에 대한 법철학적 논의를 다루었다(III). 이어서 정보인권에 대한 체계적·역사적 분석을 시도하였다(IV).

제4장에서는 개인정보인권을 보장하기 위해 현행 법체계가 어떤 규제체계를 마련하고 있는지를 분석하였다. 이는 두 부분으로 구성된다. 첫째는 비교법적 고찰로서 특히 유럽연합과 미국이 어떻게 개인정보인권을 보장하고 있는지, 여기에는 어떤 법철학적·제도적 차이가 있는지 살펴보았다(I). 둘째는 우리 법체계, 그 중에서도 개인정보보호법이 개인정보인권을 어떻게 보장하고 있는지를 분석하였다(II).

이어서 제5장에서는 빅데이터 과학에 대해 개인정보인권을 보장하기 위해서는 어떤 법정책적 방안을 마련해야 하는지를 다루었다. 이 책에서 가장 핵심적인 부분이라고 말할 수 있다. 먼저 필자가 생각할 때 개인정보인권을 성공적으로 보장하기 위해서는 어떤 인권철학적 기초를 구축해야 하는지 제시하였다(I). 여기서 필자는 '목적론적 자유주의'에 기반을 두어 한편으로는 개인정보인권의 우선성을 전제로 하면서도, 다른 한편으로는 개인정보인권과 빅데이터 과학의 유용성 사이의 실제적 조화를 강조하였다. 다음으로 비교법적 고찰로서 유럽연합과 미국이 빅데이터 과학에 대응하기 위해 어떤 제도적 방안을 마련하고 있는지를 분석하였다(II). 나아가 빅데이터 과학을 둘러싸고 국내에서 어떤 논의가 진행되고 있는지를 검토해 보고(III), 마지막으로 점점 심화되고 있는 빅데이터 환경에서 어떻게 개인정보인권을 보장할 수 있는지를 고민해 보았다(IV). 여기에서 필자는 새로운 방법적 기초로서 '빅데이터 주권'과 '빅데이터 인권'을 새롭게 제안하고, 빅데이터 인권 역시 '규범적 빅데이터 인권'과 '물리적·기술적 빅데이터 인권'으로 유형화하여 제시하였다. 이러한 빅데이터 인권으로서 필자는 정보자기결정권, 자기프로파일링 결정권, 잊혀질 권리, 프라이버시 친화적 설계 요청권 등을 강조하였다. 이뿐만 아니라, 필자는 책임법적 규제수단으로서 징벌적 손해배상을 도입할 필요가 있다는 점을 역설하고, 자율규제와 타율규제가 공존하는 인권경영을 활용함으로써 빅데이터 과학으로부터 개인정보인권을 보장할 수 있다는 점도 지적하였다. 마지막으로 앞으로 개인정보보호법을 어떻게 개정하는 것이 바람직한지, 만약 범죄수사를 목적으로 하는 빅데이터 특별법을 제정하는 경우 그 방향 및 규범원칙 등을 어떻게 설정해야 하는지에 대해 간략하게 살펴보았다.

참고문헌

계인국, "인터넷 검색엔진과 개인정보보호: 인적 관련 정보의 처리와 정보자기 결정권 및 'IT-기본권'", 『법제연구』제46호(2014. 6).

곽관훈, "기업의 빅데이터(Big Data) 활용과 개인정보의 보호의 조화", 『일감법학』제27호(2014. 2).

구태언, "현행 개인정보보호 법제상 '개인정보' 정의의 문제점", 『개인정보보호법제 개선을 위한 정책연구보고서』(프라이버시 정책연구 포럼, 2013).

국가인권위원회, 『정보인권 보고서』(2013).

국가정보화전략위원회, 『빅데이터를 활용한 스마트 정부 구현(안)』(2011. 10. 26).

권영준, "개인정보 손해배상소송에 있어서 과실 및 손해 판단기준", 『개인정보보호법제 개선을 위한 정책연구보고서』(프라이버시 정책연구 포럼, 2013).

김기창, "개인정보 주체의 '동의': 동의의 허구성과 해결방안", 『개인정보보호법제 개선을 위한 정책연구보고서』(프라이버시 정책연구 포럼, 2013).

김대환, 『기본권의 본질적 내용 침해금지에 관한 연구』(서울대 법학박사 학위논문, 1998).

김도균, 『권리의 문법』(박영사, 2008).

김병준, "인권보호를 위한 기업의 사회적 책임(CSR) 규범화의 국제적 논의와 평가", 『국제법학회논총』제58권 제2호(2013. 6).

김상락·강만모, "빅데이터 분석 기술의 오늘과 미래", 『정보과학회지』제32권 제1호(2014. 1).

김성천, "독일의 개인정보 보호 법제에 관한 연구", 『법학논문집』제35집 제2호

(2011. 8).

김운석, "개인정보보호 2.0시대의 개인정보보호법 개관", 『법학연구』제22권 제2호(2011. 10).

김은경, "개인정보보호위 '빅데이터 가이드라인 재검토 권고'", 『연합뉴스』(2014. 8. 5).

김익현, "'빅데이터 파워?'…구글, 월드컵 8강 다 맞췄다: 데이터 분석 통해 경기력 예측…4강 진출팀 가려낼까?", 『아이뉴스24』(2014. 7. 3).

김재광, "개인정보보호법에 관한 새로운 법적 문제", 『강원법학』제36권(2012. 6).

김재형, "언론의 사실보도로 인한 인격권의 침해", 『서울대학교 법학』제39권 제1호(1998. 5).

김주영·손형섭, 『개인정보 보호법의 이해』(법문사, 2012).

김지훈, "빅데이터와 개인정보보호", 『법제연구』제46호(2014. 6).

니콜라스 네그로폰테, 백욱인 (역), 『디지털이다』(커뮤니케이션북스, 1999).

대니얼 카너먼, 이진원 (옮김), 『생각에 관한 생각』(김영사, 2012).

마냐, "잊혀질 권리, 우리는 이미 충분하지 않나요?", 『Slow News』(2014. 6. 19) (http://slownews.kr/26728).

마르틴 후베르트, 원석영 (옮김), 『의식의 재발견: 현대 뇌과학과 철학의 대화』(프로네시스, 2006).

마이클 샌델, 이창신 (옮김), 『정의란 무엇인가』(김영사, 2010).

민윤영, "법의 새로운 기초로서 동물권 담론", 『법과 사회』제41호(2011. 12).

민윤영, "인터넷 상에서 잊혀질 권리와 「개인정보보호법」에 대한 비교법적 고찰", 『고려법학』제63호(2011. 12).

박경신, "'개인정보'의 정의와 위치정보보호법의 개선 방안", 『개인정보보호법제 개선을 위한 정책연구보고서』(프라이버시 정책 연구 포럼, 2013).

박노형, "개인정보보호법과 정보통신망법의 관계 분석: 개인정보보호법 제6조를 중심으로", 『안암법학』제41호(2013. 5).

박도희, "인격권으로서 프라이버시권과 퍼블리시티권의 법리(I)", 『한양법학』제18집(2005. 12).

박민영, "빅 데이터(Big Data)의 공법적 재조명", 『성균관법학』제26권 제1호(2014. 3).

박병주, “개인정보보호법이 의학 및 보건학 연구에 미치는 영향”, 『개인정보보호법제 개선을 위한 정책연구보고서』(프라이버시 정책연구 포럼, 2013).

박희영, “독일 연방헌법재판소의 ‘정보기술 시스템의 기밀성 및 무결성 보장에 관한 기본권’”, 『인터넷법률』제45호(2009. 1).

박희영, “정보기술시스템의 기밀성 및 무결성 보장에 관한 기본권(상)”, 『법제』(2008. 10).

박희영, “정보기술시스템의 기밀성 및 무결성 보장에 관한 기본권(하)”, 『법제』(2008. 11).

백윤철, “인터넷과 EU의 개인정보보호”, 『인터넷법률』제4호(2002. 12).

법무법인 세종, “‘잊혀질 권리’에 관한 소고: 최근 유럽 최고법원의 판결과 그 파급”, 『Legal Update』(2014. 6. 20).

변재옥, 『정보화 사회에 있어서 프라이버시의 권리』(서울대 법학박사 학위논문, 1979).

빅토르 마이어 쇤베르거·케네스 쿠키어, 이지연 (옮김), 『빅데이터가 만드는 세상』(21세기북스, 2013).

빅토어 마이어 쇤베르거, 구본권 (옮김), 『잊혀질 권리』(지식의 날개, 2013).

성준호, “빅데이터 환경에서 개인정보보호에 관한 법적 검토”, 『법학연구』제21권 제2호(2013. 4).

신덕호, 『유비쿼터스 컴퓨팅 환경에서의 개인정보보호정책 발전에 관한 연구』(단국대 석사학위논문, 2009).

신신애 외, 『창조경제 실현을 위한 2013 빅데이터 국내 사례집』(한국정보화진흥원 빅데이터 분석활용센터, 2014)(http://www.bigdataforum.or.kr/?Act=bbs&subAct=view&bid=example&seq=869).

심우민, “「빅데이터 개인정보보호 가이드라인」과 입법과제”, 『이슈와 논점』제866호(2014. 6. 12).

심우민, “사업장 전자감시 규제입법의 성격”, 『인권법평론』제12호(2014. 2)

심우민, “스마트 시대의 개인정보보호 입법전략”, 『언론과 법』제12권 제2호(2013. 12).

심우민, “정보통신법제의 최근 입법동향: 정부의 규제 개선방안과 제19대 국회 전반기 법률안 중심으로", 『언론과 법』제13권 제1호(2014. 6).

안석모, "인권교육의 성과와 한계 그리고 향후 과제", 『인권교육법제화를 위한 부산 토론회 자료집』(국가인권위원회, 2013. 5. 22).

양창수, "정보화 사회와 프라이버시의 보호: 사법적 측면을 중심으로", 『민법연구』제1권(박영사, 1991).

양천수, "개념법학: 형성, 철학적·정치적 기초, 영향", 『법철학연구』제10권 제1호(2007. 5).

양천수, "권리의 형성 메커니즘", 『법철학연구』제16권 제1호(2013. 4).

양천수, "뉘른베르크 국제전범재판의 역사적·법적 문제와 그 의미", 『군사』제60호(2006. 8).

양천수, "동아시아적 인권구상의 가능성: 법철학의 관점에서", 『고려법학』제67호(2012. 12).

양천수, "오늘날 우리에게 필요한 주권 개념 모색: 결단과 토론 사이에 선 주권 개념", 『법과 사회』제46호(2014. 6).

양천수, "의사의 자유와 인권: 형사책임을 중심으로 한 시론", 『영남법학』제29호(2009. 10).

양천수, "인권경영을 둘러싼 이론적 쟁점", 『법철학연구』제17권 제1호(2014. 4).

양천수, "인권교육의 의미와 성과 그리고 과제: 인권교육법 제정과 관련하여", 『아주법학』제7권 제2호(2013. 9).

양천수, "자유주의적 공동체주의 가능성: 마이클 샌델의 정치철학을 중심으로 하여", 『법철학연구』제17권 제2호(2014. 8).

양천수, "현대 사회에서 '처분불가능성'의 새로운 논증 가능성", 『법학논총』(국민대) 제25권 제3호(2013. 2).

양천수, "형법해석의 한계: 해석논쟁을 중심으로 하여", 『인권과 정의』제379호(2008. 3).

양천수, 『민사법질서와 인권』(집문당, 2013).

오길영, "빅데이터 환경과 개인정보의 보호방안: 정보주체의 관점에서 바라본 비판적 검토를 중심으로", 『일감법학』제27호(2014. 2).

오승종·이해완, 『저작권법』(박영사, 2000).

윤재왕, “개인주의적 절대주의: 토마스 홉스의 국가철학과 법철학에 관하여”, 『원광법학』제28권 제2호(2012. 6).

윤종수, “[칼럼]잊혀질 권리”, 『네이버레터』(2014. 5. 29).

윤지영·이천현·최민영·윤재왕·전지연, 『법과학을 적용한 형사사법의 선진화 방안(IV)』(한국형사정책연구원, 2014).

이동승, “기업의 사회적 책임: 법적 규제의 한계와 과제를 중심으로”, 『안암법학』제29권(2009. 5).

이상경, “미국의 개인정보보호 입법체계와 현황에 관한 일고”, 『세계헌법연구』제18권 제2호(2012. 8).

이상돈, 『인권법』(세창출판사, 2005).

이인호, “개인정보처리(수집이용제공)의 법적 기준에 대한 타당성 분석”, 『개인정보보호법제 개선을 위한 정책연구보고서』(프라이버시 정책연구 포럼, 2013).

이재현, “빅데이터와 사회과학: 인식론적, 방법론적 문제들”, 『커뮤니케이션 이론』제9권 제3호(2013. 가을호).

이종대, “무릎에 센서 다니 ‘열 메시’가 안 부럽구나”, 『시사IN』제358호(2014. 7. 26).

이창범, “개인정보보호법제 관점에서 본 빅데이터의 활용과 보호방안”, 『법학논총』 제37권 제1호(2013. 3).

이코노미스트, 현대경제연구원 (편역), 『2012 세계경제대전망』(한국경제신문, 2011).

임규철, “각 국의 개인정보보호법제 비교연구: 미국과 유럽연합의 개인정보보호 법제를 중심으로”, 『공법연구』제31집 제5호(2003. 6).

임미원, “인격권 개념의 기초적 고찰”, 한국민사법학회 (편), 『우리 민법학은 지금 어디에 서 있는가?: 한국 민사법학 60년 회고와 전망』(박영사, 2006).

임미원, “칸트와 역사법학”, 『법사학연구』제38호(2008. 10).

장병열·김영돈, “빅데이터 기반 융합 서비스 창출 주요 정책 및 시사점”, 『과학기술정책』제23권 제3호(2013. 9).

전은정·김학범·염흥열, “미국의 개인정보보호 법·제도 동향”, 『정보보호학회지』제22권 제1호(2012. 2).
전응준, "개인정보침해행위에 대한 형사처벌의 적절성", 『개인정보보호법제 개선을 위한 정책연구보고서』(프라이버시 정책연구 포럼, 2013).
전현욱, 『개인정보 보호에 관한 형법정책』(고려대 법학박사 학위논문, 2010).
정성훈, "형이상학 이후의 인권이론 모색", 『고려법학』제58호(2010. 9).
정용찬, 『빅데이터』(커뮤니케이션북스, 2013).
정혜영, "개인정보보호법의 내용과 체계에 관한 분석", 『공법학연구』제12권 제4호(2011. 11).
조인성, "새로운 IT 기본권의 대상으로서 무선주파수 인식(RFID): 독일에서의 논의를 중심으로", 『홍익법학』제10권 제2호(2009. 6).
조효제, 『인권의 문법』(후마니타스, 2007).
존 슈트어트 밀, 서병훈 (옮김), 『자유론』(책세상, 2005).
曾我部直裕, 최혜선 (역), "빅데이터 활용에 의한 경제성장·국민의 편의증진과 공법적 과제", 『유럽헌법연구』제14호(2013. 12).
차상육, "빅데이터(Big Data) 환경과 프라이버시의 보호", 『IT와 법연구』제8집(2014. 2).
찰스 두히그, 강주헌 (옮김), 『습관의 힘』(갤리온, 2012).
최경진, "빅데이터와 개인정보", 『성균관법학』제25권 제2호(2013. 6).
최봉철, 『현대법철학』(법문사, 2007).
최성·우성구, "빅데이터의 정의, 활용 및 동향", 『정보처리학회지』제19권 제2호(2012. 3).
최혜민, "빅데이터 시대와 현행 개인정보보호법제의 부정합성 문제 및 그 해결방안에 대한 연구", 『IT와 법연구』제8집(2014. 2).
칼 슈미트, 김효전 (역), 『정치적인 것의 개념』(법문사, 1992).
토비아스 징엘슈타인·피어 슈톨레, 윤재왕 (역), 『안전사회: 21세기의 사회통제』(한국형사정책연구원, 2012).
한스 켈젠, 민준기 (옮김), 『일반 국가학』(민음사, 1990).
함인선, "EU 개인정보보호법제에 관한 연구: '2012년 개인정보보호규칙안'을 중심으로 하여", 『저스티스』제133호(2012. 12).

헌법재판소, 『사이버 공간상의 표현의 자유와 그 규제에 관한 연구』(헌법재판연구 제13권)(2002).

홍성수, "인간이 없는 인권이론: 루만의 체계이론과 인권", 『법철학연구』제13권 제3호(2010. 12).

홍성수, "인권경영을 위한 인권위의 역할: 평가와 과제"(토론문), 『기업과 인권』(국가인권위원회 2013년 제2회 인권경영포럼 및 제68회 한국비교공법학회 학술대회 자료집』(2013. 7. 30).

황태정, "통합 개인정보보호법안의 입법체계 검토", 『형사정책연구』제20권 제1호(2009. 봄호).

G. Teubner, 홍성수 (역), "익명의 매트릭스: '사적' 초국적 행위자에 의한 인권침해", 『인권이론과 실천』제6호(2009. 12).

Adefolake O. Adeyeye, *Corporate Social Responsibility of Multinational Corporations in Developing Countries: Perspectives on Anti-Corruption* (Cambridge: Cambridge University Press, 2012).

Alfred W. Crosby, *The Measure of Reality* (Cambridge: Cambridge University Press, 1996).

Ann Cavoukian, "Privacy by Design: 7 Foundational Principles." (http://www.privacybydesign.ca/content/uploads/2009/08/7foundationalprinciples.pdf).

Aurora Voiculescu/Helen Yanacopulos, *The Business of Human Rights: An Evolving Agenda for Corporate Responsibility* (London/New York, Zed Books, 2011).

C. Geyer (Hrsg.), *Hirnforschung und Willensfreiheit: Zur Deutung der neuesten Experimente* (Frankfurt/M., 2004).

C. Prittwitz, *Strafrecht und Risiko* (Frankfurt/M., 1992).

Carl Schmitt, *Politische Theologie: Vier Kapitel zur Lehre von der Souveränität*, Achte Aufl. (Berlin, 2004).

D.D. Maitra, *Regeln und Prinzipien: Zur Soziologie juristischer Argumentation am Beispiel persönlichkeitsrechtlicher Normbildung im Bereich der Genanalyse*

(Berlin, 2006).

Friedrich Müller, *Juristische Methodik* (Berlin, 1997).

FTC, *Protecting Consumer Privacy in an Era of Rapid Change: Recommendations For Businesses and Policymakers*, FTC Report (2012. 3)(http://www.ftc.gov/sites/default/files/documents/reports/federal-trade-commission-report-protecting-consumer-privacy-era-rapid-change-recommendations/120326privacyreport.pdf).

G. Roth, "Wir sind determiniert. Die Hirnforschung befreit von Illusionen", in: C. Geyer (Hrsg.), *Hirnforschung und Willensfreiheit: Zur Deutung der neuesten Experimente*, (Frankfurt/M., 2004).

G. Teubner, "Die anonyme Matrix: Zu Menschenrechtsverletzungen durch 'private' transnationale Akteure", in: *Der Staat* 44 (2006).

G. Teubner, "Elektronische Agenten und große Menschenaffen: Zur Ausweitung des Akteurstatus in Recht und Politik", in: *Zeitschrift für Rechtssoziologie* 27 (2006).

Gerrit Manssen, "Das 'Grundrecht auf Vertraulichkeit und Integrität informationstechnischer Systeme': Ein gelungener Beitrag zur Findung unbenannter Freiheitsrecht?", in: Uerpmann-Wittzack (Hrsg.), Das neue Computerrecht (Berlin/Münster, 2009).

H.L.A. Hart, "Are There Any Natural Rights?", J. Waldron (ed.), *Theories of Rights* (Oxford, 1984).

Halevy/Norvig/Pereira, "The Unreasonable Effectiveness of Data", (http://www.computer.org/portal/cms_docs_intelligent/intelligent/homepage/2009/x2exp.pdf).

Helmut Coing, *Das subjektive Recht und der Rechtsschutz der Persönlichkeit* (Frankfurt/M., 1959).

J. Feinberg, "The Rights of Animals and Unborn Generations", C. Wellmann (ed.), *Rights and Duties, vol. 3: Possible Bearers of Rights and Duties* (New York/London, 2002).

J. Habermas, *Erläuterungen zur Diskursethik* (Frankfurt/M., 1991).

J. Habermas, *Faktizität und Geltung*, 2. Aufl. (Frankfurt/M., 1994).

J. Habermas, *Moralbewußtsein und kommunikatives Handeln* (Frankfurt/M., 1983).

James Q. Whitman, "The Two Western Cultures of Privacy: Dignity versus Liberty", *Yale Law Journal* 114 (2004).

Jeffrey Rosen, "Structuring Intimacy: some reflections on the fact that the law generally does not protect us against gazes", *Georgetown Law Journal* 89 (2001).

Jeremy Ginsburg et al., "Detecting Influenza Epidemics Using Search Engine Query Data", *Nature* 457 (2009) (http://www.nature.com/nature/journal/v457/n7232/full/nature07634.html).

Joel Reidenberg, "Lex Informatics: The Formulation of Information Policy Rules through Technology", *Texas Law Review* 76 (1998).

John Gantz/David Reinsel, "Extracting Value from Chaos", *IDC IVIEW* (2011).

John Rawls, *Political Liberalism* (New York: Columbia University Press, 2005).

K. Peter Fritzsche, *Menschenrechte* (Paderborn, 2004).

K.-O. Apel, *Die Erklären: Verstehen-Kontroverse in transzendentalpragmatischer Sicht* (Frankfurt/M., 1979).

Konrad Hess, *Grundzüge des Verfassungsrechts der Bundesrepublik Deutschland*, 20. Auflage (Heidelberg, 1999).

Lawrence Lessig, *Code: And Other Laws of Cyberspace*, Version 2.0 (Basic Books, 2006).

Lee Tein, "Architectural Regulation and the Evolution of Social Norms", *Yale Journal of Law and Technology* 7 (1) (2005).

Marion Albers, *Informationelle Selbstbestimmung* (Baden-Baden, 2005).

McKinsey Global Institute, "Big Data: The next frontier for innovation, competition, and productivity" (2011).

Michael J. Sandel, *Liberalism and the Limits of Justice*, second edition (Cambridge:

Cambridge University Press, 1998).

Michael J. Sandel, *Public Philosophy: Essays on Morality in Politics* (Cambridge, Mass.: Harvard University Press, 2005).

Michael J. Sandel, *The Case against Perfection: Ethics in the Age of Genetic Engineering* (Cambridge, Massachusetts: Harvard University Press, 2007).

N. MacCormick, "Children's Rights: A Test-Case for Theories of Rights", *ARSP* 62 (1976).

Peter Lerche, *Übermaß und Verfassungsrecht: Zur Bindung des Gesetzgebers an die Grundsätze der Verhältnismäßigkeit und der Erforderlichkeit* (Köln, 1961).

Peter-Alexis Albrecht, *Der Weg in die Sicherheitsgesellschaft: Auf der Suche nach staatskritischen Absolutheitsregeln* (Berlin, 2010).

R. Alexy, "Die Institutionalisierung der Menschenrechte im demokratischen Verfassungsstaat", in: S. Gosepath/G. Lohmann (Hrsg.), *Philosophie der Menschenrechte*, 2. Aufl. (Frankfurt/M., 1999).

The White House, *Consumer Data Privacy in a Networked World: A Framework for Protecting Privacy and Promoting Innovation in the Global Digital Economy* (2012. 1) (http://www.whitehouse.gov/sites/default/files/email-files/privacy_white_paper.pdf).

W. Hassemer, *Theorie und Soziologie des Verbrechens* (Frankfurt/M., 1973).

W. Singer, "Verschaltungen legen uns fest: Wir sollten aufhören, von Freiheit zu sprechen", in: C. Geyer (Hrsg.), *Hirnforschung und Willensfreiheit: Zur Deutung der neuesten Experimente* (Frankfurt/M., 2004).

Walter Leisner, *Der Abwägungsstaat: Verhältnismäßigkeit als Gerechtigkeit* (Berlin, 1997).

William J. Talbott, *Which Rights Should Be Universal?* (New York: Oxford University Press, 2005).

찾아보기 | 용어

찾아보기 | 인명

저자약력

양천수

충남 연산에서 태어나 네 살 때부터 대전에서 자랐다. 대전대성고등학교를 졸업한 후 서울로 올라가 고려대학교 법과대학을 졸업하였다. 고려대학교 대학원 법학과에서 이상돈 교수의 지도로 법학석사학위를 취득하였다. 이후 독일로 유학을 떠나 프랑크푸르트대학 법과대학에서 클라우스 귄터(Klaus Günther) 교수의 지도로 법학박사학위를 취득하였다. 2006년 9월부터 영남대학교 법과대학 및 법학전문대학원에서 기초법 전임교수로 재직하면서 학생들을 가르치고 있다. 2012년과 2013년 사이에 미국 시애틀에 자리한 워싱턴 주립대학교 로스쿨(University of Washington School of Law)의 방문연구원(visiting scholar)을 역임하였다. 『부동산 명의신탁』, 『서브프라임 금융위기와 법』, 『민사법질서와 인권』, 『법철학』(공저), 『권리와 인권의 법철학』(공저) 등과 같은 저서를 썼고, "초국가적 법다원주의", "새로운 법진화론의 가능성", "현대 사회에서 '처분불가능성'의 새로운 논증 가능성", "사법작용의 기능과 한계" 등과 같은 다수의 연구논문을 발표하였다.

빅데이터와 인권

–빅데이터와 인권의 실제적 조화를 위한 법정책적 방안–

초판 1쇄 2016년 6월 20일

지은이 양천수

펴낸이 노석균

펴낸곳 영남대학교출판부

출판등록 1975년 9월 5일 경산 제16–1호

주소 경북 경산시 대학로 280

전화 053) 810–1801~3

FAX 053) 810–4722

홈페이지 book.yu.ac.kr

ISBN 978–89–7581–525–6 93360